Système de la Mode

Roland Barthes

Système de la Mode

Éditions du Seuil

ISBN 978-2-7578-4984-2
(ISBN 978-2-02-002699-4, 1re publication)

Avant-propos

Une méthode s'engage dès le premier mot ; or ce livre est un livre de méthode ; il est donc condamné à se présenter tout seul. Cependant, avant d'entreprendre son voyage, l'auteur demande à s'expliquer sur l'origine et le sens de sa recherche.

L'objet de cette recherche est l'analyse structurale du vêtement féminin tel qu'il est aujourd'hui décrit par les journaux de Mode ; la méthode en a été originairement inspirée par la science générale des signes, que Saussure avait postulée sous le nom de *sémiologie*. Ce travail a été commencé en 1957 et terminé en 1963 : lorsque l'auteur l'a entrepris et en a conçu la forme d'exposition, la linguistique n'était pas encore le modèle qu'elle est devenue depuis aux yeux de certains chercheurs ; en dépit de quelques travaux qui existaient déjà ici et là, la sémiologie restait encore une discipline entièrement prospective ; tout travail de sémiologie appliquée devait donc prendre naturellement la forme d'une découverte, ou plus exactement d'une exploration, tant les résultats étaient incertains et les moyens élémentaires ; face à un objet précis (en l'occurrence le vêtement de Mode), muni seulement de quelques concepts opératoires, l'apprenti sémiologue partait à l'aventure.

Cette aventure, il faut le reconnaître, est déjà datée. Lorsqu'il a rédigé son travail, l'auteur ignorait certains livres importants, qui ont paru depuis ; participant à un monde où la réflexion sur le sens se développe, s'approfondit et se divise très rapidement et de plusieurs côtés à la fois, bénéficiant de tout ce qui se pense autour de lui, l'auteur s'est lui-même modifié. Est-ce à dire qu'au moment de publier ce travail – avec retard –, il ne puisse le reconnaître ? Nullement (sans quoi, il ne le publierait pas) ; mais au-delà de la lettre, ce qui est proposé ici, c'est *déjà* une certaine histoire de la sémiologie ; par rapport au nouvel art intellectuel qui est en train de s'ébaucher, ce livre forme une sorte de vitrail quelque peu naïf ; on y lira, je l'espère, non les certitudes d'une doctrine, ni même les conclusions invariables d'une recherche, mais plutôt les croyances, les tentations, les épreuves d'un apprentissage : c'est là son sens, donc, peut-être, son utilité.

Ce qu'on a voulu avant tout, c'est reconstituer pas à pas un système de sens, d'une façon en quelque sorte immédiate, c'est-à-dire en faisant appel le moins possible à des concepts extérieurs, même à ceux de la linguistique, dont l'utilisation est ici assurément fréquente mais toujours élémentaire. Sur son chemin, l'auteur a rencontré bien des obstacles, dont certains, il le sait, n'ont pas été levés (du moins a-t-il tenu à ne pas masquer ces échecs). Bien plus, en cours de route, le projet sémiologique s'est trouvé modifié ; alors qu'au départ on s'était donné pour tâche de reconstituer la sémantique de la Mode réelle (saisie dans les vêtements portés ou, à la rigueur, photographiés), on s'est très vite aperçu qu'il fallait choisir entre l'analyse du système réel (ou visuel) et celle du système écrit ; on a choisi la seconde voie, pour des raisons qui seront données plus tard car elles font partie de la méthode. L'analyse qui suit ne porte donc que sur la Mode écrite. C'est là un choix qui risque de décevoir : il aurait été plus agréable de disposer d'un système de la Mode réelle (institution qui a toujours vivement intéressé les sociologues) et apparemment plus utile d'établir la sémiologie d'un objet indépendant, qui ne tienne en rien au langage articulé.

Pourtant, en travaillant non sur la Mode réelle mais sur la Mode écrite (ou plus exactement encore : *décrite*), l'auteur croit avoir finalement respecté une certaine complexité et un certain ordre du projet sémiologique. Quoique le matériel de travail soit composé uniquement d'énoncés verbaux, de « phrases », l'analyse ne porte nullement sur une partie de la langue française. Car ce qui est pris en charge ici par les mots, ce n'est pas n'importe quelle collection d'objets réels, ce sont des traits vestimentaires déjà constitués (du moins idéalement) en système de signification. L'objet de l'analyse n'est donc pas une simple nomenclature, c'est un code véritable, même si ce code n'est jamais que « parlé ». Il s'ensuit que ce travail ne porte à vrai dire ni sur le vêtement ni sur le langage, mais, en quelque sorte, sur la « traduction » de l'un dans l'autre, pour autant que le premier soit déjà un système de signes : objet ambigu, car il ne répond pas à la discrimination habituelle qui met le réel d'un côté et le langage de l'autre, et échappe par conséquent à la fois à la linguistique, science des signes verbaux, et à la sémiologie, science des signes objectaux.

C'est là une situation sans doute inconfortable pour un travail issu du postulat saussurien selon lequel le sémiologique « déborde » le linguistique ; mais cet inconfort est peut-être finalement l'indice d'une certaine vérité : y a-t-il un seul système d'objets, un peu ample, qui puisse se dispenser du langage articulé ? La parole n'est-elle pas le relais fatal de tout ordre signifiant ? Si l'on pousse au-delà de quelques signes rudimentaires (excentricité, classicisme, dandysme, sport, cérémonie), le vêtement, pour signifier, peut-il se passer d'une parole qui le décrive, le commente, lui fasse don de signifiants et de signifiés assez abondants pour constituer un véritable système de sens ? L'homme est condamné au langage articulé, et aucune entreprise sémiologique ne peut l'ignorer. Il faut donc peut-être renverser la formulation de Saussure et affirmer que c'est la sémiologie qui est une partie de la linguistique : la fonction essentielle de ce travail est de suggérer que, dans une société comme la nôtre, où mythes et rites ont pris la forme d'une *raison*, c'est-à-dire en définitive d'une parole, le langage humain n'est pas seulement le modèle du sens, mais aussi son fondement. Ainsi, dès que l'on observe la Mode, l'écriture apparaît constitutive (au point qu'il a paru inutile de préciser dans le titre de cet ouvrage qu'il s'agissait de la Mode écrite) : le système du vêtement réel n'est jamais que l'horizon naturel que la Mode se donne pour constituer ses significations : hors la parole, il n'y a point de Mode totale, il n'y a point de Mode essentielle. Il a donc semblé déraisonnable de placer le réel du vêtement *avant* la parole de Mode ; la vraie raison veut au contraire que l'on aille de la parole instituante vers le réel qu'elle institue.

Cette présence fatale de la parole humaine n'est évidemment pas innocente. Pourquoi la Mode parle-t-elle si abondamment le vêtement ? Pourquoi interpose-t-elle entre l'objet et son usager un tel luxe de paroles (sans compter les images), un tel réseau de sens ? La raison en est, on le sait, d'ordre économique. Calculatrice, la société industrielle est condamnée à former des consommateurs qui ne calculent pas ; si producteurs et acheteurs du vêtement avaient une conscience identique, le vêtement ne s'achèterait (et ne se produirait) qu'au gré, fort lent, de son usure ; la Mode, comme toutes les modes, repose sur une disparité des deux consciences : l'une doit être étrangère à l'autre. Pour obnubiler la conscience comptable de l'acheteur, il est nécessaire de tendre devant l'objet un voile d'images, de raisons, de sens, d'élaborer autour de lui une substance médiate, d'ordre apéritif, bref de créer un simulacre de l'objet réel, en substituant au temps lourd de l'usure, un temps souverain, libre de se détruire lui-même par un acte de potlatch annuel. L'origine commerciale de notre imaginaire collectif (soumis partout à la mode, bien au-delà du vêtement) ne peut donc faire de mystère pour personne. Cependant, à peine mû, cet univers se détache de son origine (on voit mal, d'ailleurs, comment il la *copierait*) : sa structure obéit à des contraintes universelles, qui sont celles de tout système de signes. Ce qu'il y a en effet de remarquable dans cet imaginaire constitué selon une fin de désir (et l'analyse sémiologique le montrera assez, on l'espère), c'est que la substance en est essentiellement *intelligible* : ce n'est pas l'objet, c'est le nom qui fait désirer, ce n'est pas le rêve, c'est le sens qui fait vendre. S'il en est ainsi, les innombrables objets qui peuplent et constituent l'imaginaire de notre temps relèveront de plus en plus d'une sémantique, et la linguistique, moyennant certains développements, deviendra, par une seconde naissance, la science de tous les univers imaginés.

Introduction
Méthode

SYMBOLES GRAPHIQUES UTILISÉS

≀ : Fonction

≡ : Relation d'équivalence

)(: Relation de double implication ou solidarité

• : Relation de simple combinaison

≠ : Différent de...

/ : Opposition pertinente ou signifiante

/../ : Le mot comme signifiant

« .... » : Le mot comme signifié

[....] : Terme implicite

[—] : Normal

Sa : Signifiant

Sé : Signifié

Les renvois au texte sont constitués par deux chiffres : le premier désigne le chapitre, le second désigne le groupe de paragraphes, si c'est un chiffre romain, ou le paragraphe, si c'est un chiffre arabe.

1. Le vêtement écrit

Ceinture de cuir au-dessus de la taille, piquée d'une rose, sur une robe souple en shetland.

I. Les trois vêtements

1.1. Vêtement-image et vêtement écrit.

J'ouvre un journal de Mode[1] : je vois qu'on traite ici de deux vêtements différents. Le premier est celui qu'on me présente photographié ou dessiné, c'est un vêtement-image. Le second, c'est ce même vêtement, mais décrit, transformé en langage ; cette robe, photographiée à droite, devient à gauche : *ceinture de cuir au-dessus de la taille, piquée d'une rose, sur une robe souple en shetland* ; ce vêtement est un vêtement écrit. Ces deux vêtements renvoient en principe à la même réalité (cette robe qui a été portée ce jour-là par cette femme), et pourtant ils n'ont pas la même structure[2], parce qu'ils ne sont pas faits des mêmes matériaux, et que, par conséquent, ces matériaux n'ont pas entre eux les mêmes rapports : dans l'un, les matériaux sont des formes, des lignes, des surfaces, des couleurs, et le rapport est spatial ; dans l'autre, ce sont des mots, et le rapport est, sinon logique, du moins syntaxique ; la première structure est plastique, la seconde est verbale. Est-ce à dire que chacune de ces structures se confond entièrement avec le système général dont

1. On écrira *Mode* avec une majuscule dans le sens de *fashion*, de façon à pouvoir garder l'opposition entre la Mode et une mode *(fad)*.

2. Il vaudrait mieux n'avoir à définir que des choses, et non des mots ; mais puisqu'il est aujourd'hui beaucoup demandé au mot structure, on lui donnera ici le sens qu'il a en linguistique : « une entité autonome de dépendances internes » (L. Hjelmslev : *Essais linguistiques*, Copenhague, Nordisk Sprog og Kulturferlag, 1959, p. 1).

elle est issue, le vêtement-image avec la photographie, et le vêtement écrit avec le langage ? Nullement : la photographie de Mode n'est pas n'importe quelle photographie, elle a peu de rapport avec la photographie de presse ou la photographie d'amateur, par exemple ; elle comporte des unités et des règles spécifiques ; à l'intérieur de la communication photographique, elle forme un langage particulier, qui a sans doute son lexique et sa syntaxe, ses « tours », interdits ou recommandés [1]. De même, la structure du vêtement écrit ne peut se confondre avec la structure de la phrase ; car si le vêtement coïncidait avec le discours, il suffirait de changer un terme de ce discours pour changer du même coup l'identité du vêtement décrit ; or, ce n'est pas le cas ; le journal peut écrire indifféremment : *en été, portez du tussor*, ou *le tussor convient très bien à l'été*, sans rien changer d'essentiel à l'information qu'il transmet à ses lectrices : le vêtement écrit est porté par le langage, mais aussi il lui résiste, et c'est dans ce jeu qu'il se fait. On a donc bien affaire à deux structures originales, quoique dérivées de systèmes plus communs, ici la langue, là l'image.

1.2. Le vêtement réel.

Du moins pourrait-on penser que ces deux vêtements retrouvent une identité au niveau du vêtement réel qu'ils sont censés représenter, que la robe décrite et la robe photographiée sont identiques à travers cette robe réelle à laquelle l'une et l'autre renvoient. Equivalentes, sans doute, mais identiques, non ; car de même qu'entre le vêtement-image et le vêtement écrit il y a une différence de matériaux et de rapports, et donc une différence de

1. On touche ici au paradoxe de la communication photographique : étant par principe purement analogique, la photographie peut être définie comme un *message sans code* ; cependant, il n'y a pour ainsi dire pas de photographie sans signification ; on est donc obligé de postuler l'existence d'un code photographique, qui ne fonctionne évidemment qu'à un niveau second, qu'on appellera plus tard niveau de connotation (cf. « Le message photographique » [*OC*, t. I, p. 941-942], et « La rhétorique de l'image » [*OC*, t. I, p. 1419-1429]). Pour le dessin de Mode, la question est plus simple, puisque le *style* d'un dessin renvoie à un code ouvertement culturel.

structure, de même, de ces deux vêtements au vêtement réel, il y a passage à d'autres matériaux et à d'autres rapports ; le vêtement réel forme donc une troisième structure, différente des deux premières, même si elle leur sert de modèle, ou plus exactement, même si le modèle qui guide l'information transmise par les deux premiers vêtements appartient à cette troisième structure. On a vu que les unités du vêtement-image sont situées au niveau des formes, celles du vêtement écrit au niveau des mots ; pour les unités du vêtement réel, elles ne peuvent être au niveau de la langue, car, nous le savons, la langue n'est pas un calque du réel [1] ; on ne peut non plus, quoique ici la tentation soit grande, les situer au niveau des formes, car « voir » un vêtement réel, même dans des conditions privilégiées de présentation, ne peut épuiser sa réalité, encore moins sa structure : on n'en voit jamais qu'une partie, un usage personnel et circonstancié, un port particulier ; pour analyser le vêtement réel en termes systématiques, c'est-à-dire suffisamment formels pour qu'ils puissent rendre compte de tous les vêtements analogues, il faudrait sans doute remonter jusqu'aux actes qui ont réglé sa fabrication. Autrement dit, face à la structure plastique du vêtement-image et à la structure verbale du vêtement écrit, la structure du vêtement réel ne peut être que technologique ; les unités de cette structure ne peuvent être que les traces diverses des actes de fabrication, leurs fins accomplies, matérialisées : une couture, c'est ce qui a été cousu, une coupe, ce qui a été coupé [2] ; c'est donc là une structure qui se constitue au niveau de la matière et de ses transformations, non de ses représentations ou de ses significations ; l'ethnologie pourrait fournir ici des modèles structuraux relativement simples [3].

1. Cf. A. Martinet, *Éléments de linguistique générale*, Paris, Colin, 1960, 1, 6.

2. À condition, bien entendu, que ces termes soient donnés dans un contexte technologique, et qu'il s'agisse, par exemple, d'un programme de fabrication ; sinon, ces termes d'origine technique ont une autre valeur (cf. *infra*, 1, 5).

3. A. Leroi-Gourhan distingue par exemple les vêtements droits à bords parallèles et les vêtements coupés-ouverts, coupés-fermés, coupés-croisés, etc. (*Milieu et Techniques*, Paris, Albin Michel, 1945, p. 208).

II. *Shifters*

1.3. Translation des structures.

Voilà donc pour un même objet (une robe, un tailleur, une ceinture) trois structures différentes, l'une technologique, une autre iconique, la troisième verbale. Ces trois structures n'ont pas le même régime de diffusion. La structure technologique apparaît comme une langue-mère dont les vêtements portés qui s'en inspirent ne seraient que les « paroles ». Les deux autres structures (iconique et verbale) sont aussi des langues, mais si l'on en croit le journal, qui prétend toujours parler d'un vêtement réel premier, ces langues sont des langues dérivées, « traduites » de la langue-mère, elles s'interposent comme des relais de diffusion entre cette langue-mère et ses « paroles » (les vêtements portés). Dans notre société, la diffusion de la Mode repose donc en grande partie sur une activité de *transformation* : il y a passage (du moins selon l'ordre invoqué par le journal) de la structure technologique aux structures iconique et verbale. Or, s'agissant de structures, ce passage ne peut être que discontinu : le vêtement réel ne peut être *transformé* en « représentation » qu'au moyen de certains opérateurs, que l'on pourrait appeler des *shifters*, puisqu'ils servent à transposer une structure dans une autre, à passer, si l'on veut, d'un code à un autre code [1].

1.4. Les trois shifters.

Puisque l'on a affaire à trois structures, on doit disposer de trois sortes de *shifters* : du réel à l'image, du réel au langage et de l'image au langage. Pour la première translation, du vêtement technologique au vêtement iconique, le *shifter* principal est le patron de couture, dont le dessin (schématique) reproduit analytiquement les actes de fabrication du vêtement ; à quoi il faudrait

1. Jakobson réserve le nom de *shifter* aux éléments intermédiaires entre le code et le message (*Essais de linguistique générale*, Paris, éd. de Minuit, 1963, chap. 9). On étend ici le sens du terme.

ajouter les procédés, graphiques ou photographiques, destinés à manifester le substrat technique d'une apparence ou d'un « effet » : accentuation d'un mouvement, agrandissement d'un détail, angle de prise de vue. Pour la seconde translation, du vêtement technologique au vêtement écrit, le *shifter* de base est ce que l'on pourrait appeler la recette ou le programme de couture : c'est en général un texte bien séparé de la littérature de Mode ; sa fin est de doubler, non ce qui est, mais ce qui va se faire ; la recette de couture n'est d'ailleurs pas donnée dans la même écriture que le commentaire de Mode ; elle ne contient presque pas de substantifs ou d'adjectifs, mais surtout des verbes et des mesures [1] : comme *shifter*, elle constitue un langage transitoire, situé à mi-chemin entre le faire et l'être du vêtement, son origine et sa forme, sa technique et sa signification. On pourrait être tenté de joindre à ce *shifter* de base tous les termes de Mode dont l'origine est évidemment technologique *(une couture, une découpe)*, et de les considérer comme autant de translateurs du réel au parlé ; ce serait ignorer que la valeur d'un mot ne tient pas à son origine, mais à sa place dans le système de la langue ; passés dans une structure descriptive, ces termes sont détachés à la fois de leur origine (ce qui a été, à un certain moment, cousu, coupé) et de leur fin (concourir à un assemblage, se détacher d'un ensemble) ; en eux l'acte créateur n'est pas sensible, ils n'appartiennent plus à la structure technologique et on ne peut les considérer comme des *shifters* [2]. Reste une troisième translation, celle qui permet de passer de la structure iconique à la structure parlée, de la représentation du vêtement à sa description. Comme le journal dispose de l'avantage de pouvoir livrer *à la fois* des messages issus de ces deux structures, ici une robe photographiée, là cette même robe décrite, il peut faire une

1. Exemple : « Posez tous les morceaux sur la doublure que vous coupez, et bâtissez. Bâtissez de chaque côté un pli vertical de 3 cm de profondeur à 1 cm de l'extrémité des épaules. » Il s'agit d'un langage transitif.

2. On pourrait concevoir que le vêtement de catalogue est un shifter, puisqu'il s'agit d'engager à un achat réel à travers le relais de la langue. En fait, le vêtement de catalogue obéit entièrement aux normes de la description de Mode : on veut moins rendre compte du vêtement que persuader qu'il est à la Mode.

économie notable, en usant de *shifters* elliptiques : ce ne sont plus ici les dessins du patron, ni les textes de la recette de couture, mais simplement les anaphoriques de la langue, donnés soit sous le degré plein *(« ce » tailleur, « la » robe en shetland)*, soit sous le degré zéro *(rose piquée dans la ceinture)* [1]. Ainsi, du fait même que les trois structures disposent d'opérateurs de traduction bien définis, elles restent parfaitement distinctes.

III. La règle terminologique

1.5. Choix de la structure orale.

Étudier le vêtement de Mode, ce serait étudier d'abord, d'une façon séparée et exhaustive, chacune de ces trois structures, car on ne peut définir une structure en dehors de l'identité substantielle des unités qui la composent : il faut étudier ou des actes, ou des images ou des mots, mais non toutes ces substances à la fois, même si les structures qu'elles forment, servent, en se mêlant, à composer un objet générique, appelé par commodité vêtement de Mode. Chacune de ces structures oblige à une analyse originale et il faut choisir. Or l'étude du vêtement « représenté » (par l'image et la parole), c'est-à-dire du vêtement traité par le journal de Mode, offre un avantage méthodologique immédiat par rapport à l'analyse du vêtement réel [2] : le vêtement « imprimé » livre à l'analyste ce que les langues humaines refusent au linguiste : une synchronie pure ; la synchronie de Mode change tout d'un coup chaque année, mais durant cette année elle est absolument stable ; si l'on choisit le vêtement du jour-

1. L'anaphore, selon L. Tesnières (Éléments de syntaxe structurale, Paris, Klincksieck, 1959, p. 85) est « une connexion sémantique supplémentaire, à laquelle ne correspond aucune connexion structurale ». Entre le démonstratif ce et le tailleur photographié, il n'y a en effet aucun lien structural, mais, si l'on peut dire, collision pure et simple des deux structures.

2. L'analyse sémantique du vêtement réel a été postulée par Troubetskoy (Principes de phonologie, Paris, Klincksieck, 1949, p. 19) et développée par P. Bogatyrev, Funkcie Kroja na moravskom Slovensku (La fonction de l'habit en Slovénie morave), Spisy narodopisneho odburu Matice Slovenskej, Matica Slovenska, 1937, résumé en français, p. 68 s.

nal, il est donc possible de travailler sur un état de Mode sans avoir à le découper artificiellement, comme le linguiste est obligé de le faire dans l'enchevêtrement des messages. Reste à choisir entre le vêtement-image et le vêtement écrit (ou plus exactement décrit) ; ici encore, du point de vue méthodologique, c'est la « pureté » structurale de l'objet qui incline le choix [1] : le vêtement réel est embarrassé de finalités pratiques (protection, pudeur, parure) ; ces finalités disparaissent du vêtement « représenté », qui ne sert plus à protéger, à couvrir ou à parer, mais tout au plus à signifier la protection, la pudeur ou la parure ; le vêtement-image garde pourtant une valeur qui risque d'embarrasser considérablement l'analyse et qui est sa plastique ; seul le vêtement écrit n'a aucune fonction pratique ni esthétique : il est tout entier constitué en vue d'une signification : si le journal décrit un certain vêtement par la parole, c'est uniquement pour transmettre une information dont le contenu est : *la Mode* ; on peut donc dire que l'être du vêtement écrit est tout entier dans son sens, c'est en lui que l'on a le plus de chance de trouver la pertinence sémantique dans toute sa pureté : le vêtement écrit n'est encombré par aucune fonction parasite et il ne comporte aucune temporalité floue : pour ces raisons, c'est la structure verbale que l'on choisit ici d'explorer. Cela ne veut pas dire qu'il s'agit tout simplement d'analyser le langage de la Mode ; certes la nomenclature sur laquelle il faudra travailler est une partie spécialisée du grand territoire de la langue française ; cette partie ne sera pourtant pas étudiée du point de vue de la langue, mais seulement du point de vue de la structure du vêtement qu'elle vise ; ce n'est pas une partie d'un sous-code du français qui est l'objet de l'analyse, c'est, si l'on peut dire, le sur-code imposé au vêtement réel par les mots, puisque les mots, comme on le verra [2], prennent ici en charge un objet, le vêtement, qui est déjà lui-même système de signification.

1. Il s'agit ici de raisons contingentes à la méthode opératoire ; les raisons de fond, concernant la nature essentiellement *parlée* de la Mode, ont été données dans l'avant-propos, p. 8-10.

2. Cf. *infra*, chap. 3.

1.6. Sémiologie et Sociologie.

Bien que le choix de la structure orale suive ici des raisons immanentes à son objet, il trouve un certain renfort du côté de la sociologie ; d'abord parce que la diffusion de la Mode par le journal (c'est-à-dire en grande partie par le texte) est devenue massive ; la moitié des femmes en France lisent régulièrement des publications consacrées au moins partiellement à la Mode [1] ; la description du vêtement de Mode (et non plus sa réalisation) est donc un fait social, en sorte que même si le vêtement de Mode restait purement imaginaire (sans influence sur le vêtement réel), il constituerait un élément incontestable de la culture de masse, tout comme les romans populaires, les *comics*, le cinéma ; ensuite parce que l'analyse structurale du vêtement écrit peut préparer efficacement l'inventaire du vêtement réel dont la sociologie aura besoin, le jour où elle voudra étudier les circuits et les rythmes de diffusion de la Mode réelle. Toutefois les objectifs de la sociologie et de la sémiologie sont en l'occurrence tout à fait différents : la sociologie de la Mode (même si elle reste à faire [2]) part d'un *modèle*, à l'origine imaginé (c'est le vêtement conçu par le *fashion-group*) et en suit (ou devra en suivre) l'accomplissement à travers une série de vêtements réels (c'est le problème de la diffusion des modèles) ; elle cherche donc à systématiser des conduites, qu'elle peut mettre en rapport avec des conditions sociales, des niveaux de vie et des rôles. La sémiologie ne suit pas du tout le même chemin ; elle décrit un

1. « Le marché français du vêtement féminin prêt à porter », suppl. à *L'Industrie du vêtement féminin*, 1953, n° 82, p. 253.

2. La Mode a été très tôt – dès Spencer – un objet sociologique privilégié ; d'abord elle constitue « un phénomène collectif qui nous apporte le plus immédiatement… la révélation qu'il y a du social dans nos comportements » (J. Stoetzel, *La Psychologie sociale*, Paris, Flammarion, 1963, p. 245) ; ensuite, elle présente une dialectique du conformisme et du changement qui n'est explicable que sociologiquement ; enfin sa diffusion semble relever de ces circuits à relais, qu'ont étudiés P. Lazarsfeld et E. Katz (*Personal Influence : The Part Played by People in the Flow of Mass-Communications*, Glencoe, Illin., The Free Press, 1955). Toutefois, la diffusion réelle des modèles n'a pas encore fait l'objet d'une enquête sociologique complète.

vêtement qui reste de bout en bout imaginaire, ou si l'on préfère, purement intellectif ; elle ne conduit pas à reconnaître des pratiques, mais des images. La sociologie de la Mode est tout entière tournée vers le vêtement réel ; la sémiologie vers un ensemble de représentations collectives. Le choix de la structure orale entraîne donc, non vers la sociologie, mais vers cette *socio-logique*, postulée par Durkheim et Mauss [1] ; la description de Mode n'a pas seulement pour fonction de proposer un modèle à la copie réelle, mais aussi et surtout de diffuser largement la Mode comme un *sens*.

1.7. Le corpus.

La structure orale une fois choisie, sur quel corpus faut-il travailler [2] ? On a parlé jusqu'ici uniquement des journaux de Mode ; c'est, d'une part, que les descriptions issues de la littérature proprement dite, quoique très importantes chez plusieurs grands écrivains (Balzac, Michelet, Proust) sont trop fragmentaires, d'époque historique variable, pour qu'on puisse les retenir et que, d'autre part, les descriptions fournies par le catalogue de grand magasin peuvent être facilement assimilées aux descriptions de la Mode ; les journaux de Mode constituent donc le meilleur corpus. Tous les journaux de Mode ? Nullement. Deux limitations peuvent ici intervenir, autorisées par la fin poursuivie, qui est de reconstituer un système formel et non de décrire une Mode concrète. La première sélection porte sur le temps ; visant une structure, il y a tout intérêt à ne travailler que sur un état de Mode, c'est-à-dire sur une synchronie. Or, comme on l'a dit, la synchronie de Mode est fixée par la Mode elle-même : c'est la mode d'une année [3].

1. « Essai sur quelques formes primitives de classification », *Année sociologique*, vol. 6, 1901-1902, p. 1-72.

2. *Corpus :* « recueil synchronique intangible d'énoncés sur lesquels on travaille » (A. Martinet, *Éléments*, p. 37).

3. Il y a des Modes saisonnières, intérieures à l'année ; mais les saisons constituent moins ici une série diachronique qu'une table de signifiés différents, intérieurs au lexique d'une année ; l'unité synchronique est bien la « ligne », qui est annuelle.

On a choisi de travailler ici sur des journaux de l'année 1958-1959 (de juin à juin), mais cette date n'a évidemment aucune importance méthodique ; on aurait pu choisir n'importe quelle autre année, car ce qu'on cherche à décrire, ce n'est pas telle Mode, mais la Mode ; à peine recueilli, extrait de son année, le matériau (l'énoncé) doit prendre place dans un système purement formel de fonctions [1] ; on ne trouvera donc ici aucune indication sur aucune Mode contingente, à plus forte raison aucune histoire de la Mode : on n'a pas voulu traiter d'une substance quelconque de la Mode, mais seulement de la structure de ses signes écrits [2]. De la même façon (et ce sera la seconde sélection imposée au corpus), il n'y aurait intérêt à dépouiller tous les journaux d'une année que si l'on voulait saisir des différences substantielles (idéologiques, esthétiques ou sociales) entre les uns et les autres ; d'un point de vue sociologique, ce serait là un problème capital, puisque chaque journal renvoie à la fois à un public défini socialement et à un corps particulier de représentations, mais cette sociologie différentielle des journaux, des publics et des idéologies n'est pas l'objet déclaré de ce travail qui vise seulement à retrouver la « langue » (écrite) de la Mode. On n'a donc dépouillé d'une façon exhaustive que deux journaux (*Elle* et le *Jardin des Modes*), sans s'interdire de puiser quelquefois dans d'autres publications (notamment *Vogue* et l'*Écho de la Mode*) [3] et dans les pages hebdomadaires que certains quotidiens consacrent à la Mode. Ce qui importe en effet par rapport au projet sémiologique, c'est de constituer un corpus raisonnablement saturé de toutes les *différences* possibles de signes vestimentaires ; à l'inverse, il n'importe pas que ces différences se répètent plus ou moins, car ce qui fait le sens, ce n'est pas la répétition, c'est la différence ; structuralement, un trait de

1. On a même à l'occasion puisé dans d'autres synchronies lorsque l'on avait besoin d'un contrôle ou d'un exemple intéressant.

2. Cela n'empêche pas, bien entendu, une réflexion générale sur la diachronie de Mode (cf. *infra*, appendice I).

3. Ce choix n'est cependant pas tout à fait arbitraire : *Elle* et l'*Écho de la Mode* sont des journaux, semble-t-il, plus populaires que le *Jardin des Modes* et *Vogue* (cf. M. Crozier, *Petits Fonctionnaires au travail*, CNRS, 1955, 126 p., Appendice).

Mode rare a autant d'importance qu'un trait de Mode fréquent, un gardénia qu'une jupe longue ; l'objectif, ici est de *distinguer* des unités, non de les compter[1]. Enfin, dans le corpus ainsi réduit, on a encore éliminé toutes les notations qui peuvent impliquer une autre finalité que la signification : les réclames publicitaires, même si elles se présentent comme des comptes rendus de Mode, et les recettes techniques de fabrication du vêtement. On n'a retenu ni le maquillage ni la chevelure, parce que ces éléments comportent des variants particuliers qui auraient alourdi l'inventaire du vêtement proprement dit[2].

1.8. La règle terminologique.

Il s'agira donc ici du vêtement décrit, et de lui seul. La règle préalable, qui détermine la constitution du corpus à analyser, est de ne *retenir aucun autre matériau que la parole qui est donnée par le journal de Mode*. C'est là sans doute restreindre considérablement les matériaux de l'analyse ; c'est d'une part supprimer tout recours aux documents annexes (par exemple les définitions d'un dictionnaire), et d'autre part se priver de toute la richesse des photographies ; bref, c'est ne considérer le journal de Mode que dans ses marges, là seulement où il semble doubler l'image. Mais cet appauvrissement du matériau, outre qu'il est méthodiquement inévitable, a peut-être sa récompense : réduire le vêtement à sa version orale, c'est du même coup rencontrer un problème nouveau, que l'on pourrait formuler ainsi : *qu'est-ce qui se passe lorsqu'un objet, réel ou imaginaire, est converti en langage ?* ou, pour laisser au circuit traducteur l'absence de vecteur dont on a parlé : *lorsqu'il y a rencontre d'un objet et*

1. La disparité des fréquences a une importance sociologique, mais non pas systématique ; elle renseigne sur les « goûts » (les obsessions) d'un journal (et donc d'un public) non sur la structure générale de l'objet ; la fréquence d'emploi des unités signifiantes n'a d'intérêt que si l'on veut comparer des journaux entre eux (cf. V. Morin : *Khrouchtchev en France. Analyse de presse*, Thèse pour le doctorat de 3e cycle, Paris, Sorbonne, 1965, manuscrit communiqué).

2. Les énoncés de Mode seront cités sans référence, à la façon des exemples de grammaire.

d'un langage ? Si le vêtement de Mode paraît un objet bien dérisoire face à une interrogation aussi ample, que l'on veuille bien penser que c'est ce même rapport qui s'établit entre le monde et la littérature : n'est-elle pas l'institution même qui semble convertir le réel en langage et place son être dans cette conversion, tout comme notre vêtement écrit ? D'ailleurs, la Mode écrite n'est-elle pas une littérature ?

IV. La description

1.9. Description littéraire et description de Mode.

Mode et littérature disposent en effet d'une technique commune dont la fin est de paraître transformer un objet en langage : c'est la *description.* Cette technique s'exerce toutefois bien différemment dans l'un et l'autre cas. En littérature, la description prend appui sur un objet caché (qu'il soit réel ou imaginaire) : elle doit le faire exister. En Mode, l'objet décrit est actualisé, donné à part sous sa forme plastique (sinon réelle, puisqu'il ne s'agit que d'une photographie). Les fonctions de la description de Mode sont donc réduites, mais aussi, par là même, originales : puisqu'elles n'ont pas à livrer l'objet lui-même, les informations que la langue communique, à moins d'être pléonastiques, sont par définition celles-là mêmes que la photographie ou le dessin ne peuvent transmettre. L'importance du vêtement écrit confirme bien qu'il existe des fonctions spécifiques du langage, que l'image, quel que soit son développement dans la société contemporaine, ne saurait prendre en charge. Quelles sont donc, singulièrement dans le vêtement écrit, les fonctions spécifiques du langage par rapport à l'image ?

1.10. Immobilisation des niveaux de perception.

La première fonction de la parole, c'est d'immobiliser la perception à un certain niveau d'intelligibilité (ou, comme diraient les théoriciens de l'information, de préhensibilité). On sait en effet qu'une image comporte fatalement plusieurs niveaux de perception, et que le lecteur d'images dispose d'une certaine liberté dans le choix du niveau auquel il s'arrête (même s'il n'est pas conscient de cette liberté) : ce choix n'est certes pas illimité : il y a des niveaux *optima* : ceux précisément où l'intelligibilité du message est la meilleure ; mais du grain du papier à ce coin de col, puis de ce col à la robe tout entière, tout regard jeté à l'image implique fatalement une décision ; c'est dire que le sens d'une image n'est jamais sûr [1]. Le langage supprime cette liberté, mais aussi cette incertitude ; il traduit un choix et l'impose, il commande d'arrêter ici (c'est-à-dire ni en deçà ni au-delà) la perception de cette robe, il en fixe le niveau de lecture à son tissu, à sa ceinture, à l'accessoire dont elle est ornée. Toute parole détient ainsi une fonction d'autorité, dans la mesure où elle choisit, si l'on peut dire, par procuration à la place de l'œil. L'image fige une infinité de possibles ; la parole fixe un seul certain [2].

1.11. Fonction de connaissance.

La seconde fonction de la parole est une fonction de connaissance. Le langage permet de livrer des informations que la photographie livre mal ou ne livre pas du tout : la couleur d'un tissu (si la photographie est grise), la classe d'un détail inaccessible à la vue *(bouton-fantaisie, point-mousse)*, l'existence d'un élément caché en vertu du caractère plane de l'image (le dos d'un vêtement) ; d'une manière générale, le langage ajoute à l'image un *savoir* [3]. Et comme la Mode est un phénomène d'initiation, la parole y remplit naturellement une fonction didactique : le texte de Mode représente en quelque sorte la parole autoritaire de celui qui sait tout ce qu'il y a derrière l'apparence confuse ou incomplète des formes visibles ; elle constitue donc une technique

1. On connaît l'expérience d'Ombredanne sur la perception de l'image filmique (cf. E. Morin, *Le Cinéma ou l'homme imaginaire*, Éd. de Minuit, 1956, 250 p., p. 115).

2. C'est pourquoi toutes les photographies de presse sont légendées.

3. De la photographie au dessin, du dessin au schéma, du schéma au langage, il y a investissement progressif de savoir (cf. J.-P. Sartre, *L'Imaginaire*, Paris, Gallimard, 1948, 247 p.).

d'ouverture de l'invisible, où l'on pourrait presque retrouver, sous une forme sécularisée, le halo sacré des textes divinatoires ; d'autant que la connaissance de la Mode n'est pas gratuite : elle comporte pour ceux qui s'en tiennent exclus une sanction : la marque déshonorante du *démodé*[1]. Une telle fonction de connaissance n'est évidemment possible que parce que le langage, qui la soutient, constitue en lui-même un système d'abstraction ; non pas que le langage de la Mode intellectualise le vêtement ; dans bien des cas, au contraire, il aide à le saisir bien plus concrètement que la photographie, en restituant à telle notation toute la densité d'un geste *(piquez une rose)* ; mais parce qu'il permet de manier des concepts discrets *(la blancheur, la souplesse, le velouté)*, et non des objets physiquement complets ; par son caractère abstrait, le langage permet de dégager certaines fonctions (au sens mathématique du terme), il dote le vêtement d'un système d'oppositions fonctionnelles (par exemple, *fantaisie/classique*), que le vêtement réel ou photographié ne peut manifester d'une façon aussi claire[2].

1.12. Fonction d'emphase.

Il arrive aussi – et c'est fréquent – que la parole semble doubler des éléments du vêtement bien visibles sur la photographie : *le grand col, l'absence de boutonnage, la ligne évasée de la jupe*, etc. C'est que la parole a aussi une fonction d'emphase ; la photographie livre un vêtement dont aucune partie n'est privilégiée et qui se consomme comme un ensemble immédiat ; mais de cet ensemble, le commentaire peut distraire certains éléments pour en affirmer la valeur : c'est le *notez* explicite *(Notez : le décolleté bordé d'un biais, etc.*[3]*)*. Cette emphase repose évidem-

1. Cf. *infra*, 2, 3 ; 15, 3.

2. Par rapport à la photographie, le langage aurait un rôle assez analogue à celui de la phonologie par rapport à la phonétique, puisqu'elle permet de dégager le phénomène « en tant qu'abstraction tirée du son, ou ensembles des caractérisques fonctionnelles d'un son » (N. S. Troubetskoy cité par E. Buyssens, « La nature du signe linguistique », *Acta linguistica*, II, 2, 1941, 82-6).

3. En fait, tout le commentaire de Mode est un *notez* implicite, cf. *infra*, 3, 9.

ment sur un caractère intrinsèque du langage : son discontinu ; le vêtement décrit est un vêtement fragmentaire ; par rapport à la photographie, il est le résultat d'une série de choix, d'amputations ; de *la robe souple de shetland à ceinture haute piquée d'une rose*, on nous dit certaines parties (la substance, la ceinture, l'ornement), et l'on en oublie d'autres (les manches, le col, la forme, la couleur), comme si la porteuse de ce vêtement allait seulement vêtue d'une rose et de souplesse. C'est qu'en effet les limites du vêtement écrit ne sont plus celles de la matière, mais celles de la valeur ; si le journal nous dit que cette ceinture est en cuir, c'est que son cuir vaut absolument (et non sa forme, par exemple) ; s'il nous parle d'une rose sur une robe, c'est que la rose vaut autant que la robe ; une encolure, une fronce, si elles sont *dites*, deviennent vêtement de plein statut, au même titre que tout un manteau. Appliqué au vêtement, l'ordre de la langue départage l'essentiel de l'accessoire ; mais c'est un ordre spartiate : il renvoie l'accessoire au néant de l'innommé [1]. Cette emphase du langage comporte deux fonctions. D'une part, elle permet de relancer l'information générale livrée par la photographie, lorsque celle-ci, comme tout ensemble informatif, tend à s'user : plus je vois de robes photographiées, plus l'information que je reçois se banalise ; la notation parlée aide à revigorer l'information ; lorsqu'elle est explicite *(notez...)*, elle ne porte d'ailleurs pas, en général, sur des détails excentriques, dont la nouveauté même garantit la force informative, mais sur des éléments si communément offerts à la variation de Mode (cols, bordures, poches) [2], qu'il est nécessaire de recharger le message qu'ils contiennent ; la Mode n'agit pas ici autrement que la langue elle-même, pour qui la nouveauté d'un tour ou d'un mot constitue toujours une emphase destinée à restaurer l'usure de son système [3]. Et d'autre part, l'emphase que la langue met sur

1. Par antiphrase, ce qu'on appelle l'*accessoire*, en Mode, est très souvent l'essentiel, le système parlé ayant précisément à charge de faire signifier le *presque rien*. *Accessoire* est un terme qui vient de la structure réelle, économique.

2. Ce sont les genres vestimentaires qui s'offrent le mieux à la variation signifiante (cf. *infra*, 12, 7).

3. Cf. A. Martinet, *Éléments*, 6, 17.

certains traits vestimentaires en les nommant, reste parfaitement fonctionnelle ; la description ne vise pas à isoler certains éléments pour en louer la valeur esthétique, mais simplement à rendre intelligibles d'une façon analytique les raisons qui font précisément d'une collection de détails un ensemble organisé : la description est ici un instrument de structuration ; elle permet notamment d'orienter la perception de l'image : prise en soi, une robe photographiée ne commence ni ne finit nulle part ; aucune de ses limites n'est privilégiée ; elle peut se regarder indéfiniment ou le temps d'un éclair ; on lui adresse un regard sans durée parce que lui-même est sans itinéraire régulier [1] ; or, décrite, cette même robe (on ne voyait qu'elle) commence à sa ceinture, continue par une rose et finit en shetland ; c'est à peine si la robe elle-même est citée. Ainsi, en introduisant une durée organisée dans la représentation du vêtement de Mode, la description institue, si l'on peut dire, un protocole de dévoilement : le vêtement est dévoilé selon un certain ordre, et cet ordre implique fatalement certaines fins.

1.13. Finalité de la description.

Quelles fins ? Il faut bien voir que d'un point de vue pratique, la description d'un vêtement de Mode ne sert à rien ; on ne saurait construire un vêtement en se confiant seulement à sa description de Mode. La fin d'une recette de couture est transitive : il s'agit de faire quelque chose ; celle du vêtement écrit semble purement réflexive : le vêtement semble *se dire*, se renvoyer à lui-même, enfermé dans une sorte de tautologie. Les fonctions de la description, qu'elles soient de fixation, d'exploration ou d'emphase, ne visent jamais, en effet, qu'à manifester un certain être du vêtement de Mode, et cet être ne peut coïncider qu'avec

1. Une expérience peu sûre, menée aux États-Unis par une firme de vêtements (citée par A. Rothstein : *Photo-Journalism*, New York Photographic Book Publishing C°, 1956, 197 p., p. 85 et 99) a cependant tenté de retrouver l'itinéraire du regard qui « lit » la représentation d'une silhouette humaine : la zone privilégiée de lecture, celle où reviendrait le plus souvent le regard, serait le cou, c'est-à-dire vestimentairement, le col : il est vrai que la firme en question vendait des chemises.

la Mode elle-même ; le vêtement-image peut être certes *à-la-Mode* (il l'est même par définition) [1], mais il ne saurait être directement *la Mode* : sa matérialité, sa totalité même, son évidence, si l'on peut dire, font de la Mode qu'il représente un attribut et non un être ; *cette* robe, qui m'est représentée (et non décrite), peut être bien autre chose qu'à la Mode ; elle peut être chaude, bizarre, sympathique, pudique, protectrice, etc., *avant* d'être à la Mode ; au contraire, cette même robe, décrite, ne peut être que la Mode elle-même ; aucune fonction, aucun accident ne vient embarrasser l'évidence de son être, puisque fonctions et accidents, s'ils sont notés, procèdent eux-mêmes d'une intention déclarée de Mode [2]. En somme, la fin propre de la description est de diriger la connaissance immédiate et diffuse du vêtement-image, par une connaissance médiate et spécifique de la Mode. On retrouve ici la différence considérable, d'ordre anthropologique, qui oppose le regard à la lecture : on regarde un vêtement-image, on lit un vêtement décrit, et il est probable qu'à ces deux usages correspondent deux publics différents ; l'image dispense de l'achat, elle le remplace ; on peut s'enivrer d'images, s'identifier oniriquement au mannequin, et, pour le réel, ne suivre la Mode qu'en achetant quelques accessoires de boutique ; la parole débarrasse au contraire le vêtement de toute actualité corporelle ; n'étant plus qu'un système d'objets impersonnels dont le seul assemblage fait la Mode, le vêtement décrit engage à l'achat. L'image suscite une fascination, la parole une appropriation ; l'image est pleine, c'est un système saturé ; la parole est fragmentaire, c'est un système disponible : réunies, la seconde sert à *décevoir* la première.

1. L'opposition d'un substantif *(Fashion)* et d'un adjectif *(fashionable)* rendrait mieux compte de l'opposition de l'être et de l'attribut ; mais le français ne dispose d'aucun adjectif qui corresponde au substantif *Mode*.

2. La fonctionnalisation du vêtement de Mode *(une robe à danser)* est un phénomène de connotation ; elle fait donc entièrement partie du système de la Mode (cf. *infra*, 19, II).

1.14. Langue et Parole, Vêtement et Habillement.

On comprendra encore mieux le rapport du vêtement-image et du vêtement écrit, de l'objet représenté et de l'objet décrit, en se référant à une opposition conceptuelle devenue classique depuis Saussure[1] : celle de la langue et de la parole. La *langue* est une institution, un corps abstrait de contraintes ; la *parole* est la part momentanée de cette institution, que l'individu prélève et actualise pour les besoins de la communication ; la langue est issue de la masse des paroles émises, et cependant toute parole est elle-même puisée dans la langue : cette dialectique est, en histoire, celle de la structure et de l'événement, et en théorie de la communication, celle du code et du message[2]. Or, par rapport au vêtement-image, le vêtement écrit dispose d'une pureté structurale qui est à peu près celle de la langue par rapport à la parole : la description est, d'une façon nécessaire et suffisante, fondée sur la manifestation des contraintes institutionnelles qui font que *ce* vêtement, représenté ici, est à la Mode ; elle ne s'embarrasse à aucun degré de la manière dont le vêtement est porté par un individu particulier, fût-il lui-même « institutionnel » comme la *cover-girl*[3]. C'est là une différence importante, et l'on pourrait convenir d'appeler, chaque fois que ce sera nécessaire, *vêtement*, la forme structurale, institutionnelle du costume (ce qui correspond à la langue), et *habillement*, cette même forme actualisée, individualisée, portée (ce qui correspond à la parole). Sans doute, le vêtement décrit n'est pas complètement général, il reste *choisi* ; c'est, si l'on veut, un exemple de grammaire, ce n'est pas la grammaire elle-même ; mais du moins, pour parler un langage informatif, il ne comporte aucun *bruit*, c'est-à-dire rien qui gêne le sens pur qu'il transmet : il est tout entier *sens* : la description

1. F. de Saussure, *Cours de linguistique générale*, Paris, Payot, 4e éd., 1949, chap. III.

2. A. Martinet, *Éléments*, 1, 18. – L'identité du code et de la langue, du message et de la parole a été discutée par P. Guiraud, « La mécanique de l'analyse quantitative en linguistique », in *Etudes de linguistique appliquée*, n° 2, Didier, 1963, p. 37.

3. Sur la *cover-girl*, cf. *infra*, 18, 11.

est une parole sans bruit. Cependant, cette opposition n'est valable qu'au niveau du système vestimentaire ; car au niveau du système linguistique, il est évident que la description elle-même est soutenue par une parole particulière (celle de *ce* journal de Mode, dans *cette* page) ; c'est, si l'on veut, un vêtement abstrait confié à une parole concrète ; le vêtement écrit est à la fois institution (ou « langue ») au niveau du vêtement, et acte (« parole ») au niveau du langage. Ce statut paradoxal est important : il va régler toute l'analyse structurale du vêtement écrit.

2. *La relation de sens*

Pour le déjeuner de fête à Deauville,
le canezou douillet.

I. Domaines à variations concomitantes ou classes commutatives

2.1. L'épreuve de commutation.

Avec le vêtement écrit, nous voici devant une communication infinie, dont nous ne connaissons ni les unités ni les fonctions, puisque sa structure, tout en étant orale, ne coïncide pas exactement avec celle de la langue [1]. Comment structurer cette communication ? La linguistique propose un modèle opératoire dont on va essayer de tirer profit, *l'épreuve de commutation.* Soit une structure donnée globalement. L'épreuve de commutation consiste à faire varier artificiellement un terme [2] de cette structure et à observer si cette variation introduit un changement dans la lecture ou l'usage de la structure donnée ; ainsi, par approches successives, on peut espérer d'une part, saisir les plus petits fragments de substance responsables d'un changement de lecture ou d'usage, et par conséquent définir ces fragments comme des unités structurales ; et d'autre part, en observant ce qui varie conjointement, on est à même de dresser un inventaire général des variations concomitantes, et par conséquent de déterminer dans l'ensemble de la structure donnée, un certain nombre de classes commutatives.

1. Cf. *supra*, 1, 1.

2. Il faut rappeler ici la remarque de Saussure : *« Dès que nous disons "terme", au lieu de "mot", l'idée de système est évoquée »* (V. R. Godel : *Les Sources manuscrites du cours de linguistique générale de F. de Saussure*, Genève, Droz, Paris, Minard, 1957, p. 90 et p. 220).

2.2. *Classes commutatives : le vêtement et le monde.*

Le journal facilite beaucoup l'épreuve de commutation en y procédant lui-même ouvertement dans certains cas privilégiés. Si l'on nous dit, par exemple, que *ce cardigan long est sage lorsqu'il n'est pas doublé et amusant lorsqu'il est réversible*, on voit tout de suite qu'il y a ici deux variations concomitantes : une variation du vêtement (passage de l'*absence de doublure* au *réversible*) produit une variation de caractère (conversion du *sage* en *amusant*) ; inversement, la variation du caractère oblige à une variation du vêtement. En réunissant tous les énoncés qui ont manifestement une telle structure, on est amené à poser l'existence (au niveau du vêtement écrit) de deux grandes classes commutatives : dans l'une prennent place tous les traits vestimentaires, et dans l'autre tous les traits caractériels (*sage*, *amusant*, etc.) ou circonstanciels (*soir*, *week-end*, *shopping*, etc.) ; d'un côté des formes, des matières, des couleurs, et de l'autre des situations, des occupations, des états, des humeurs ; ou, pour simplifier encore, d'un côté le vêtement, et de l'autre le monde. Mais ce n'est pas tout. Si, abandonnant l'examen de ces cas privilégiés, on passe à celui d'énoncés simples, dépourvus apparemment de double variation concomitante, on n'en rencontre pas moins très souvent, explicités par la langue, des termes venus de nos deux classes commutatives, le vêtement et le monde ; si le journal nous dit que les *imprimés triomphent aux Courses*, on peut soi-même tenter artificiellement la commutation, et, se référant aux autres énoncés du corpus, constater, par exemple, que le passage des imprimés aux tissus unis entraîne (ailleurs) un passage des Courses aux garden-parties, bref qu'une variation du vêtement s'accompagne fatalement d'une variation du monde et réciproquement[1]. Ces deux classes commutatives, monde et vêtement, couvrent un grand nombre d'énoncés de Mode : tous ceux où le journal assigne au vêtement une certaine fonction, ou

1. À moins évidemment que le journal ne *neutralise* lui-même explicitement les variations du monde (*« ce sweater pour la ville ou la campagne »*) ou celles du vêtement (*« pour les soirs d'été, mousseline ou taffetas »*), cf. *infra*, 11, III et 14, II.

plus vaguement une certaine convenance : *l'accessoire fait le printemps. – L'après-midi, les fronces s'imposent. – Ce chapeau est jeune parce qu'il dégage le front. – Ces chaussures sont idéales pour la marche*, etc. Sans doute, en donnant un titre (« Monde », « Vêtement ») aux deux classes que l'on vient de repérer, en les « emplissant » d'un certain contenu qui n'est, à vrai dire, nulle part pris en charge par la langue du journal lui-même (il ne parle jamais du « monde » ni du « vêtement »), l'analyste fait intervenir son propre langage, c'est-à-dire, en somme, un métalangage ; en toute rigueur, on devrait se contenter d'appeler ces deux classes X et Y, car, à l'origine, elles ne sont fondées que formellement ; il peut être pourtant utile de marquer dès à présent la disparité des substances (ici vestimentaires, là mondaines [1]), engagées dans chacune des deux classes ; et surtout de bien noter que dans les exemples cités ici, les deux classes sont également actualisées, ou, si l'on préfère, explicitées : ni vêtement ni monde ne sont jamais privés d'une expression verbale [2].

2.3. *Classes commutatives : le vêtement et la Mode.*

Les deux classes du vêtement et du monde sont cependant loin d'épuiser tout le corpus étudié ; dans beaucoup d'énoncés, le journal se contente de décrire le vêtement, sans nullement le mettre en corrélation avec des caractères ou des circonstances venus du monde ; ici, c'est *un boléro court, taille à la taille, pour l'ensemble en shetland bleu turquoise, la veste au ras du cou, les manches au coude et deux poches gilet à la jupe* ; là c'est *une veste brassière toute boutonnée dans le dos, le col noué comme une petite écharpe*, etc. ; on dirait que dans cette sorte d'exemples, on ne peut disposer que d'une seule classe, le vêtement, et

1. On emploiera ici « mondain », non dans un sens purement festif *(« une réception mondaine »)*, mais dans le sens de : qui appartient au monde, intra-mondain.

2. On verra plus tard (*infra*, 17, 4) que certains termes mondains peuvent devenir termes vestimentaires : il s'agit de signifiés solidifiés en signifiants *(une chemise sport)*.

qu'il manque par conséquent à ces énoncés le terme corrélatif sans lequel l'épreuve de commutation, et partant la structuration du vêtement écrit, ne peut avoir lieu. Dans le premier cas, en faisant varier le vêtement, on faisait varier le monde (et réciproquement), mais pour que le vêtement continue à constituer une classe commutative, même lorsqu'il est décrit purement et simplement, il faudrait qu'en changeant un terme de la description, on détermine *ailleurs* un changement concomitant. Or, il faut se rappeler ici que toute description d'un vêtement est soumise à une certaine fin, qui est de manifester, ou mieux encore, de transmettre la Mode : tout vêtement noté coïncide avec l'être de la Mode. Il s'ensuit qu'en faisant varier certains éléments du vêtement décrit, on détermine une variation concomitante dans la Mode ; et comme la Mode est un tout normatif, une loi sans degré, faire varier la Mode, c'est en sortir ; changer un énoncé de Mode (du moins dans sa terminologie) [1], imaginer par exemple une brassière boutonnée *devant*, et non plus *dans le dos*, c'est passer corrélativement de la Mode au démodé. Sans doute la classe *Mode* ne comporte-t-elle qu'une seule variation *(Mode/démodé)* ; mais cela suffit à la valider, puisque cette variation, si pauvre soit-elle, permet l'épreuve de commutation. Dans tous les cas où le vêtement n'est pas mis en rapport avec le monde, on se trouve donc en présence d'un nouveau couple de classes commutatives, constituées cette fois-ci par le vêtement et la Mode. Cependant, contrairement au premier couple *(Vêtement ≀ Monde)*, les termes venus du second couple *(Vêtement ≀ Mode)* sont inégalement actualisés : le *à-la-mode* n'est presque jamais énoncé : il reste implicite, exactement comme le signifié d'un mot [2].

1. On verra plus tard (cf. *infra*, 4, 9 et 5, 10) que l'énoncé de Mode peut comporter des variations insignifiantes, dans la mesure, on l'a dit, où la structure du vêtement, même écrit, ne coïncide pas exactement avec celle de la langue.

2. Sans se référer au sens linguistique, on appellera ici *isologie*, la coïncidence substantielle du signifiant et du signifié dans le signe, qui entraîne le caractère implicite du signifié (cf. *infra* 21, 1).

2.4. *Ensembles A et ensembles B.*

Pour résumer, nous voici assurés maintenant que tout énoncé, fourni par le corpus étudié, comporte deux termes, issus de deux classes commutatives. Tantôt ces deux termes sont explicites *(Vêtement ≀ Monde)*, tantôt l'un est explicite *(Vêtement)* et l'autre est implicite *(Mode)*. Mais quel que soit le couple de classes auquel on ait affaire, un terme est toujours énoncé, et par conséquent la classe à laquelle il appartient, actualisée : le Vêtement[1]. Ceci explique que la commutation se fait toujours soit entre le vêtement et le monde, soit entre le vêtement et la Mode, mais jamais directement entre le monde et la Mode, ni même entre le vêtement mondain et la Mode[2]: quoique disposant de trois domaines, on n'a jamais affaire qu'à deux ensembles commutatifs : un ensemble A *(Vêtement ≀ Monde)* et un ensemble B *(Vêtement ≀* [*Mode*]*)*. On épuisera donc le corpus en repérant tous les énoncés appartenant à l'ensemble A et tous les énoncés appartenant à l'ensemble B.

II. *La relation signifiante*

2.5. *Équivalence.*

On pourrait assimiler les classes commutatives à des réserves dans lesquelles le journal puise à chaque fois un certain nombre de traits, qui constituent l'énoncé de Mode. Ces traits ou groupes de traits vont toujours deux par deux (c'est le propre de la commutation). Quelle est donc la nature du rapport qui unit ces traits ou ces groupes de traits ? Dans le cas du couple A, la relation des

1. Exemples :

I.	*les imprimés*	≀	*les courses*
	l'accessoire	≀	*le printemps*
	ce chapeau	≀	*la jeunesse*
	ces chaussures	≀	*la marche*
II.	*veste-brassière, boutonnée...*	≀	[*Mode*]
	boléro court, taille à la taille...	≀	[*Mode*]

2. Il y a rapport entre le vêtement mondain et la Mode, mais ce rapport est indirect, pris en charge par un second système de relation (cf. *infra*, 3, 9 et 3, 11).

deux classes est à première vue très variée : c'est tantôt la finalité *(ces chaussures sont faites pour la marche)*, tantôt la causalité *(ce chapeau est jeune parce qu'il dégage le front)*, tantôt la transitivité *(l'accessoire fait le printemps)*, tantôt la circonstance *(c'est aux Courses que l'on voit des imprimés, c'est l'après-midi qu'il faut mettre des robes froncées)* ; on dirait que pour le journal, le vêtement et le monde peuvent entrer dans n'importe quel rapport. C'est dire que d'une certaine façon le contenu de ce rapport est indifférent au journal ; le rapport étant constant et son contenu étant varié, on comprend que c'est la constance du rapport, non ses contenus, qui intéresse la structure du vêtement écrit[1] ; ces contenus peuvent très bien être fallacieux (par exemple, l'accessoire ne produit en rien le printemps), sans que cesse la corrélation du vêtement et du monde ; cette corrélation est en quelque sorte vide : structuralement, elle n'est rien d'autre qu'une *équivalence*[2] : l'accessoire *vaut-pour* le printemps, ces chaussures *valent-pour* la marche, les imprimés *valent-pour* les Courses. Autrement dit, lorsqu'on essaye de réduire la diversité des raisons du vêtement à une fonction suffisamment générale pour les contenir toutes (ce qui est le propre de l'analyse structurale), on constate que la précision fonctionnelle de l'énoncé n'est que la variation d'une relation beaucoup plus neutre, qui est la simple équivalence. Le caractère en quelque sorte vide de la relation apparaît encore mieux lorsqu'il s'agit du couple B *(Vêtement* ≀ *[Mode])* ; d'une part, le second terme étant ici presque toujours implicite[3], la relation ne peut être variée ; et d'autre part, la Mode étant pure valeur, elle ne peut produire le vêtement

1. À vrai dire, le contenu de la relation est indifférent à un certain niveau de la structure (celui dont on s'occupe pour le moment), mais non à tous ses niveaux ; car les fonctions écrites du vêtement font partie du niveau de connotation, elles font partie du système de la Mode (cf. *infra*, 19, 11).

2. *Équivalence* et non pas *identité* : le vêtement n'est pas le monde. On le voit bien dans l'exemple suivant, qui est évidemment noté comme un paradoxe : *Style jardin pour le jardin.* On emploiera désormais le symbole graphique ≡ pour désigner la relation d'équivalence (et non = qui est le symbole de l'identité). On écrira donc : *Vêtement* ≡ *Monde* et *Vêtement* ≡ *Mode*.

3. Presque toujours : *presque*, parce que le journal dit parfois : *la Mode est au bleu.*

ou constituer l'un de ses usages ; on peut admettre qu'un imperméable protège contre la pluie et qu'à ce compte il y a, du moins originairement ou partiellement, un véritable rapport transitif entre le monde (la pluie) et le vêtement (l'imperméable) [1] ; mais qu'une robe soit décrite parce qu'elle honore la valeur de Mode, il ne peut y avoir entre cette robe et la Mode qu'un simple rapport de conformité conventionnelle, et non plus fonctionnelle : c'est vraiment le journal, et non plus l'usage, qui institue l'équivalence du vêtement et de la Mode. Ainsi, le rapport d'équivalence des deux classes commutatives est toujours certain : dans les ensembles B, parce qu'il est déclaré ; dans les ensembles A, parce qu'il est constant sous la variété des figures que le journal lui donne.

2.6. Orientation.

Ce n'est pas tout. L'équivalence du vêtement et du monde, du vêtement et de la Mode est une équivalence orientée ; dans la mesure où les deux termes qui la composent n'ont pas la même substance, on ne peut les manipuler de la même façon. Les traits mondains sont infinis (sans limites précises), innombrables et abstraits ; les classes du monde et de la Mode sont immatérielles ; celle du vêtement est au contraire constituée par une collection finie d'objets matériels ; il est donc fatal que, lorsqu'ils sont confrontés dans une relation d'équivalence, monde et Mode d'une part, et vêtement d'autre part, deviennent les termes d'un rapport de manifestation : non seulement le trait vestimentaire vaut pour le trait mondain ou l'assertion de Mode [2], mais encore il les manifeste. Autrement dit, en posant l'équivalence du visible et de l'invisible, la relation du vêtement et du monde ou de la Mode ne s'offre qu'à un seul usage, celui d'une certaine *lecture*. Cette lecture ne peut se confondre complètement avec la lecture immédiate de l'énoncé, qui vise, elle, à déchiffrer l'équi-

1. Ce serait d'ailleurs poser partiellement le problème, car, comme on le verra par la suite (*infra*, 19, 2), toute fonction est aussi un signe.

2. Assertion, et non trait, parce que la classe « Mode » ne comporte qu'une variation : *Mode/non-Mode*.

valence des mots-lettres et des mots-sens ; en fait, dans son étendue verbale, l'énoncé lui-même nous sert à *lire*, au second degré, l'équivalence du monde ou de la Mode et du vêtement. Au-delà des mots qui le composent, tout énoncé du journal constitue donc un système de significations, composé d'un signifiant, aux termes discrets, matériels, numérables et visibles : le vêtement ; et d'un signifié, immatériel, qui est, selon les cas, le monde ou la Mode ; conformément à la nomenclature saussurienne, on appellera *signe* [1], la corrélation des deux termes, du signifiant vestimentaire et du signifié mondain ou de Mode. Par exemple, toute la phrase : les *imprimés triomphent aux Courses* constituera un signe, dont les *imprimés* seront le signifiant (vestimentaire) et *les Courses* le signifié (mondain) ; *veste-brassière toute boutonnée dans le dos, le col noué comme une petite écharpe* sera le signifiant du signifié implicite [*à-la-Mode*], et aussi, par conséquent, un signe complet, comme le mot dans la langue.

2.7. Directions d'analyse : profondeur et étendue.

On peut assigner désormais à l'analyse du vêtement écrit deux directions complémentaires. D'une part, comme tout énoncé, on l'a vu, comporte au moins deux lectures, celle des mots eux-mêmes et celle de la relation signifiante *Monde*, [*Mode*] ≡ *Vêtement*, ou, si l'on préfère, comme le signe vestimentaire se donne à lire à travers un discours qui le transforme en fonction *(ce vêtement sert à tel usage mondain)* ou en assertion de valeur *(ce vêtement est à la Mode)*, on peut être assuré dès maintenant que le vêtement écrit comporte au moins deux types de relation signifiante ; il faut donc prévoir une analyse profonde, destinée à dégager de l'énoncé de Mode les plans signifiants qui le composent. D'autre part, s'il apparaît que tous les signes vestimentaires s'organisent selon un système de différences, on sera autorisé à déceler dans le vêtement écrit la présence d'un *code vestimentaire*, dans lequel une classe de signifiants (le vêtement) sera le

1. *Signe*, au sens saussurien, est la réunion du signifiant et du signifié, et non le seul signifiant, comme on le croit communément (A. Martinet, *Éléments*, p. 20).

valant-pour d'une classe de signifiés (le monde ou la Mode) ; plus encore que le signe lui-même [1], c'est donc la façon dont les signifiants vestimentaires s'organisent entre eux [2], c'est-à-dire leur étendue, qu'il faudra interroger ; car ce qui fonde un système de signes, ce n'est pas le rapport d'un signifiant et d'un signifié (ce rapport peut fonder un symbole, mais non forcément un signe), c'est le rapport des signifiants entre eux : la *profondeur* d'un signe n'ajoute rien à sa détermination ; c'est son extension qui compte, le rôle qu'il joue par rapport à d'autre signes, le mode systématique dont il leur ressemble ou en diffère : tout signe tient son être de ses entours, non de ses racines. L'analyse sémantique du vêtement écrit devra donc se poursuivre en profondeur lorsqu'il s'agira de « démêler » les systèmes, et en étendue, lorsqu'il s'agira d'analyser la succession des signes, au niveau de chacun de ces systèmes. On commencera par éclairer aussi nettement que possible l'imbrication des systèmes dont on vient de pressentir l'existence.

1. Le signe de Mode sera analysé au chap. 15.

2. C'est la partie la plus importante du système de la Mode, traitée du chap. 5 au chap. 12.

3. *Entre les choses et les mots*

Une petite ganse fait l'élégance.

I. Les systèmes simultanés : principe et exemples

3.1. Principe des systèmes simultanés : connotation et métalangage.

On a vu qu'un énoncé de Mode implique au moins deux systèmes d'information : un système proprement linguistique, qui est la langue (française), et un système « vestimentaire », selon lequel le vêtement (*les imprimés, l'accessoire, la jupe plissée, une veste-brassière*, etc.) signifie soit le monde *(les Courses, le printemps, l'âge mûr)*, soit la Mode. Ces deux systèmes ne sont pas séparés : le système vestimentaire semble pris en charge par le système linguistique. Le problème posé par la coïncidence de deux systèmes sémantiques dans un seul énoncé a été abordé principalement par Hjelmslev[1]. On sait que la linguistique distingue dans la langue un plan de l'expression (E) et un plan du contenu (C) ; ces deux plans sont unis par une relation (R) et l'ensemble des plans et de la relation forme un système (ERC) ; or le système ainsi constitué peut devenir lui-même le simple élément d'un second système qui lui sera par conséquent extensif. Le décrochage des deux systèmes peut se faire au niveau de deux points d'articulation différents ; dans le premier cas, le système primaire constitue le plan d'expression du système secondaire : (ERC) R C : le système 1 correspond alors au plan de la *dénotation*, le système 2 au plan de la *connotation* ; dans le

1. *Essais*, p. 43.

second cas, le système primaire (ERC) constitue le plan du contenu du système secondaire : E R (ERC) ; le système 1 correspond alors au plan du *langage-objet*, le système 2 au plan du *métalangage*. Connotation et métalangage s'opposent donc comme dans un jeu de miroir, selon la place du premier système dans le second. Un schéma grossier (car en fait, dans la langue, expression et contenu sont confondus en un même temps) rendra compte de ces deux décrochages symétriques :

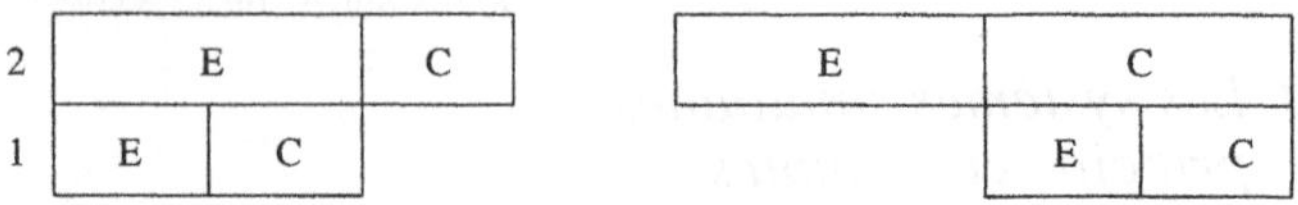

Selon Hjelmslev, les métalangages sont des *opérations*, ils forment la plupart des langages scientifiques, dont le rôle est de pourvoir un système réel, saisi comme signifié, d'un ensemble de signifiants originaux, de nature descriptive. Face aux métalangages, les connotations imprègnent les langages largement sociaux, dans lesquels un premier message ou message littéral sert de support à un sens second, d'ordre en général affectif ou idéologique [1] ; les phénomènes de connotation ont certainement une grande importance, encore méconnue, dans tous les langages de culture et singulièrement en littérature.

3.2. Ensembles à trois systèmes : points d'articulation.

Pour qu'il y ait connotation ou métalangage, il suffit de deux systèmes. Rien n'interdit cependant de concevoir des ensembles à trois systèmes ; mais comme les messages du langage articulé sont normalement saturés par deux systèmes (dans le cas le plus largement socialisé, il s'agit de la dénotation-connotation, qui nous retiendra surtout ici), le troisième système de ces ensembles tripartites est naturellement constitué par un code extra-linguistique, dont la substance est l'objet ou l'image ; par exemple, un ensemble linguistique, dénotant-connotant, prend en charge un

1. *Mythologies* [*OC*, t. I, p. 684 s.].

premier système signifiant d'objets ; l'ensemble présente alors deux articulations différentes : l'une fait passer du code réel (d'objets) au système dénotant de la langue ; l'autre fait passer du système dénotant de la langue à son système connotant. À cette différence des substances, correspond l'opposition même du métalangage et de la connotation : lorsque la dénotation linguistique prend en charge le code réel, elle agit comme un métalangage, car ce code devient le signifié d'une nomenclature, ou, si l'on préfère, d'un pur système *terminologique* ; ce double système est alors saisi, à titre de signifiant, par la connotation finale, intégré dans un troisième et dernier système que l'on pourrait appeler *rhétorique* :

<table>
<tr><td>3. Langage articulé : système rhétorique</td><td colspan="3">E</td><td>C</td></tr>
<tr><td>2. Langage articulé : système terminologique</td><td>E</td><td colspan="2">C</td><td></td></tr>
<tr><td>1. Code réel</td><td></td><td>E</td><td>C</td><td></td></tr>
</table>

Le système 3 est pure connotation ; le système 2, intermédiaire, est à la fois dénotation (par rapport au système 3) et métalangage (par rapport au système 1). La dissymétrie des points d'articulation (ici le signifiant, là le signifié) tient à la disparité des substances ; les systèmes 2 et 3 étant tous deux linguistiques, il y a entre eux homogénéité de signifiants (ce sont des mots, des phrases, des formes phoniques) ; au contraire, les systèmes 1 et 2 étant mixtes, l'un réel et l'autre linguistique, leurs signifiants ne peuvent communiquer directement entre eux ; la substance du code réel ne peut alimenter sans relais la substance du code verbal ; aussi, dans ce mouvement de décrochage, le code réel est pris en charge par la partie insubstantielle, conceptuelle, du système linguistique, c'est-à-dire par son signifié. Un exemple est ici nécessaire ; on l'empruntera à la signalisation routière *enseignée*, c'est-à-dire *parlée* [1].

1. Depuis Buyssens, sans doute (*Les Langages et les Discours*, Bruxelles, J. Lebègue, 1943, 99 p.) la signalisation routière sert d'exemple de base à la réflexion sémiologique ; c'est un exemple utile à condition de se rappeler que le code routier reste un code très pauvre.

3.3. La signalisation routière enseignée.

J'ai devant moi trois feux de couleurs différentes (rouge, vert, jaune). Je n'ai nul besoin de la langue pour comprendre qu'il s'agit là de signaux dont chacun a un sens différent (interdiction, liberté, surveillance [1]) : il me faudra seulement le temps d'un apprentissage qui fera surgir ce sens des situations mêmes où le signe est employé : c'est à force d'associer le vert à des passages et le rouge à des arrêts, que je finirai par déchiffrer la relation sémantique ; j'ai bien affaire à un code, et ce code est réel, non-linguistique, composé de signifiants visuels, que des hommes sourds et muets pourraient très bien utiliser. Mais si c'est de mon moniteur que je tiens le sens de ces signaux, la parole de ce moniteur vient relayer le code réel ; et comme la parole est elle-même un système signifiant, me voici donc en présence d'un ensemble binaire, hétérogène, mi-réel, mi-linguistique ; dans le premier système (ou code routier proprement dit), une certaine couleur (perçue, mais non point nommée) signifie une certaine situation ; confiée à la parole du moniteur, cette équivalence sémantique se double donc d'un second système, lui-même sémantique, puisqu'il fait d'une substance verbale *(phrase)* le signifiant d'un certain concept *(proposition)*. Dans l'état actuel de l'analyse, je dispose donc de deux systèmes décrochés, conformément au schéma suivant [2] :

<table>
<tr><td>2. Code parlé</td><td>Sa :
/Le rouge est
le signe de
l'interdiction/: Phrase</td><td colspan="2">Sé :
« Le rouge est
le signe de
l'interdiction » : Proposition</td></tr>
<tr><td>1. Code réel</td><td></td><td>Sa :
Perception du
rouge</td><td>Sé :
Situation
d'interdiction</td></tr>
</table>

1. On notera que, dans ce code élémentaire, les signifiés s'organisent eux-mêmes en opposition structurée : il y a deux termes polaires *(interdit/permis)* et un terme mixte *(à la fois interdit et permis = à surveiller)*.

2. L'imperfection – évidente – de ce schéma tient à la nature de la langue, qui confond substantiellement ses signifiants et ses signifiés, en sorte que toute extension de l'équivalence sémantique (sa spatialisation) est une déformation.

Il faut s'arrêter ici un instant. Car même si mon moniteur était suffisamment objectif pour m'énoncer littéralement, d'un ton neutre, que « le rouge est le signe de l'interdiction », bref si sa parole atteignait un état rigoureusement dénoté du réel (ce qui est assez utopique), ce n'est jamais impunément que la langue relaye un premier système de significations. Si j'apprends le code routier d'une façon empirique (extra-linguistique), je perçois des différences, non des qualités : le rouge, le vert, le jaune, n'ont (pour moi) d'autre réalité que leur relation, le jeu de leurs oppositions [1] ; le relais linguistique a sans doute un avantage, il économise le recours à une table de fonctions ; mais aussi, en isolant et en distançant le signe, il permet d'« oublier » l'opposition virtuelle des premiers signifiants ; on peut dire que la langue solidifie l'équivalence du rouge et de l'interdiction : le rouge devient la couleur « naturelle » de l'interdit ; de signe, la couleur devient symbole ; le sens n'est plus une forme, il se substantifie. Étendue à un autre système sémantique, la langue tend ainsi à le naturaliser : la plus sociale des institutions est ce pouvoir même qui permet aux hommes de produire du « naturel ». Mais ce n'est pas tout. La parole du moniteur n'est pour ainsi dire jamais neutre ; dans le moment même où il semble me dire simplement que le rouge signale un interdit, il me dit aussi autre chose : son humeur, son caractère, le « rôle » qu'il désire assumer à mes yeux, notre relation d'élève et d'enseignant ; ces nouveaux signifiés ne sont pas remis aux mots du code enseigné, mais à d'autres formes du discours (les « valeurs », la tournure, l'intonation, tout ce qui constitue la rhétorique ou la phraséologie du moniteur). Autrement dit, sur la parole elle-même s'édifie à peu près fatalement un autre système sémantique, qui est proprement de connotation. On a donc finalement affaire, ici, à un ensemble ternaire, composé d'un code réel, d'un système terminologique ou dénotant et d'un système rhétorique ou connotant, selon un schéma

---

– *Concept* est une notion discutable de la théorie saussurienne ; on l'emploie ici pour mémoire, et sans en aborder la discussion.

1. Il s'agit là, en fait, d'une situation utopique ; en tant qu'individu culturalisé, même sans langage, je ne puis avoir du « rouge » qu'une idée mythique.

théorique que l'on a déjà esquissé et qu'il suffit maintenant de remplir :

<table>
<tr><td>3. Syst. rhétorique</td><td colspan="3">Sa :
Phraséologie du moniteur</td><td>Sé :
« Rôle » du moniteur</td></tr>
<tr><td>2. Syst. terminologique</td><td>Sa :
/Le rouge est le signe de l'interdiction/
(Phrase)</td><td colspan="2">Sé :
« Le rouge est le signe de l'interdiction »
(Proposition)</td><td></td></tr>
<tr><td>1. Code routier réel</td><td></td><td>Sa :
Perception du rouge</td><td>Sé :
Situation d'interdiction</td><td></td></tr>
</table>

Ce schéma inspirera deux remarques.

3.4. Dissociation des systèmes.

Tout d'abord les deux systèmes inférieurs étant tout entiers présents dans le système supérieur, c'est au niveau rhétorique que l'ensemble est immédiatement consommé ; je reçois sans doute un message objectif : *le rouge est le signe de l'interdiction* (à preuve que mes actes pourront s'y conformer), mais ce que je vis réellement, c'est la parole de mon moniteur, c'est sa phraséologie ; si, par exemple, cette phraséologie est intimidante, la signification du rouge comportera fatalement une certaine terreur : dans le procès rapide (lorsqu'il est vécu) du message, je ne puis mettre d'un côté le signifiant du système terminologique et de l'autre le signifié du système rhétorique, dissocier le rouge de la terreur. La dissociation des deux systèmes ne peut être que théorique ou expérimentale : elle ne correspond à aucune situation réelle ; car il est très rare que devant une parole intimidante (qui est toujours une parole connotée), on ait le pouvoir de séparer *in petto* le message dénoté (le contenu du discours) du message connoté (l'intimidation) ; bien au contaire, le second message imprègne fortement le premier, au point parfois de se substituer à lui, et d'empêcher son intelligibilité : un ton menaçant peut affoler au point d'obscurcir complètement l'ordre émis ; inversement, la dissociation des deux systèmes serait une façon de distancer le message du second système et par conséquent d'« objectiver » son signifié (par exemple, la tyrannie) : c'est sans doute ce que fait un médecin qui reçoit des injures de son malade : il s'interdit de confondre le signifié propre du discours agressif et le symbole névrotique qu'il constitue ; mais si ce même médecin quittait sa situation expérimentale et recevait ce même discours dans une situation réelle, la dissociation serait beaucoup plus difficile.

3.5. Hiérarchie des systèmes.

Ceci amène à la seconde remarque. À supposer qu'on puisse les dissocier, les trois systèmes n'impliqueraient pas la même ouverture de communication. Le code réel suppose une communication pratique fondée sur l'apprentissage et par conséquent sur une certaine durée ; il s'agit donc en général d'une communication simple et étroite (par exemple, le code routier, le code d'appontage des avions, etc.). Le système terminologique implique une communication immédiate (elle n'a pas besoin du temps pour s'élaborer : le mot économise toute une durée d'apprentissage), mais conceptuelle ; c'est une communication « pure ». La communication instaurée par le système rhétorique est en un sens plus large, car ce système ouvre le message au monde social, affectif, idéologique : si l'on définit le réel par le social, c'est le système rhétorique qui est le plus réel, tandis que le système terminologique, étant plus formel, apparenté à une logique, serait moins réel ; mais aussi, ce code dénoté est plus « choisi », c'est celui qui témoigne le mieux d'un pur effort humain : un chien peut comprendre le premier code (signaux) et le dernier (jeu d'intonations du maître), il ne peut comprendre le message dénoté, qui est accessible à l'homme seul. S'il fallait hiérarchiser les trois systèmes d'un point de vue anthropologique, en mesurant l'homme aux pouvoirs de l'animal, on pourrait dire que l'animal peut recevoir et émettre des signaux (premier système) ; qu'il ne peut que recevoir le dernier[1] ; et qu'il ne peut ni recevoir ni émettre le second ; l'homme au contraire a le pouvoir de constituer les objets en signes, de transformer ces signes en langage articulé et le message littéral en message connoté.

II. Les systèmes du vêtement écrit

3.6. Décompte des systèmes.

Les remarques générales que l'on vient de faire à propos des systèmes simultanés vont permettre maintenant de décrire ce que l'on pourrait appeler la « géologie » du vêtement écrit, et de préciser le nombre et la nature des systèmes qu'il mobilise. Comment dénombrer ces systèmes ? Par une série d'épreuves de commutation dirigées : il suffit de porter cette épreuve à différents niveaux de l'énoncé et d'observer si elle désigne bien des signes spécifiquement différents ; ces signes renvoient alors nécessairement à des systèmes eux-mêmes différents. Par exemple, l'épreuve de commutation désignera ici le mot comme simple partie du système linguistique *(pars orationis)*, là ce même mot (ou un groupe de mots, une phrase même) comme élément d'une signification vestimentaire, là encore comme signifiant de la Mode, là enfin comme signifiant stylistique : c'est la multiplicité des niveaux de commutation qui atteste la pluralité des systèmes simultanés. Il faut y insister, car toute l'analyse sémiologique qui est proposée ici repose sur une distinction entre la langue et le code vestimentaire écrit qui peut choquer mais qui doit sa validité à ceci : langue et description vestimentaire n'ont pas le même niveau de commutation. Comme il y a dans le vêtement écrit deux sortes d'équivalences ou deux couples de classes commutatives (ensembles A : *vêtement ≡ monde* ; ensembles B : *vêtement ≡ Mode*), on analysera d'abord les énoncés à signifiés explicites (ensembles A), et

1. Un chien ne peut se servir des signaux qu'il émet pour édifier un second système de raisons et de masques.

ensuite les énoncés à signifiés implicites (ensembles B), pour s'interroger ensuite sur les rapports de ces deux ensembles.

3.7. Systèmes des ensembles A.

Soit un énoncé à signifié explicite (mondain) : *les imprimés triomphent aux Courses*. Je sais déjà que j'ai ici au moins deux systèmes signifiants. Le premier est situé, par principe, dans la réalité : si je me transportais (du moins cette année-là) à Auteuil, je *verrais*, sans avoir besoin de recourir au langage, qu'il y a équivalence entre le nombre des imprimés et la festivité des Courses ; cette équivalence est évidemment celle qui fonde tout l'énoncé de Mode, puisqu'elle est vécue comme antérieure au langage et que ses éléments sont supposés réels, non parlés ; elle met bien en rapport un vêtement réel et une circonstance empirique du monde ; son signe typique est : *vêtement réel* ≡ *monde réel*, et c'est pour cette raison qu'on l'appellera désormais : code vestimentaire réel. Cependant, ici, c'est-à-dire dans les limites du vêtement écrit (que l'on s'est engagé à respecter par soumission à la règle terminologique), la réalité (le champ de Courses d'Auteuil, les imprimés en tant que tissu particulier) n'est jamais qu'une référence : je ne vois ni les imprimés ni les Courses ; les uns et les autres me sont représentés à travers un élément verbal, qui est emprunté à la langue française ; la langue constitue donc, dans mon énoncé, un second système informatif, que j'appellerai code vestimentaire écrit ou système terminologique [1], car il ne fait que dénoter d'une façon brute la réalité du monde et du vêtement, sous forme d'une nomenclature ; si j'arrêtais à ce niveau l'élaboration du vêtement écrit, j'obtiendrais un énoncé du genre : *cette année, les imprimés sont le signe des Courses*. Dans ce système, le signifiant n'est plus *les imprimés* (comme dans le système 1), mais l'ensemble des substances phoniques (ici : graphiques) nécessaires à l'énoncé, et que l'on appelle *phrase* ; le signifié n'est plus *les Courses*, mais

1. On ne peut l'appeler système linguistique, car les systèmes suivants sont aussi intérieurs à la langue.

l'ensemble des concepts[1], actualisés par la phrase, et qu'on appelle *proposition*[2]. Le rapport de ces deux systèmes obéit au principe des métalangages : le signe du code vestimentaire réel devient le simple signifié (proposition) du code vestimentaire écrit ; ce signifié second est à son tour pourvu d'un signifiant autonome : la phrase.

Syst. 2 ou terminologique	*Sa :* Phrase	*Sé :* Proposition	
Syst. 1 ou code vestimentaire		*Sa :* Vêt. réel	*Sé :* Monde réel

Mais ce n'est pas tout. Il reste dans mon énoncé d'autres signes typiques (d'autres équivalences), et partant, d'autres systèmes. Il est d'abord certain que l'équivalence des *imprimés* et des *Courses*, du vêtement et du monde, n'est donnée (écrite) que dans la mesure où elle affiche (signifie) la Mode ; autrement dit, porter des imprimés aux Courses devient à son tour le signifiant d'un nouveau signifié : la Mode ; mais comme ce signifié n'est actualisé que dans la mesure où l'équivalence du monde et du vêtement est *écrite*, c'est la notation même de cette équivalence qui devient signifiant du système 3, dont le signifié est la Mode : par le simple *noté*, la Mode connote le rapport signifiant des imprimés et des Courses, simplement dénoté au niveau du système 2. Ce système 3 *(imprimés ≡ Courses ≡ [Mode])* a son importance, puisqu'il permet à tous les énoncés mondains de l'ensemble A de signifier la Mode (il est vrai d'une façon plus détournée que les énoncés de l'ensemble B[3]) ; mais comme il s'agit malgré tout d'un système très réduit, puisque son signe typique ne comporte en tout et pour tout qu'une variation binaire *(noté/non-noté, Mode/démodé)*, on l'appellera simplement

1. Toujours au sens saussurien, même si ce terme est discutable.
2. La distinction entre phrase et proposition vient de la logique.
3. La différence des deux ensembles, qui tient au fait que la Mode est dénotée dans les ensembles B et connotée dans les ensembles A, est capitale pour l'économie générale du système, et notamment pour ce que l'on pourrait appeler son éthique (cf. *infra*, 3, 10 et chap. 20).

connotation de Mode. Conformément au principe des systèmes décrochés, c'est le signe du système 2 qui devient simple signifiant du système 3 : par le seul acte de notation, l'énoncé terminologique signifie supplémentairement la Mode. Enfin l'ensemble des trois systèmes repérés jusqu'à présent comporte un dernier signifié original, et partant, un dernier signe typique : lorsque le journal énonce que *les imprimés triomphent aux Courses*, il ne dit pas seulement que les imprimés signifient les Courses (système 1 et 2) et que la corrélation des uns et des autres signifie la Mode (système 3), mais aussi il masque cette corrélation sous la forme dramatique d'une compétition *(triompher de)* ; on se trouve donc en présence d'un nouveau signe typique, dont le signifiant est l'énoncé de Mode sous sa forme complète, et dont le signifié est la représentation que le journal se fait ou veut donner du monde et de la Mode ; comme dans la signalisation routière enseignée, la phraséologie du journal constitue un message connotant, destiné à transmettre une certaine vision du monde ; on appellera donc ce quatrième et dernier système, système rhétorique. Tels sont, en toute rigueur, les quatre systèmes signifiants que l'on doit retrouver dans tout énoncé à signifié explicite (mondain)[1] : code vestimentaire réel (1), code vestimentaire écrit ou système terminologique (2), connotation de Mode (3) et système rhétorique (4). Ces quatre systèmes se donnent évidemment à lire dans l'ordre inverse de leur élaboration théorique ; les deux premiers font partie du plan de dénotation, les deux derniers du plan de connotation : ces deux plans pourront constituer, comme on le verra, les niveaux d'analyse du système général[2].

1. En parlant de *signifié explicite*, on se réfère évidemment au système 2 ou terminologique.

2. Cf. *infra*, 4, 10.

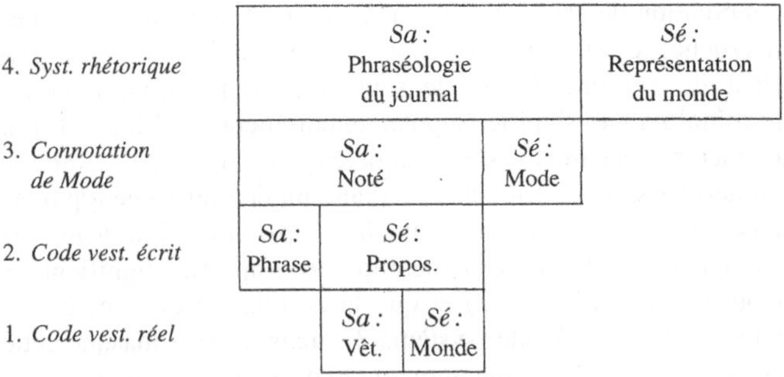

3.8. Systèmes des ensembles B.

Que devient chacun de ces systèmes dans les énoncés de l'ensemble B, c'est-à-dire lorsque le vêtement écrit est directement le signifiant du signifié implicite *Mode* ? Soit l'énoncé suivant : *Que toute femme raccourcisse sa jupe jusqu'au ras du genou, adopte les carreaux fondus et marche en escarpins bicolores.* On peut concevoir une situation réelle, dans laquelle tous ces traits vestimentaires (dont aucun ne renvoie à un signifié mondain) seraient reçus immédiatement comme un signe général de Mode par toutes les femmes qui verraient ce vêtement ; on a donc bien affaire ici à un premier code vestimentaire réel, analogue à celui du couple A, à cette différence près que le signifié n'est plus le monde, mais d'une façon immédiate (et non plus détournée), la Mode. Toutefois, ce code réel n'existe dans le journal qu'à titre de référence d'un code vestimentaire écrit ; ici encore, l'architecture des énoncés A est identique à celle des énoncés B, sauf à noter une fois de plus (car c'est à ce niveau que la différence apparaît) que le signifié *Mode* est toujours implicite. Or la Mode étant ici le signifié du système 2, elle ne peut servir de signifié connoté au système 3, qui n'a plus de raison d'être et qui disparaît : ce n'est plus en effet la simple notation du signe *Vêtement ≡ Monde* qui renvoie à la Mode, c'est le détail des traits vestimentaires, leur organisation « en soi » qui signifie *tout de suite* la Mode, exactement comme, dans les énoncés A, ce même détail et cette même organisation signifiaient tout de suite la circonstance mondaine (les Courses) : il n'y a plus, dans les énoncés B, de connotation de Mode. Mais comme l'énoncé du vêtement *(que toute femme raccourcisse...)* prend la forme d'un décret légal et presque religieux (peu importe pour l'analyse que ce soit *cum grano salis*), on retrouve ici de nouveau un système de connotation : c'est le système rhétorique ; comme dans le cas des énoncés A, il transmet la représentation que le journal peut avoir ou veut donner de la Mode, ou plus exactement de la Mode dans le monde, vécue comme une instance supérieure, d'essence tyrannique. Ainsi les énoncés du couple B ne comportent plus que trois systèmes : un code vestimentaire réel, un code vestimentaire écrit ou système terminologique et un système rhétorique ; le plan de connotation ne comprend plus qu'un système au lieu de deux.

<table>
<tr><td>3. Syst. rhétorique</td><td colspan="3">Sa :
Phraséologie du journal</td><td>Sé :
(Représentation du monde)</td></tr>
<tr><td>2. Code vest. écrit</td><td>Sa :
Phrase</td><td colspan="2">Sé :
Proposition</td><td></td></tr>
<tr><td>1. Code vest. réel</td><td></td><td>Sa :
Vêt.</td><td>Sé :
Mode</td><td></td></tr>
</table>

3.9. Rapports des deux ensembles.

Tout le vêtement écrit se répartit ainsi en deux types d'ensembles, le premier à quatre systèmes, le second à trois systèmes. Quels sont les rapports de ces deux ensembles ? On notera tout d'abord que les deux ensembles ont le même signifiant typique au niveau du plan de dénotation : le vêtement, ou plus exactement, une succession de traits vestimentaires ; il s'ensuit que lorsque l'on voudra étudier la structure des codes 1 et 2, on n'aura à analyser qu'un seul signifiant, le vêtement, qu'il fasse partie d'un énoncé A ou d'un énoncé B, c'est-à-dire à quelque ensemble qu'il appartienne. Cela dit, il faut bien souligner la différence des deux ensembles. Cette différence tient essentiellement à ceci : que la Mode est une valeur connotée dans l'ensemble A et une valeur dénotée dans l'ensemble B. Au niveau du code 2 B, le sens de Mode ne provient pas de la simple notation (acte de noter), mais des traits vestimentaires eux-mêmes ; ou plus exactement, la notation est immédiatement absorbée dans le détail des traits, elle ne peut fonctionner comme signifiant, et la Mode ne peut échapper à sa situation de signifié immédiat ; mais dans l'ensemble A, en interposant entre le vêtement de la Mode des signifiés mondains, le journal esquive en quelque sorte la Mode, il la fait régresser d'un état implicite à un état latent [1]. Or la Mode est une valeur arbitraire ; dans le cas des ensembles B, le système général s'affiche par conséquent comme un système arbitraire, ou, si l'on préfère, ouvertement culturel ; dans le cas des ensembles A, au contraire, l'arbitraire de Mode devient subreptice et le système général s'affiche comme naturel, puisque le vêtement n'a plus les apparences d'un signe mais d'une fonction. Décrire : *une veste-brassière toute boutonnée dans le dos*, etc., c'est fonder un signe [2] ; affirmer que *l'imprimé triomphe aux Courses*, c'est masquer le signe sous les apparences d'une affinité entre le monde et le vêtement, c'est-à-dire d'une nature.

III. Autonomie des systèmes

3.10. Degré d'autonomie des systèmes.

Pour analyser le système général de la Mode, il faut pouvoir manier séparément les systèmes qui le composent ; il importe donc d'apprécier le degré d'autonomie de ces systèmes ; car si certains systèmes sont indissolubles, il faudra bien les soumettre ensemble à l'analyse. Un système sera (relativement) indépendant si, en soustrayant son signifiant de l'ensemble, il reste cependant possible de manier le reste de l'énoncé sans que le

1. Sur implicite et latent, cf. *infra*, 16, 5.
2. À cette réserve près que le système rhétorique des ensembles B peut transformer ce signe en « fait naturel » *(« les jupes sont courtes »)*, (cf. chap. 19).

sens respectif des systèmes résiduels soit en rien altéré. C'est donc en opposant un système au « reste » des systèmes inférieurs, que l'on pourra juger de son autonomie.

3.11. Le système rhétorique.

Confronté au « reste » des systèmes qu'il coiffe, le système rhétorique est (relativement) indépendant. Soit l'énoncé suivant : *une petite ganse fait l'élégance* (ensemble A). On peut facilement dégager dans cet énoncé une succession de signifiants rhétoriques : c'est d'abord l'emploi métaphorique du verbe *faire*, qui transforme le signifié du code terminologique *(l'élégance)* en pur produit du signifiant[1] *(la ganse)* ; c'est aussi l'ambiguïté de l'adjectif *petit*, qui renvoie à la fois à une mesure physique *(≠ grand)* et à un jugement éthique *(= humble, modeste, sympathique)*[2] ; c'est aussi la coupe de la phrase, qui joue au distique :

Un(e) petit(e) ganse
Fait l'élégance[3].

C'est enfin l'isolement même de l'énoncé, monté comme un proverbe précieux. Or, si l'on soustrait de l'énoncé tous ces signifiants rhétoriques, il reste encore un énoncé verbal du type : *la ganse est un signe d'élégance* ; sous sa forme réduite, dénotée, cet énoncé condense encore les systèmes 1, 2 et 3. Il sera donc légitime de constituer le système rhétorique en objet d'analyse indépendant.

1. Lorsqu'on parle, ici et désormais, de *signifiés* et de *signifiants*, sans plus de précision, il s'agit et s'agira toujours des éléments du code vestimentaire écrit ou système terminologique.

2. *Petit* est l'un des rares termes qui soit à cheval sur le système dénoté et sur le système connoté. Cf. *infra*, 4, 3 et 17, 3.

3. Exemples nombreux de ce procédé : *À la plage et à la page, dix garde-robes utiles et futiles, Votre tête gracieuse, précieuse et joyeuse.*

3.12. La connotation de Mode.

La connotation de Mode (système 3 de l'ensemble A) n'a aucune autonomie : on ne peut séparer la notation du *noté* ; ce système est donc entièrement parasite du code vestimentaire écrit ; on a vu d'ailleurs que dans les ensembles B, la notation de Mode s'identifiait avec l'énoncé terminologique des traits vestimentaires, dont elle devenait le simple signifié dénoté. On ne pourra donc soumettre la connotation de Mode à une analyse indépendante.

3.13. Autonomie théorique du code vestimentaite écrit et du code vestimentaire réel.

Restent les deux systèmes inférieurs de l'ensemble (qu'il s'agisse de l'ensemble A ou de l'ensemble B), le système terminologique et le code vestimentaire réel. En principe ces deux systèmes sont indépendants, puisqu'ils sont constitués par des substances différentes (ici des « mots », là des objets et des situations) ; on n'a pas le droit de les confondre complètement, de décréter qu'il n'y a aucune différence entre le vêtement réel et le vêtement écrit, entre le monde réel et le monde nommé ; d'abord parce que la langue n'est pas le calque du réel et qu'elle lui impose, ne serait-ce que sous forme de nomenclature, un découpage qui est déjà une construction ; et puis parce que, dans le cas du vêtement écrit, le système terminologique ne pourrait exister s'il ne se référait à l'existence supposée d'une équivalence *réelle* entre le monde et le vêtement, entre la Mode et le vêtement ; sans doute, cette équivalence n'est pas empiriquement établie ; rien ne « prouve » (dans le journal) que l'imprimé vaut réellement pour les Courses, ou que la veste-brassière vaut réellement pour la Mode ; mais cela importe peu à la distinction des deux systèmes ; car il suffit pour qu'on ait le droit (et le devoir) de les distinguer, que leurs critères de validité soient différents : la validité du système terminologique dépend des règles générales de la langue (française) ; celle du code vestimentaire réel dépend du journal : il faut que l'équivalence du vêtement et du monde, du vêtement et de la Mode satisfasse aux normes (si obscures soient-elles) du *fashion-group*. Il y a donc autonomie principielle des deux systèmes [1], et l'ensemble du système général de la Mode comprend bien trois niveaux théoriquement accessibles à l'analyse : rhétorique, terminologique et réel.

1. La distinction n'est évidemment valable que parce que le réel (supposé) constitue ici lui-même un code.

4. *Le vêtement sans fin*

Les tenues de ville se ponctuent de blanc.

I. *Transformations et découpages*

4.1. Principe et nombre.

Qu'on imagine (s'il est possible) une femme couverte d'un vêtement sans fin, lui-même tissé de tout ce que dit le journal de Mode, car ce vêtement sans fin se donne à travers un texte sans fin. Ce vêtement total, il faut l'organiser, c'est-à-dire découper en lui des unités signifiantes, afin de pouvoir les comparer entre elles et reconstituer ainsi la signification générale de la Mode [1]. Ce vêtement sans fin a une double dimension : d'une part, il s'approfondit le long des différents systèmes qui composent son énoncé ; d'autre part, il s'étend, comme tout discours, le long de la chaîne des mots ; il est donc fait, ici, de blocs superposés (ce sont les systèmes ou codes), là de segments juxtaposés (ce sont les signifiants et les signifiés et leur union, c'est-à-dire les signes). Ainsi dans : *une petite ganse fait l'élégance*, on a pu déceler [2] verticalement quatre « blocs » ou systèmes (dont un, il est vrai, soustrait tout de suite à l'analyse : la connotation de Mode), et horizontalement, au niveau terminologique, deux termes : un signifiant *(une petite ganse)* et un signifié *(l'élégance)*. On doit donc diriger l'analyse à la fois derrière (ou sous) la ligne des mots et le long de cette ligne. Ceci revient à prévoir, face à tout énoncé de Mode, deux types d'opérations : de *trans-*

1. On entend toujours *signification*, non au sens courant de signifié, mais au sens actif de procès.

2. Cf. *supra*, chap. 3.

formation, lorsqu'on réduira les systèmes entre eux ; et de *découpage*, lorsqu'on cherchera à isoler les éléments signifiants et les éléments signifiés. La transformation vise les systèmes en profondeur : le découpage vise les signes de chacun d'eux en étendue. Transformations et découpages doivent être décidés sous la garantie de l'épreuve de commutation : on ne devra considérer dans le vêtement sans fin que les éléments dont la variation entraîne une variation de signifié : inversement, tout élément dont l'altération serait sans effet sur aucun signifié devra être déclaré insignifiant. Combien doit-on prévoir d'opérations d'analyse ? Comme la connotation de Mode est entièrement parasite du code vestimentaire écrit, il n'y a jamais (aussi bien dans les ensembles A que dans les ensembles B) que trois systèmes à réduire, et partant, que deux transformations : du système rhétorique au code vestimentaire écrit et du code vestimentaire écrit au code vestimentaire réel. Quant aux découpages, ils ne sont tous ni nécessaires ni possibles. Le découpage de la connotation de Mode (système 3 des ensembles A) ne peut constituer une opération autonome puisque le signifiant (la notation) est étendu à tout l'énoncé et que le signifié (la Mode) y est latent. Le découpage du système terminologique (système 2) n'a pas de place ici, puisqu'il consisterait à établir le système de la langue française, ce qui est la tâche même de la linguistique proprement dite[1]. Le découpage du système rhétorique est possible et nécessaire ; quant au découpage du code vestimentaire réel (système 1), comme ce code ne peut être visé qu'à travers la langue, son découpage, pour nécessaire qu'il soit, exigera une certaine « préparation », et pour ainsi dire, un certain « compromis » ; il n'en reste pas moins, pour résumer, qu'il faut prévoir de soumettre le vêtement sans fin à deux opérations de « transformation » et à deux opérations de « découpage ».

1. On peut citer : K. Togeby, *Structure immanente de la langue française*, Copenhague, Nordisk Sprog og Kulturforlag, 1951.

II. Transformation 1 : du rhétorique au terminologique

4.2. Principe.

La première transformation ne pose pas de problèmes originaux, car il ne s'agit que de défaire la phrase (ou la période) de ses valeurs rhétoriques, pour la réduire au seul énoncé verbal (dénoté) d'une signification vestimentaire. Or ces valeurs sont en général connues (bien qu'on les ait encore peu étudiées du point de vue d'une sémantique de la connotation) : ce sont des métaphores, des coupes, des jeux de mots, des rimes, que l'on n'aura aucune peine à « évaporer » jusqu'à une simple équivalence verbale du vêtement et du monde, du vêtement et de la Mode. Lorsqu'on lit : *l'après-midi, les robes froncées s'imposent*, ou encore : *que toute femme porte des escarpins bicolores*, il suffit de poser : *les robes froncées sont signe de l'après-midi* ou *les escarpins bicolores signifient la Mode*, pour atteindre tout de suite le système terminologique ou code vestimentaire écrit que l'on vise dans cette première transformation.

4.3. Termes mixtes : « petit ».

Le seul embarras possible est de rencontrer des unités verbales dont on ne puisse décider tout de suite si elles appartiennent au système rhétorique ou au système terminologique, dans la mesure où, par condition lexicale, elles comportent plusieurs valeurs et font partie en fait des deux systèmes à la fois ; c'est le cas – on l'a déjà suggéré – de l'adjectif « petit » : « petit » appartient au système dénoté s'il renvoie à une simple appréciation de mesure, et au système connoté s'il renvoie à une idée de modestie, d'économie ou même d'affection (nuance caritative)[1] ; de même pour des adjectifs comme « brillant », ou « strict », que l'on peut prendre à la fois dans un sens littéral et dans un sens métaphorique. Ces cas ne sont pas insolubles, hors même de tout recours

1. Cf. *infra*, 17, 3 et 17, 6.

à un jugement stylistique : il est évident que dans l'énoncé : *une petite ganse* l'unité « petit » n'est un signifiant vestimentaire (appartenant au système terminologique ou dénoté) que pour autant que l'on puisse rencontrer de « grandes ganses », c'est-à-dire pour autant qu'elle fasse partie d'une opposition pertinente *grand/petit*, dont la variation de sens serait attestée par le journal de Mode ; comme ce n'est pas le cas, il faut en conclure (dans le cas des ganses) que « petit » appartient entièrement au système rhétorique. On est donc en droit de réduire : *une petite ganse fait l'élégance* à : *une ganse est un signe d'élégance.*

III. Transformation 2 : du terminologique au code vestimentaire

4.4. Limites de la transformation 2.

On a dit [1] qu'il y avait, en principe, autonomie du code vestimentaire écrit et du code vestimentaire réel. Cependant, si le système terminologique vise le code réel, ce code n'est jamais accompli hors des mots qui le « traduisent » ; son autonomie est suffisante pour obliger à un déchiffrage original, nécessairement différent du déchiffrage (purement linguistique) de la langue ; elle est insuffisante pour que l'on puisse espérer travailler sur une équivalence du monde et du vêtement entièrement séparée de la langue. D'un point de vue méthodique, ce statut paradoxal est très embarrassant. Car si l'on traite les unités du vêtement écrit comme des unités verbales, on ne touche dans ce vêtement d'autre structure que celle de la langue française ; on analyse le sens de la phrase, non le sens du vêtement ; et si on les traite comme des objets, des éléments réels du vêtement, on ne fait surgir de leur arrangement aucun sens, puisque ce sens, c'est la parole du journal qui le produit. On reste trop près ou l'on va trop loin ; dans les deux cas, on manque la relation centrale, qui est celle du code vestimentaire tel qu'il est actualisé par le journal, c'est-à-dire à la fois réel par sa visée et écrit par sa substance.

1. Cf. *supra*, 3, 13.

Lorsque l'on m'affirme que *les tenues de ville se ponctuent de blanc*, même si je réduis cet énoncé à son état terminologique *(des points blancs sur une tenue sont un signe de la ville)*, je ne puis, d'un point de vue structural, trouver d'autres rapports entre les points, le blanc, la tenue et la ville, que syntaxiques : ceux d'un sujet, d'un verbe, d'un complément, etc. Or ces rapports, venus de la langue, ne constituent nullement les rapports sémantiques du vêtement, qui ne connaît, lui, ni verbes, ni sujets, ni compléments, mais seulement des matériaux et des couleurs. Sans doute, si l'on n'avait à traiter qu'un problème de description et non de signification, on pourrait « traduire » sans scrupules l'énoncé du journal en matériaux et en emplois réels puisque c'est une fonction de la langue que de communiquer des informations sur le réel ; mais l'on n'a pas affaire ici à une « recette » ; s'il fallait « réaliser » l'énoncé du journal, que d'incertitudes (forme, nombre, disposition des points de blanc) ! En fait, il faut bien reconnaître que le sens vestimentaire (qui est la fin même de l'énoncé) est étroitement tributaire du niveau verbal : la ponctuation blanche signifie *dans son imprécision même* : la langue est une limite au-delà de laquelle le sens s'irréalise, et pourtant les rapports de la langue ne peuvent s'identifier avec ceux du code vestimentaire réel.

4.5. L'autonymie.

Ce circuit fait penser à celui d'une écriture équivoque qui brouillerait l'*usage* et la *mention* d'un terme, mêlerait sans cesse l'objectivité du langage et son autonymie, désignant le mot à la fois comme objet et comme mot. *Mus rodit caseum, mus est syllaba, ergo...* [1] ; cette écriture qui joue avec le réel, le capturant, puis l'éludant ressemblerait assez à une logique ambiguë qui parviendrait à traiter *mus* comme une syllabe et comme un rat, à décevoir le rat sous la syllabe, dans le moment même où elle regonflerait la syllabe de toute la réalité du rat.

1. *« Job est indeclinabile, Caesar est dissyllabum : verba accepta sunt materialiter. »*

4.6. Vers une pseudo-syntaxe.

De cette ambiguïté, l'analyse ne peut être que perpétuellement prisonnière, à moins qu'elle ne préfère franchement s'y installer et l'exploiter. En effet, sans quitter la ligne même des mots (puisqu'elle garantit le sens du vêtement), on peut s'efforcer de substituer aux rapports grammaticaux (qui, eux, ne prennent en charge aucune signification vestimentaire), une *pseudo-syntaxe*, dont les articulations, dégagées de la grammaire, auront pour seule fin de manifester un sens vestimentaire, et non plus une intelligibilité du discours. Ainsi, partant d'un énoncé terminologique comme : *des points blancs sur une tenue sont un signe de la ville*, on peut en quelque sorte « évaporer » les rapports syntaxiques de la phrase et leur substituer des fonctions suffisamment formelles, c'est-à-dire suffisamment vides, pour préparer le transfert du linguistique au sémiologique [1], du système terminologique au dernier code vestimentaire que l'on puisse raisonnablement espérer atteindre. Ces fonctions seront pour le moment *l'équivalence* (≡), dont on s'est déjà servi, et la *combinaison* (•), dont on ne sait encore si elle sera implication, solidarité ou simple liaison [2] ; on obtiendra ainsi un énoncé mi-verbal, mi-sémiologique du type suivant :

tenue • points • blanc ≡ ville

4.7. Le code mixte ou pseudo-réel.

On voit maintenant quel sera le produit de la transformation 2 : ce sera un code vestimentaire particulier qui tiendra ses unités de la langue [3] et ses fonctions d'une logique suffisamment générale pour qu'elle puisse prendre en charge certains rapports

1. *Sémiologique* s'entend ici comme extérieur à la linguistique.

2. Ce sont les trois types de rapports structuraux qui ont déjà servi à la théorie hjelmslevienne lorsqu'elle a tenté de se « dégrammatiser » (cf. l'exposé de K. Togeby : *Structure immanente...*, p. 22).

3. La langue donne au code vestimentaire pseudo-réel sa nomenclature mais lui retire ses mots vides qui représentent, on le sait, la moitié des mots d'un texte.

du vêtement réel ; il s'agira donc d'un code mixte, intermédiaire entre le code vestimentaire écrit et le code vestimentaire réel. L'énoncé, mi-verbal, mi-algorithmique, auquel on est parvenu *(tenue • points • blanc ≡ ville)*, représente certainement le meilleur état de la transformation : car, d'une part, on n'a pas le droit de décomposer plus avant les termes verbaux de l'équation : tenter de dissocier la *tenue* en éléments composants (pièces de vêtement), ce serait sortir de la langue, recourir par exemple à une connaissance technique ou visuelle du vêtement et manquer à la règle terminologique ; et d'autre part, on est assuré que tous les termes de l'équation *(tenue, points, ville)*, ont une valeur signifiante (au niveau du code vestimentaire, et non plus au niveau de la langue), puisqu'en modifiant l'un d'eux, on change le sens vestimentaire de la phrase : on ne peut substituer *bleu* à *blanc* sans rendre problématique l'équivalence de la tenue et de la ville, c'est-à-dire sans altérer l'ensemble de la signification. Tel est donc le dernier code auquel l'analyse peut parvenir, dès lors qu'elle accepte de se soumettre à la règle terminologique ; il faut donc maintenant rectifier (ce que l'on ne pouvait faire avant) la notion de code vestimentaire réel, dont on s'est servi jusqu'à présent : il s'agit en fait d'un code pseudo-réel. Si l'on fait abstraction de la connotation de Mode (système 3 A), l'ensemble du vêtement écrit comprend donc les systèmes suivants :

3. Rhétorique : *les tenues de ville se ponctuent de blanc.*
2. Terminologique : *des points blancs sur une tenue signifient la ville.*
1. Pseudo-réel : *tenue • points • blanc* ≡ ville.

4.8. *Servitudes de la transformation 2.*

Dans la mesure où la transformation 2 est incomplète, puisqu'elle ne parvient pas à transformer exhaustivement le code vestimentaire écrit en code vestimentaire réel mais se contente de produire un code dégagé de la syntaxe linguistique mais encore partiellement écrit, elle impose à l'analyse certaines servitudes. La servitude générale issue de la règle terminologique, c'est qu'il est interdit de transgresser la nature dénominative du vêtement que l'on analyse, c'est-à-dire de passer des mots aux techniques ou aux images. Cette servitude est très grande partout où le vêtement est nommé sous forme d'une espèce : *chapeau, bonnet, toque, cloche, canotier, feutre, boule, capeline*, etc. ; il serait bien tentant, pour structurer les différences de ces variétés de coiffures, de les décomposer en éléments simples, saisis au niveau de l'image ou à celui de la fabrication ; la règle terminologique l'interdit : le journal arrête sa notation au niveau de l'espèce, et l'on ne peut aller plus loin que lui. Cette suspension de l'analyse n'est pas aussi gratuite qu'on pourrait le croire : le sens que le journal donne au vêtement ne provient pas de certaines qualités intrinsèques de la forme, mais seulement de certaines oppositions d'espèces : si la *toque* est à la Mode, ce n'est pas parce qu'elle est haute et sans bords, c'est simplement parce qu'elle n'est plus le bonnet et pas encore la capeline ; dépasser la nomination de l'espèce, ce serait donc « naturaliser » le vêtement et manquer ainsi l'être même de la Mode : la règle terminologique n'est pas une servitude byzantine : elle est la porte étroite par où passe le sens de Mode, car sans ses limites verbales, la Mode ne serait rien d'autre qu'un engouement pour certaines formes ou certains détails, comme il en a existé de tout temps dans le costume ; elle ne serait en rien une élaboration idéologique.

4.9. Libertés de la transformation 2.

Cependant la tyrannie de la langue n'est pas complète (sinon la transformation serait impossible). Non seulement il est nécessaire de dépasser le rapport syntaxique fourni par la langue [1], mais encore il est permis, au niveau même des unités terminologiques, de transgresser la lettre de l'énoncé. Dans quelles limites ? C'est évidemment l'épreuve de commutation qui les fixe : on peut substituer librement des mots à d'autres mots tant que cette substitution n'entraîne pas un changement du signifié vestimentaire ; si deux termes renvoient au même signifié, c'est

1. Par exemple la syntaxe vestimentaire (et non plus linguistique) ne peut connaître l'opposition des voix active et passive (cf. *infra*, 9, 5).

que leur variation est insignifiante, et l'on peut remplacer l'un par l'autre sans altérer la structure du vêtement écrit : *de-haut-en-bas* et *tout-le-long* seront considérés comme des termes interchangeables s'ils ont même signifié ; mais à l'inverse, il suffit que le journal attache une variation de sens vestimentaire à deux termes en apparence très proches ou même lexicalement identiques, pour que la substitution soit interdite : ainsi, selon le dictionnaire, *velu* et *poilu* ont exactement le même sens dénoté *(couvert de poils)* ; si pourtant le journal affirme que cette année *les étoffes velues succèdent aux étoffes poilues*, en dépit de Littré, il faudra bien admettre que *velu* et *poilu* sont des signifiants distincts puisque chacun renvoie à un signifié différent (*l'année dernière/cette année*, c'est-à-dire : *démodé/à la Mode*). On voit par là quel usage on peut faire des synonymes de la langue : la synonymie linguistique ne recouvre pas forcément la synonymie vestimentaire, car le plan de référence du code vestimentaire (pseudo-réel), ce n'est pas la langue, c'est l'équivalence du vêtement, du monde et de la Mode : seul ce qui dérange cette équivalence dénonce le lieu d'un phénomène signifiant ; mais comme cette équivalence est *écrite*, tout ce qui la trouble ou la déplace est prisonnier d'une certaine nomenclature. On est tenu par la langue dans la mesure où le sens du vêtement *(ganse ≡ élégance)* n'est jamais soutenu que par une notion qui reçoit d'une façon ou d'une autre sa consécration de la langue elle-même ; mais on en est affranchi dans la mesure où les *valeurs* linguistiques de cette notion sont sans effet sur le code vestimentaire.

4.10. Réductions et amplifications.

A quoi servent ces libertés ? Il faut ici rappeler que ce que l'on cherche à établir, c'est une structure générale, propre à rendre compte de tous les énoncés de Mode, quels qu'en soient les contenus ; pour être universelle, cette structure doit être aussi formelle que possible. La transformation du terminologique en vestimentaire (c'est ainsi que l'on appellera désormais le code pseudo-réel) n'est donc efficace que si elle est guidée par la recherche de fonctions simples, communes au plus grand nombre d'énoncés possible : il y a intérêt à *couler*, si l'on peut dire, les énoncés, même réduits, du code vestimentaire pseudo-réel dans un petit nombre de modèles, chaque fois qu'on peut le faire sans modifier le sens vestimentaire. Ceci explique que la transformation 2 n'est nullement guidée par un souci d'économie, comme pourrait l'être une *réduction*, au sens propre, mais par un souci de généralisation : l'amplitude de la seconde transformation sera donc variable ; le plus souvent, sans doute, il s'agira effectivement d'une réduction : l'énoncé vestimentaire se retrouvera plus exigu que sa version terminologique : on a vu que : *tenue • points • blanc ≡ ville* constituait un énoncé plus maigre que *les tenues de ville se ponctuent de blanc* ; mais il peut être utile, au contraire, d'élargir l'énoncé terminologique pour lui faire rencontrer une forme étendue dont le reste du système atteste la généralité ; ainsi *une robe en toile* doit être développée en : *une robe en tissu de toile* [1], ou mieux encore : *robe • tissu • toile*, parce qu'une infinité d'autres cas démontre l'utilité structurale d'un relais (le tissu) entre l'espèce-toile et la robe. La transformation 2 est donc tantôt de réduction, tantôt d'amplification.

IV. *Les niveaux d'analyse*

4.11. Machine à faire la Mode.

Telles sont les deux transformations auxquelles on doit procéder au gré d'énoncés extrêmement variés. Si l'on veut avoir une idée de leur rôle opérationnel, qu'on assimile un instant le journal à une machine à faire la Mode. Le travail de la machine proprement dite portera sur le résidu de la seconde transformation, c'est-à-dire sur le code vestimentaire pseudo-réel ; il faut donc que ce résidu soit formel, général, propre à fournir des alternatives et des routines ; la première transformation, celle qui va du rhétorique au terminologique n'est que la *pré-édition* (comme on dit à propos des machines à traduire) du texte que l'on veut idéa-

1. *Tissu* appartiendra au genre *Matériau.*

lement convertir en vêtement. La logique connaît d'ailleurs, elle aussi, ce double stade de transformation : elle convertit *le ciel est bleu* en : *il y a ciel bleu*, avant de soumettre ce second énoncé à un dernier traitement algorithmique[1].

4.12. Les deux niveaux d'analyse.

On a vu que dans tout énoncé de Mode il y avait trois systèmes principaux : rhétorique, terminologique, pseudo-réel ; on devrait donc procéder, en principe, à trois inventaires ; mais l'inventaire du système terminologique se confondrait avec celui de la langue, puisqu'il s'agirait d'explorer les rapports du signifiant et du signifié à l'intérieur du signe linguistique (du « mot », par exemple). En fait, il n'y a que deux structures qui intéressent directement le vêtement écrit : celle du niveau rhétorique et celle du code vestimentaire pseudo-réel ; les transformations 1 et 2 ont pour rôle, toutes deux, d'amener au code pseudo-réel ; et comme ce code constitue l'infra-structure du système rhétorique, c'est par lui que l'on commencera l'analyse du vêtement écrit ; on procédera donc, au total, à deux inventaires : celui du code vestimentaire pseudo-réel, ou plus simplement : code vestimentaire (Partie I), et celui du système rhétorique (Partie II).

V. *Découpage 1 : l'énoncé de la signification*

4.13. Cas des ensembles A.

Réduit dans sa profondeur, c'est-à-dire amené à son état de code pseudo-réel, le vêtement sans fin doit être encore découpé en unités de signification, c'est-à-dire dans son étendue. Dans les ensembles A *(Vêtement ≡ Monde)*, il est facile d'isoler les énoncés de la signification, parce que les signifiés y sont explicites, pris en charge par la langue (*les Courses*, *l'élégance*, *les soirées*

1. Cf. R. Blanché, *Introduction à la logique contemporaine*, Paris, A. Colin, 1957, 208 p., p. 128.

d'automne à la campagne, etc.). Dans de tels énoncés, il y a entre le signifiant et le signifié une désignation réciproque, et il suffit d'organiser le discours du journal autour des sens vestimentaires que lui-même prend soin de formuler[1] : toute phrase saturée, comme les deux arguments d'une fonction, par deux objets, l'un mondain (M) et l'autre vestimentaire (V), quels que soient les détours de l'écriture, constituera une équation sémantique du type V ≡ M, et partant, un énoncé de la signification : *les imprimés triomphent aux Courses*, *l'accessoire fait le printemps*, *ces chaussures sont idéales pour la marche*, toutes ces phrases, données ici sous leur forme rhétorique, constituent autant d'énoncés de la signification, parce que chacune d'elles est entièrement saturée par un signifiant et un signifié :

imprimés ≡ Courses.
accessoire ≡ printemps.
ces chaussures ≡ la marche.

Naturellement, il faudra faire passer d'un même côté de l'équation tous les traits homogènes, sans plus d'égard à leur dispersion rhétorique le long de la phrase ; si, par exemple, le journal fragmente le signifiant, s'il présente un signifié mondain au milieu de ses signifiants vestimentaires, on devra rétablir la séparation des domaines ; lisant : *un chapeau jeune parce qu'il dégage le front*, on réduira, sans risque d'altérer le sens vestimentaire : *chapeau dégageant le front ≡ jeune*. On ne devra pas non plus s'inquiéter de la longueur ou de la complexité des énoncés. On peut rencontrer un énoncé très long : *promenade solitaire sur les docks de Calais, vêtue d'un imperméable réversible, gabardine de coton grège en loden vert bouteille, les épaules larges*, etc. ; cela ne l'empêche pas de constituer une seule unité de signification, car on n'a ici que deux domaines, celui de la promenade et celui du réversible, unis par une seule relation.

1. Le journal va parfois jusqu'à entreprendre lui-même l'analyse sémantique de la signification : « *Disséquez son air habillé : il vient du col, des bras nus, de la délicatesse des tons*, etc. » Mais il va de soi que l'analyse est ici un « jeu », elle « affiche » la connaissance technique : c'est un signifiant de connotation.

Tous les énoncés que l'on vient de citer sont simples (même s'ils sont longs ou « brisés »), parce qu'en eux la signification ne mobilise qu'un seul signifiant et qu'un seul signifié. Mais il y a des cas plus compliqués. Le journal peut très bien, dans les limites d'une seule phrase verbale, donner deux signifiés pour un signifiant *(un manteau de toile pour la demi-saison ou les fraîches soirées d'été)*, ou deux signifiants pour un signifié *(pour le cocktail, mousseline ou taffetas)* [1], ou même deux signifiants et deux signifiés, liés dans une double variation concomitante *(flanelle rayée ou twill à pois selon le matin ou le soir)*. Si l'on s'en tenait au niveau terminologique, on ne devrait voir dans ces exemples qu'un seul énoncé de la signification, puisque la phrase y recouvre une relation de sens unique ; mais si l'on veut saisir le code vestimentaire, c'est toujours la plus petite parcelle productrice de sens que l'on doit essayer d'atteindre ; d'un point de vue opératoire, il est donc préférable de compter autant d'énoncés de la signification qu'il y a d'unions d'un signifiant et d'un signifié, même si l'un de ces termes est implicite au niveau terminologique ; dans les exemples que l'on vient de citer, on aura donc les énoncés de la signification suivante :

manteau • tissu • toile ≡ demi-saison.
manteau • tissu • toile ≡ soirées d'été fraîches.

tissu • mousseline ≡ cocktail.
tissu • taffetas ≡ cocktail.

tissu • flanelle • rayée ≡ matin.
tissu • twill • à pois ≡ soir.

Naturellement, la forme verbale de ces énoncés complexes n'est pas indifférente ; elle peut renseigner sur certaines équivalences internes de signifiants *(mousseline ≡ taffetas)* ou de signifiés *(demi-saison ≡ fraîches soirées d'été)*, qui ne sont pas sans rappeler les cas de synonymie et d'homonymie de la langue ; et la double variation concomitante *(flanelle rayée ou twill à pois selon le matin ou le soir)* est encore plus précieuse, puisqu'en

1. Sur la particule *ou*, cf. *infra*, 13, 8 et 14, 3.

elle le journal esquisse lui-même certains paradigmes de signifiants, en actualisant l'opposition pertinente, d'ordinaire virtuelle, de la *flanelle rayée* et du *twill à pois*.

4.14. Cas des ensembles B.

Dans les ensembles de type B *(Vêtement* ≡ [*Mode*]*)*, l'inventaire des énoncés ne peut suivre les mêmes critères, parce que le signifié y est implicite. On pourrait même être tenté de considérer toute la masse des descriptions vestimentaires du type B comme un seul et immense signifiant, puisque ces descriptions correspondent toutes au même signifié *(la Mode cette année)*. Mais de même que, dans la langue, des signifiants distincts peuvent renvoyer au même signifié (synonymes), de même dans le vêtement écrit de type B, il est licite de prévoir que la masse signifiante se fragmente en unités de signification que le journal n'actualise pas en même temps (ne serait-ce qu'en les dispersant d'une page à l'autre), et qui constituent par conséquent des unités distinctes. Comment définir opératoirement ces unités ? La phrase, au sens linguistique, ne peut constituer un critère de découpage, car elle n'a aucun rapport structural avec le code vestimentaire[1] ; d'autre part, le vêtement, comme ensemble de traits distribués sur une même personne (*une tenue*, *un tailleur*, etc.) n'est pas non plus une unité assurée, car bien souvent le journal se borne à décrire des éléments infimes de la toilette *(un col noué comme une écharpe)*, ou au contraire des éléments vestimentaires pour ainsi dire transpersonnels, qui ont rapport avec un genre, non avec une personne *(Toile pour tous les manteaux)*. Pour découper les énoncés de type B, il faut se rappeler que dans le journal de Mode, les descriptions du vêtement doublent une information venue d'une autre structure que la parole, que ce soit l'image ou la technique : la description accompagne une photographie ou une recette, et c'est de cette référence extérieure

1. Et d'ailleurs qu'est-ce qu'une phrase ? (cf. A. Martinet : « Réflexions sur la phrase », in *Language and Society, essays presented to Arthur M. Jensen*, Copenhague, De Berlingske Bogtrykkeri, 1961, p. 113-118).

qu'elle tient en fait son unité structurale ; et comme, pour passer de ces structures à la parole, le journal dispose de certains opérateurs, que l'on a appelés *shifters*, il suffira de considérer comme énoncé de la signification, dans les ensembles B, toute portion de description vestimentaire introduite par un shifter : *voici le boléro court, taille à la taille*, etc. (shifter : voici) ; *rose piquée à la taille*, etc. (shifter : l'anaphorique au degré zéro) ; *faites vous-même la veste-brassière toute boutonnée dans le dos*, etc. (shifter : faites vous-même).

VI. *Découpage 2 : énoncés subsidiaires*

4.15. Énoncé du signifiant, énoncé du signifié.

Le vêtement sans fin une fois découpé en énoncés de la signification, il n'y a aucune difficulté à en extraire les énoncés subsidiaires sur lesquels on va travailler. Pour les ensembles A et B, l'énoncé du signifiant sera constitué par tous les traits vestimentaires contenus dans un seul énoncé de la signification. Pour les ensembles A (seuls), l'énoncé du signifié sera constitué par tous les traits mondains contenus dans un seul énoncé de la signification. Dans les ensembles B, le signifié étant implicite, il est par définition privé d'énoncé [1].

1. La structuration du vêtement écrit comportera donc les étapes suivantes : I. Inventaire du code vestimentaire (mixte ou pseudo-réel) : 1. Structure du signifiant (ensembles A et B) ; 2. Structure du signifié (ensembles A) ; 3. Structure du signe (ensembles A et B). II. Inventaire du système rhétorique.

I. Le code vestimentaire

1. Structure du Signifiant

5. L'unité signifiante

Un cardigan sport ou habillé, selon que le col est ouvert ou fermé.

I. Recherche de l'unité signifiante

5.1. Inventaire et classement.

On a vu que l'on était en droit de traiter comme signifiant du code vestimentaire tout énoncé que le journal consacre au vêtement, pourvu qu'il soit compris dans une seule unité de signification. Du simple *tailleur* au *pantalon ceinturé d'un foulard et raccourci jusqu'au-dessus du genou*, la moisson promet d'être immense et en apparence anarchique ; tantôt on ne récoltera qu'un mot (la Mode est au *bleu*), tantôt un ensemble fort compliqué de notations (*un pantalon ceinturé*, etc.). Or, dans ces énoncés de longueur et de syntaxe variées, il faut découvrir une forme constante sinon on ne saura jamais comment le sens vestimentaire est produit. Et cet ordre doit satisfaire à deux exigences méthodiques : on doit d'abord pouvoir découper l'énoncé du signifiant en espaces aussi réduits que possible, comme si tout énoncé de Mode était une chaîne dont il faut repérer les anneaux ; on doit ensuite comparer entre eux ces fragments d'espace (sans plus s'occuper de l'énoncé dont ils font partie), de façon à déterminer selon quelles oppositions ils produisent des sens différents. Pour parler le vocabulaire de la linguistique, il faut dans un premier temps fixer quelles sont les unités syntagmatiques (ou spatiales) du vêtement écrit, et dans un second temps, quelles sont les oppositions systématiques (ou virtuelles). La tâche est donc double : d'inventaire et de classement [1].

1. C'est du moins l'ordre logique de la recherche. Mais K. Togeby, *Structure immanente*... p. 8, a déjà remarqué que pratiquement il faut souvent se référer au système pour établir le syntagme. C'est ce qu'on sera obligé de faire en partie.

5.2. Caractère composé de l'énoncé du signifiant.

La distinction des unités signifiantes serait immédiate si tout changement de signifié entraînait obligatoirement un changement intégral du signifiant : chaque signifié posséderait en propre son signifiant, qui lui serait attaché d'une façon en quelque sorte immobile ; l'unité signifiante aurait alors la mesure même de l'énoncé du signifiant, et il y aurait autant d'unités différentes que d'énoncés différents ; la définition des unités syntagmatiques serait alors très facile, mais en revanche la reconstitution des listes d'oppositions virtuelles serait à peu près impossible, car il faudrait faire entrer toutes les unités énoncées dans un paradigme unique et interminable, ce qui serait renoncer à toute structuration[1]. Ce n'est évidemment pas le cas du vêtement écrit : il suffit de comparer entre eux quelques énoncés du signifiant vestimentaire, pour constater qu'ils comportent souvent des éléments communs, ce qui veut dire que ces éléments sont mobiles et qu'ils peuvent participer à des sens différents : *raccourci* se trouvera ainsi associé à plusieurs objets vestimentaires (une jupe, un pantalon, des manches), produisant à chaque fois un sens particulier ; cela veut dire que ce sens ne dépend ni de l'objet ni de sa qualification, mais pour le moins de leur combinaison. Il faut donc prévoir que l'énoncé du signifiant a un caractère syntaxique : il peut et doit être décomposé en unités plus petites.

II. La matrice signifiante

5.3. Analyse d'un énoncé à double variation concomitante.

Comment découvrir ces unités ? Il faut une fois de plus partir de l'épreuve de commutation, puisqu'elle seule peut désigner la plus petite unité signifiante. Or on dispose ici d'énoncés privilé-

1. La structure se défait là où les paradigmes sont « ouverts » ; on verra que c'est le cas pour certains des variants du vêtement écrit, et que sur ce point le travail de structuration a échoué.

giés, dont on s'est déjà servi pour établir les classes commutatives du vêtement écrit[1] : il s'agit des énoncés à double variation concomitante, dans lesquels le journal attache lui-même expressément une variation de signifiés à une variation de signifiants *(flanelle rayée ou twill à pois selon le matin ou le soir)* ; ces énoncés prennent en charge eux-mêmes l'épreuve de commutation ; il suffit donc de les analyser pour repérer le lieu nécessaire et suffisant de la variation de sens. Soit un énoncé de ce type : *cardigan sport ou habillé selon que son col est ouvert ou fermé.* En fait, on l'a vu[2], il s'agit de deux énoncés, puisqu'il y a double signification :

cardigan • col • ouvert ≡ sport.
cardigan • col • fermé ≡ habillé.

Mais comme ces énoncés ont des éléments fixes et communs, il est facile d'y repérer la partie dont la variation entraîne un changement de signifié : c'est l'opposition de l'*ouvert* et du *fermé* : c'est donc l'ouverture ou la fermeture d'un élément qui détient, sans doute pour un certain nombre de cas, le pouvoir signifiant. Ce pouvoir n'est cependant pas autonome ; sans produire eux-mêmes directement du sens, les autres éléments de l'énoncé participent à la signification : sans eux, elle serait impossible. Il est vrai qu'entre le *cardigan* et le *col*, il y a, si l'on peut dire, une différence de responsabilité, dans la mesure où ces éléments communs n'ont pas la même stabilité : le *cardigan* ne change pas, quel que soit son signifié : il est l'élément le plus éloigné de la variation *(ouvert/fermé)*, mais il est aussi celui qui en définitive la reçoit : c'est bien le cardigan qui est sport ou habillé, non le col, qui, lui, ne fait qu'occuper une position intermédiaire entre l'élément variant et l'élément récepteur ; quant au second élément, son intégrité est réelle dans la mesure où le *col* subsiste, qu'il soit ouvert ou fermé, mais aussi elle est précaire, affrontée directement à une altération signifiante. En somme, dans un énoncé de ce genre, la signification semble suivre une

1. Cf. *supra*, 2, 2.
2. Cf. *supra*, 4, 13.

sorte d'itinéraire : partie d'une alternative *(ouvert/fermé)*, elle traverse un élément partiel *(le col)* et vient enfin toucher et pour ainsi dire imprégner le vêtement *(le cardigan)*.

5.4. La matrice signifiante : objet, support, variant.

On entrevoit ici une économie possible du signifiant : un élément *(le cardigan)* reçoit la signification ; un autre *(le col)* la supporte ; un troisième (la clôture[1]), la constitue. Cette économie semble suffisante, puisqu'elle rend compte entièrement du trajet du sens et qu'on ne peut imaginer à ce trajet, dont le modèle est informatif[2], d'autres articulations. Est-elle nécessaire ? On peut en discuter : il est en effet très possible de concevoir que le sens vienne frapper directement le vêtement qu'il doit modifier, sans passer par le relais d'un élément intermédiaire : la Mode peut effectivement parler de *cols ouverts* sans référence à aucune autre partie du vêtement ; de plus, la distinction substantielle du cardigan et du col est beaucoup moins forte que celle du col et de sa clôture : il y a, entre le vêtement et sa partie, unité de substance, alors qu'entre le vêtement et sa qualification la substance est rompue : face à l'élément 3, les éléments 1 et 2 forment un groupe affinitaire (ce hiatus se retrouvera tout au long de l'analyse). On peut cependant prévoir que la distinction de l'élément récepteur *(le cardigan)* et de l'élément transmetteur *(le col)* possède au moins un avantage opératoire constant[3] : car lorsque la variation n'est pas qualitative *(ouvert/fermé)* mais seulement assertive (par exemple, dans : *poches à rabat/poches sans rabat*), il est nécessaire de réserver un relais *(le rabat)* entre la variation signifiante

1. On rencontre ici une lacune du vocabulaire français qui gênera beaucoup le long de ce travail : nous ne disposons pas d'un vocable générique pour désigner l'acte de fermer et d'ouvrir ; autrement dit, dans beaucoup de cas, on ne pourra désigner un paradigme que par l'un de ses termes. Aristote déplorait déjà l'absence de termes génériques (κοινὸν ὄνομα) pour désigner des êtres ayant des caractères communs (*Poétique*, 1447 *b*).

2. Tout message comporte un point d'émission, un canal de transmission et un point de réception.

3. Son rôle opératoire n'empêche pas le terme récepteur d'avoir une fonction originale dans le système théorique de la Mode (cf. *infra*, 5, 6).

(présence/absence) et le vêtement qu'en définitive elle affecte *(les poches)* ; on aura donc intérêt à considérer comme normale la distinction des trois éléments, et comme simplement condensé[1], l'énoncé à deux termes *(cols ouverts)*. Or, si l'association de ces trois éléments est logiquement suffisante et opératoirement nécessaire, il est légitime de voir en elle l'unité signifiante du vêtement écrit ; car même si la phraséologie brouille l'ordre de ces éléments, même si la description demande parfois qu'on les condense ou au contraire qu'on les multiplie[2], il est toujours possible de retrouver dans n'importe quel énoncé de signifiant un *objet* visé par la signification, un *support* de la signification, et un troisième élément, proprement *variant*. Comme, d'une part, ces trois éléments sont à la fois syntagmatiquement inséparables et fonctionnellement différents, et comme, d'autre part, chacun peut être rempli par des substances variées (*cardigan* ou *poches*, *col* ou *rabat*, *clôture* ou *existence*), on appellera cette unité signifiante une *matrice*. On sera évidemment amené à faire un grand usage de cette matrice, que l'on retrouvera, condensée, développée ou multipliée dans tous les énoncés du signifiant ; on usera donc d'abréviations courantes pour désigner l'objet visé par la signification (O), son support (S) et le variant (V) ; la matrice elle-même sera désignée par le symbole graphique OSV. On aura par exemple, de cette façon :

\ un chandail à col fermé / ≡ habillé.
O S V

\ un sweater à encolure horizontale / ≡ [Mode].
O S V

\ un chapeau à calotte bombée / ≡ [Mode].
O S V

5.5. « *Preuve* » *de la matrice.*

On le voit, la matrice n'est pas une unité de signifiant définie mécaniquement, bien qu'elle tire sa démonstration de l'épreuve

1. Sur les confusions d'éléments, cf. chap. 6.

2. La langue a le droit de les condenser, puisque le système terminologique n'est pas le code réel ; et comme il s'agit d'unités, il est normal de prévoir une combinaison de ces unités, c'est-à-dire une syntaxe.

de commutation ; elle est plutôt un modèle, une unité idéale, optima, fournie par l'examen d'énoncés privilégiés ; sa « preuve » ne procède pas d'une rationalité absolue (on a vu que l'on pouvait discuter son caractère « nécessaire »), mais plutôt d'une commodité empirique (elle permet une analyse « économique » des énoncés), et d'une satisfaction « esthétique » (elle est une façon suffisamment « élégante », au sens que ce mot peut avoir lorsqu'on l'applique à une solution mathématique, de mener l'analyse) : on dira plus modestement qu'elle est fondée dans la mesure où elle permet de rendre compte de *tous* les énoncés, moyennant certains ajustements *réguliers*.

III. L'objet, le support et le variant

5.6. L'objet ou le sens à distance.

On l'a indiqué, il y a un rapport étroit de substance entre le support de la signification et l'objet qu'elle vise : parfois, il y a confusion terminologique entre les deux éléments *(cols ouverts)* ; parfois il y a rapport d'inclusion (technique) entre le support et l'objet : le support est une partie de l'objet (*le col* et *le cardigan*). Mais ce n'est pas à ce niveau de solidarité du support et de l'objet que l'on saisira la fonction originale de l'objet visé par la signification ; c'est dans les énoncés où la séparation de l'objet et du support est la plus grande. Dans : *une blouse ample donnera à votre jupe un air romantique*[1], la blouse et la jupe sont des pièces tout à fait distinctes, tout juste contiguës ; c'est pourtant la jupe seule qui reçoit la signification ; la blouse n'est qu'un relais, elle soutient le sens, elle n'en bénéficie pas ; toute la *matière* de la jupe est insignifiante, inerte, et pourtant c'est la jupe qui rayonne de romantisme. On voit par là que ce qui caractérise l'objet visé, c'est son extrême perméabilité au sens, mais aussi sa distance par rapport à la source de ce sens (*l'ampleur* de la blouse). Ce trajet, ce rayonnement du sens contribue à faire du vêtement écrit une structure originale ;

1. Jupe avec une blouse ample ≡ romantique.
O S V

dans la langue, par exemple, il n'y a pas d'objet visé, puisque chaque parcelle d'espace (de la chaîne parlée) signifie : tout est signe dans la langue, rien n'est inerte ; tout est sens, rien ne le reçoit. Dans le code vestimentaire, l'inertie est le statut originel des objets que la signification va saisir : une jupe existe sans signifier, avant de signifier ; le sens qu'elle reçoit est à la fois éblouissant et évanescent : la parole (du journal) saisit des objets insignifiants, et, *sans en modifier la matière*, elle les frappe de sens, leur donne la vie d'un signe ; elle peut aussi la leur reprendre, en sorte que le sens est comme une grâce descendue sur l'objet ; si l'ampleur quitte la blouse, la jupe meurt au romantisme, elle n'est plus qu'une jupe, elle retourne à l'insignifiance. La fragilité de la Mode ne tient donc pas seulement à sa variabilité saisonnière, mais aussi au caractère gracieux de ses signes, au rayonnement d'un sens qui touche pour ainsi dire à distance les objets qu'il élit : la vie de cette jupe ne vient pas de son signifié romantique, mais de ce qu'elle détient, le temps d'une parole, un sens qui ne lui appartient pas et qui lui sera repris. Naturellement, la diffusion d'un sens à distance s'apparente assez au procès esthétique, qui fait qu'un détail partiel peut modifier entièrement une figure d'ensemble ; l'objet visé est en effet proche d'une « forme », même lorsqu'il n'est pas matériellement extensif au support ; c'est lui qui donne à la matrice une certaine généralité, et c'est par lui que les matrices s'élargissent : lorsqu'elles se combinent entre elles, c'est toujours pour désigner un dernier objet visé, qui reçoit ainsi tout le sens du vêtement écrit [1].

5.7. *Originalité sémiologique du support.*

Comme l'objet visé, le support de la signification est toujours constitué par un objet matériel, vêtement, empiècement, ou accessoire ; dans la chaîne matricielle, il est la première matière à recevoir l'alternative du sens qu'il doit transmettre à l'objet visé ; en soi, c'est un élément inerte qui ne produit, ni

1. Cf. *infra*, chap. 6.

ne reçoit le sens, mais simplement le transmet. Matérialité, inertie et conductibilité font du support de la signification un élément original du système de la Mode, du moins par rapport à la langue. La langue, en effet, ne possède rien qui ressemblerait à un support de signification[1] ; sans doute, dans la langue, les unités syntagmatiques ne sont pas directement signifiantes, les signes doivent passer par le relais d'une seconde articulation, celle des phonèmes : les unités significatives y prennent appui sur des unités distinctives ; cependant, les phonèmes sont eux-mêmes des variants, la matière phonique est immédiatement signifiante, on ne peut donc diviser le syntagme linguistique en parties actives et en parties inertes, signifiantes et insignifiantes : dans la langue tout signifie. Le support de signification tient précisément sa nécessité et son originalité du fait que le vêtement n'est pas *en soi* un système de signification, comme la langue ; substantiellement le support représente la matérialité du vêtement, telle qu'elle existe en dehors de tout procès de signification (ou du moins antérieurement à ce procès) : dans la matrice, il est le témoin de l'être technique du vêtement face au variant qui témoigne de son être signifiant. Ceci laisse prévoir que tous les systèmes de communication appuyés sur des objets qui existent techniquement ou fonctionnellement avant de signifier, comporteront fatalement des supports distincts de leurs variants ; en nourriture, par exemple, le pain sert à manger ; cependant, on peut lui faire signifier certaines circonstances (pain de mie pour les réceptions, pain noir pour signifier une certaine rusticité, etc.) : le pain devient alors le support de variations de sens *(mie/noir ≡ réception/campagne)*[2]. Le support serait en somme un concept opératoire décisif pour l'analyse des systèmes dérivés. Il est probable que dans tous les objets culturels

1. On pourrait évidemment considérer le son brut comme le support de signification de la langue ; mais le son oral n'existe en dehors de la langue qu'à l'état de cri « inarticulé » dont la fonction, très réduite, n'a aucun rapport avec l'importance fonctionnelle du support dans un système comme celui de la Mode.

2. Cf. « Pour une psychosociologie de l'alimentation contemporaine » [*OC*, t. I, p. 924-934].

pourvus à l'origine d'une finalité fonctionnelle, l'unité suffisante sera toujours au moins composée d'un support et d'un variant.

5.8. Le vestème ou variant.

Le variant (par exemple : *ouvert/fermé*) est le point de la matrice d'où la signification sort et en quelque sorte s'irradie tout au long de l'énoncé, c'est-à-dire du vêtement écrit. On pourrait l'appeler *vestème*, car son rôle n'est pas sans rappeler celui des phonèmes ou des morphèmes de la langue [1], ou encore celui des « gustèmes », analysés par Cl. Lévi-Strauss à propos de la nourriture [2] : il est, comme eux, constitué par des oppositions de traits pertinents. Si l'on s'en tient, réflexion faite, au terme plus neutre de *variant*, c'est que les variations signifiantes du vêtement sont constituées par des modifications d'être ou de qualité qui ne sont pas propres au vêtement, mais que l'on pourrait retrouver dans d'autres systèmes d'objets signifiants : par exemple, la mesure, le poids, la division, l'addition. Le caractère original du variant, c'est son immatérialité [3] : il modifie une matière (celle du support), il n'est pas lui-même matériel ; on ne peut dire encore qu'il est constitué par une alternative car on ne sait si tous les variants sont binaires (du type : *présence/absence*) [4] mais on peut dire à coup sûr que tout variant procède d'un corps de différences (par exemple : *ouvert/fermé/entrouvert*) ; on devrait appeler en toute rigueur *classe de variants* ce corps générique (pour laquelle la langue française, on l'a déjà indiqué, a rarement un vocable neutre), et *variant* chacun des points du système différentiel ou paradigme ; par économie ter-

1. Il n'y a pas lieu de préciser si le variant ou vestème est proche du phonème ou du morphème tant qu'on ne sait pas si le système de la Mode est doublement articulé, comme celui de la langue. (La double articulation, dont a traité A. Martinet, désigne le phénomène par lequel la langue s'articule en unités significatives – « mots » – et en unités distinctives – « sons ».)

2. *Anthropologie structurale*, Paris, Plon, 1958, p. 99.

3. Il y a infraction apparente à l'immatérialité du variant dans le cas des variations d'espèce *(toile/velours)* ; mais en fait c'est l'assertion qui varie, cf. chap. 7.

4. Sur la structure des variants, cf. chap. 11.

minologique, et sans grand risque d'ambiguïté, on appellera désormais *variant*, l'ensemble des termes de la variation : le variant de *longueur*, par exemple, comprendra les termes *long* et *court*.

IV. Rapports des éléments de la matrice

5.9. Syntagme et Système.

On a déjà indiqué que l'objet et le support sont toujours des objets matériels (*robe*, *tenue*, *col*, *rabat*, etc.), tandis que le variant est une valeur immatérielle. Cette disparité correspond à une différence structurale : l'objet et le support sont des fragments d'espace vestimentaire, ce sont des portions *naturelles* (si l'on peut dire) de syntagme ; le variant, au contraire, est une réserve de virtualités, dont un terme seulement est actualisé au niveau du support qu'il vient affecter. Le variant constitue donc le point du système qui affleure au niveau du syntagme. Ici encore, on saisit un caractère original du système de la Mode, du moins par rapport à la langue. Dans la langue, le système perce, si l'on peut dire, en chaque point du syntagme, car il n'y a pas un signe de la langue, phonème ou monème, qui ne fasse partie d'une série d'oppositions signifiantes ou paradigmes [1]. Dans le vêtement (écrit), le système marque d'une façon sporadique une masse originellement insignifiante, mais cette marque, par le chemin de la matrice, a une sorte d'action irradiante sur tout le vêtement. On pourrait dire que dans la langue, le système a une valeur d'être, tandis que dans le vêtement, sa valeur est seulement attributive ; ou encore que dans la langue, syntagme et système remplissent pleinement les deux dimensions de l'espace symbolique qui les représente, tandis que dans le vêtement (écrit), cet espace est pour ainsi dire boiteux, puisque la dimension systématique est interrompue par des éléments inertes.

1. On sait que si les paradigmes de phonèmes sont parfaitement connus (phonologie), les paradigmes de monèmes (ou unités signifiantes) font encore l'objet d'études préliminaires.

5.10. Solidarité des éléments de la matrice.

La meilleure métaphore qui puisse rendre compte du fonctionnement de la matrice OSV, c'est peut-être celle d'une porte fermée à clef. La porte, c'est l'objet visé par la signification ; la serrure, c'est le support, et la clef, c'est le variant. Pour produire le sens, il faut « introduire » le variant « dans » le support, et parcourir les termes du paradigme jusqu'à ce que le sens se produise, alors la porte s'ouvre, l'objet prend du sens ; parfois, la clef ne « va » pas : le variant de longueur ne peut s'appliquer au support *Boutons* [1] ; et quand elle va, le sens est différent selon que la clef tourne à gauche ou à droite, selon que le variant dit *long* ou *court*. Dans cet appareil, aucun élément ne détient à lui seul le sens ; tous sont en quelque sorte parasites les uns des autres, encore que ce soit le choix du variant qui, en définitive, actualise le sens, tout comme c'est le geste de la main qui opère l'ouverture ou la fermeture de la porte. Cela veut dire qu'entre les trois éléments de la matrice il y a un rapport de *solidarité*, ou comme disent certains linguistes, de *double implication* : objet et support, support et variant sont présupposés l'un par l'autre [2], l'un oblige à l'autre : on ne peut rencontrer aucun élément à l'état isolé (sous réserve de certaines licences d'ordre terminologique [3]). Cette solidarité est absolue structuralement, mais elle n'a pas la même force selon qu'on se place au niveau de la substance vestimentaire ou au niveau de la langue ; l'objet et le support sont liés par une solidarité vestimentaire très forte, puisque tous deux sont également matériels, face au variant qui ne l'est pas : il s'agit d'ailleurs le plus souvent de la même pièce (l'objet et le support sont alors confondus terminologiquement), ou d'une pièce et de son empiècement *(un cardigan et son col)* ; au contraire, du point de vue de la langue, c'est entre le support et le

1. On voit ici l'ébauche de l'une de ces « contraintes » dont l'ensemble formera une certaine logique de la Mode (chap. 12, 1).

2. C'est pourquoi il vaudrait mieux écrire la matrice de cette façon O)(S)(V, puisque)(est le signe de la double implication ; mais comme il n'y a qu'un seul rapport possible (de solidarité), on se dispensera de ce symbole.

3. Sur les confusions et extensions d'éléments, cf. chap. suivant.

variant que la liaison est la plus étroite, s'exprimant le plus souvent par ce que A. Martinet appelle un *syntagme autonome*[1] ; il est plus facile, en effet, d'amputer terminologiquement la matrice de son objet que de son variant : dans *un chapeau à bords relevés*, le fragment *bords relevés* a un sens (linguistique) suffisant, tandis que le fragment *un chapeau à bords...* reste un sens suspendu[2], et comme, de plus, le maniement opératoire du support et du variant est très fréquent, on appellera *trait* cette partie de la matrice, qui est composée du support et du variant.

V. *Substances et formes*

5.11. Répartition des substances vestimentaires dans la matrice.

Comment la substance vestimentaire (pièces, empiècements, tissus, etc.) va-t-elle se répartir entre ces trois éléments[3] ? Y a-t-il attribution spécifique de substance à chacun d'eux ? Les cardigans sont-ils toujours des objets visés, les cols des supports et la clôture un variant ? Peut-on dresser des listes stables d'objets, de supports et de variants ? Il faut ici se reporter à la nature de chaque élément. Les variants étant immatériels, ils ne peuvent jamais se confondre *substantiellement* avec les supports et les objets (mais ils peuvent très bien se confondre terminologiquement[4]) : une jupe, une blouse, un col, un rabat ne peuvent jamais constituer un variant ; inversement, aucun variant ne peut

1. A. Martinet, *Éléments*, p. 110. Bien que le plus souvent le trait soit constitué par l'union d'un substantif et d'un adjectif, la terminologie structurale est meilleure parce qu'elle est plus souple.

2. Supprimer les points de suspension, c'est fermer le sens, mais c'est aussi le changer (et c'est changer la matrice) :

un chapeau à bords	un chapeau à bords relevés
O SV	O S V

3. *Substance* est ici employé dans un sens très proche de Hjelmslev : ensemble des aspects des phénomènes linguistiques qui ne peuvent être décrits exhaustivement sans recourir à des prémisses extra-linguistiques (cf. L. Hjelmslev, *Essais*, p. 36 et p. 106).

4. Par exemple dans *un chapeau à bords*, puisque le mot *bords* supporte en lui-même sa propre variation d'existence.

être converti en objet ou en support. En revanche, les objets et les supports, étant tous matériels, peuvent très bien échanger leur substance : un col peut être ici support et là objet visé ; cela dépend de l'énoncé ; si le journal parle de *cols à bords relevés*, le col devient l'objet visé par la signification, alors qu'ailleurs il n'était que support : il suffit, si l'on peut dire, de *remonter* la matrice d'un cran, pour convertir un objet visé en simple support[1]. On aura donc seulement deux listes de substances à établir : l'une pour les variants, l'autre, commune, pour les objets et les supports[2]. On voit par là que la matrice signifiante du vêtement écrit est en fait mi-formelle, mi-substantielle, puisque la substance y est mobile, interchangeable dans les deux premiers éléments (objet et support) et stable dans le troisième (variant). C'est là un statut qui diffère notablement de celui de la langue, où chaque « forme » (phonème) a toujours la même substance phonique (aux variations insignifiantes près).

1. Sur le jeu des « crans », cf. *infra*, 6, 3 et 6, 10.

2. L'inventaire commun des objets et des supports sera mené dans les chap. 7 et 8 ; l'inventaire des variants dans les chap. 9 et 10.

6. *Confusions et extensions*

Une robe en coton à damiers rouges et blancs.

I. *Transformations de la matrice*

6.1. *Liberté de transformation de la matrice.*

Puisque la matrice n'est qu'une unité signifiante, il va de soi qu'elle ne peut rendre compte, sous la forme canonique qu'on a présentée jusqu'à présent, de tous les énoncés du signifiant : ces énoncés, sous leur état terminologique, sont la plupart du temps ou trop longs (*veste-brassière, toute boutonnée dans le dos*, etc.) ou trop courts (*la Mode est au bleu cette année*, c'est-à-dire : *Mode* ≡ *bleu*). Il faut donc prévoir une double transformation de la matrice : de réduction, lorsque certains de ses éléments seront confondus en un seul vocable, et d'extension, lorsqu'il y aura multiplication d'un élément à l'intérieur d'une seule matrice ou enchaînement de plusieurs matrices entre elles. Ces libertés de transformation tiennent à deux principes : d'une part, le système terminologique ne coïncide pas fatalement avec le code vestimentaire : l'un peut être ou « plus grand » ou « plus petit » que l'autre : ils n'obéissent pas à la même logique, ils n'ont pas les mêmes contraintes, ce qui explique les confusions d'éléments ; et d'autre part, la matrice est une forme souple, mi-formelle, mi-matérielle[1], définie par le rapport de trois éléments : un objet visé, un support et un variant ; la seule contrainte est que ces trois éléments soient *au moins* présents dans l'énoncé pour que l'économie de distribution du sens soit respectée ; mais rien n'interdit

1. Cf. *supra*, 5, 13.

qu'ils soient démultipliés [1], ce qui explique les extensions de matrices. Quant à leur enchaînement, il n'est rien d'autre que la syntaxe qui unit ordinairement les unités signifiantes d'un système. Autrement dit, l'analyse de tout énoncé du signifiant est soumise à deux conditions : il faut qu'une matrice repérée soit remplie par ses trois éléments au moins ; il faut que chaque terme de l'énoncé trouve place dans une matrice : les matrices doivent épuiser l'énoncé, les éléments doivent saturer les matrices : le signifiant est plein de signification [2].

II. Interversion d'éléments

6.2. La liberté d'interversion et ses limites.

L'ordre que l'on a jusqu'ici fixé aux trois éléments de la matrice (OSV) est un ordre usuel ; il correspond à une logique de la lecture, qui reconstitue le procès du sens, en quelque sorte à l'envers, et donne d'abord l'effet (l'objet visé) avant de remonter à la cause (le variant). Cependant cet ordre n'est pas obligatoire, et le journal peut très bien intervertir certains éléments de la matrice. La liberté d'interversion est grande ; elle n'est pas complète, soumise d'ailleurs à une contrainte parfaitement rationnelle. On a vu en effet qu'il y avait entre le support et le variant une solidarité linguistique très forte, il est donc normal qu'on ne puisse dissocier cette partie de la matrice, qui est le *trait*. Sur les six interversions de O, S et V théoriquement possibles, il y en a donc deux qui sont légalement exclues : celles dans lesquelles le support et le variant seraient séparés par l'objet visé [3] :

1. Sauf l'objet visé, qui est toujours singulier, du moins au niveau d'une matrice (cf. *infra*, 6, 8).

2. Même si comme on l'a dit (5, 11) le sens est réparti le long de la matrice avec une densité inégale.

3. Exception faite, évidemment, pour les matrices où il y a confusion terminologique de l'objet et du support et où l'on peut avoir : V • (OS), comme dans :

grand col d'organza
O SV
V OS

SOV
VOS

Les autres formules sont possibles : soit qu'à l'intérieur même du trait, il y ait interversion du support et du variant ; soit que le trait lui-même permute avec l'objet visé ; soit enfin que les deux permutations soient simultanées :

O • (SV) : cardigan à col ouvert
O S V

O • (VS) : blouse à grand col
O V S

(SV) • O : taille haute pour la robe (du soir)
S V O

(VS) • O : petit col pour la veste (de sport)
V S O

Comme on peut s'y attendre, la permutation des deux éléments à l'intérieur du trait (SV ou VS) a peu d'importance, car elle est d'origine purement linguistique : c'est parce que la langue française oblige, par exemple, certains adjectifs à précéder le nom et certains autres à le suivre *(grand col, col ample)*, que l'ordre du trait change. Le déplacement de l'objet visé a une valeur plus expressive : la primauté du trait entraîne une certaine accentuation sémantique du support *(taille haute pour la robe du soir)*. Il faut enfin noter dès maintenant que, dans le cas où plusieurs matrices se combinent entre elles, l'objet visé de la matrice finale peut en quelque sorte sous-tendre plusieurs éléments des matrices intermédiaires ; la représentation de l'énoncé cesse alors d'être linéaire, et devient architectonique ; on ne peut plus dire que l'objet visé précède ou suit ses éléments corrélatifs : il leur est simplement extensif[1]. Toutes ces permutations

1. Exemple : ensemble, canotier et cache-peigne assortis
S1 S2 S3
O V

Dans certains cas, la représentation architectonique est nécessaire pour rendre compte d'une seule matrice :

ce tailleur et sa toque
S1 V S2
O

sont évidemment étroitement tributaires de la structure même de la langue française ; il suffirait que la Mode s'exprimât dans une langue flexionnelle comme le latin pour que l'ordre OSV pût être constamment respecté.

III. Confusion d'éléments

6.3. Confusion de O et de S.

On a déjà indiqué que deux formes pouvaient recevoir la même substance, et partant le même nom : il y a alors confusion terminologique de deux éléments de la matrice en un seul vocable. C'est le cas des condensations d'objet et de support : *cette année, les cols seront ouverts* [1]. La condensation terminologique ne détruit nullement la distinction des fonctions structurales de l'objet et du support ; dans *col ouvert*, on peut dire à la limite que ce n'est pas le même col qui reçoit matériellement l'ouverture (celui-là est le col de cette année), et qui est visé par le sens de Mode (celui-ci est le col en général) : en fait, le genre-col (objet visé) s'actualise cette année dans un col ouvert (le col est alors un support). Comment se produisent ordinairement ces condensations d'objet et de support ? On pourrait comparer la condensation à un nœud qui vient brusquement interrompre le filé d'une chaîne : il suffit que le journal, décrivant un vêtement, *arrête* le sens au col et cesse, par conséquent, à un certain moment, d'énoncer, pour que le support, par une véritable collision, emplisse l'objet visé et se confonde avec lui ; en revanche, si le journal étend sa parole et reporte le sens au-delà du col, il se produit une matrice normale à trois éléments explicites : dans toutes les matrices condensées, il y a ainsi une sorte d'amputation implicite d'un objet plus lointain, et retour du sens sur l'ancien support : dans *le col ouvert est à la Mode*, le col reçoit la désignation de sens dévolue ailleurs à un objet explicite *(chemisier à col ouvert)*. Ce phénomène a sans doute une portée générale : il permet de comprendre qu'une description tire de sa

1. \ Mode cette année ≡ cols ouverts /
OS V

limite même (et non pas seulement de son étendue) une certaine organisation de son sens : *dire*, c'est non seulement noter et omettre, c'est aussi s'arrêter et opérer, par la situation même de cet arrêt, une nouvelle structuration du discours ; il y a reversion du sens, des limites de l'énoncé vers son centre.

6.4. Confusion de S et de V.

On a vu que le trait (support et variant réunis) était le plus souvent constitué par un syntagme autonome [1], formé ordinairement d'un substantif et d'un déterminant (*col ouvert*, *calotte bombée*, *deux sautoirs*, *côté fendu*, etc.). Mais précisément, parce que, d'une part, la cohésion linguistique du trait est forte et que, d'autre part, il y a disparité de matière entre ces deux éléments, il n'est pas utile à la langue de confondre le support et le variant : il est courant de nommer les deux termes, dans la mesure où ils sont linguistiquement stéréotypés et cependant substantiellement distincts. Pour qu'il y ait confusion du support et du variant, il faut donc que le variant perde sa valeur attributive (telle, par exemple, que peut l'exprimer un adjectif accolé à un nom) et atteigne l'être même du support. Ceci explique qu'on ne trouve de confusions des éléments du trait que pour deux sortes de variants : le variant d'existence et le variant d'espèce (il faut ici anticiper sur l'inventaire des variants [2]). Si en effet la signification de l'énoncé dépend de la présence ou de l'absence d'une pièce, il est fatal que la nomination de cette pièce comme support absorbe complètement l'expression du variant, puisque le support n'a à soutenir que sa propre existence ou sa propre carence : *une ceinture à pan*, cela veut dire : *une ceinture à pan existant* ; dans le premier énoncé, le mot *pan* est donc à la fois support comme matière vestimentaire et variant comme affirmation que cette matière existe. Au contraire, dans le cas du variant d'espèce, on peut dire que c'est le variant qui absorbe le support ; lorsque, par exemple, tout l'énoncé est occupé par : *une robe en*

1. Cf. *supra*, 5, 12.
2. Cf. *infra*, chap. 9.

toile, il peut être tentant de définir la robe comme une confusion de l'objet et du support et la toile comme le variant (opposé, par exemple, au velours, à la soie, etc.) ; cependant, le variant étant immatériel, la toile ne peut constituer directement un variant ; en fait, c'est la matérialité du tissu qui supporte la variation nominale de l'espèce (*toile/velours/soie*, etc.) autrement dit, entre l'objet visé (la robe) et la *différence* des espèces, il faut rétablir le relais d'un support matériel, pour générique qu'il soit, *le tissu*, dont l'expression terminologique se confond avec la nomination de l'espèce : la toile est support à titre de matériau indifférencié (comme tissu) et variant à titre d'affirmation (c'est-à-dire de choix) d'une espèce [1] : c'est ce qu'expliquerait bien, si la langue le permettait, une expression comme : *une robe en tissu « toilé »* ; l'assertion d'espèce étant un variant très riche [2], la confusion du support et du variant est très fréquente ; on la trouve dans tous les énoncés qui comportent mention d'une espèce de tissu, de couleur ou de motif : *une robe en (tissu de) toile*, *une blouse (de couleur) blanche*, *de la popeline (à motif) carrelé(e)*. Ainsi le trait trouve sa mesure exacte dans l'unité du mot, chaque fois que la source première du sens est l'assertion pure et simple d'une existence ou d'une espèce, car la langue ne peut nommer sans du même coup faire exister ou particulariser [3].

6.5. Confusion de O, S et V.

Enfin, l'objet visé peut très bien se confondre avec le trait, qu'il soit lui-même normalement développé ou condensé. Dans le premier cas, on aura bien un support et un variant séparés, mais l'objet visé sera en quelque sorte sous-jacent à l'ensemble du trait ; si le journal écrit : *pour le printemps, ce tailleur et sa toque*, on voit bien que l'objet visé par la signification est l'ensemble du tailleur et de la toque, et que le sens surgit non

1. Cf. *infra*, chap. 7 sur l'assertion d'espèce.
2. Un variant est *riche*, non forcément parce que son paradigme comprend beaucoup de termes, mais parce qu'il peut s'appliquer à un nombre élevé de supports : c'est le « rendement syntagmatique » (cf. *infra*, 12, 2).
3. Sur la particularisation, cf. *infra*, 7, 4.

pas de l'un ou de l'autre, mais de leur association ; l'objet visé, c'est donc la tenue, dont l'expression terminologique se confond ici avec chaque pièce qui la compose et le variant qui la fait signifier [1]. Dans le second cas, l'énoncé du signifiant se réduit à un mot ; dans : *la Mode est au bleu cette année*, *bleu* est à la fois objet, support et variant : c'est la couleur en général qui supporte et reçoit la signification, c'est l'affirmation de l'espèce *bleu* qui le constitue [2]. Cette dernière ellipse, la plus forte qu'on puisse imaginer, convient très bien aux grandes rubriques du journal de Mode, aux titres de ses pages : sous le raccourci d'un seul mot *(« Les robes-chemisiers », « La Toile »)*, on peut lire un signifié (la Mode cette année) et un signifiant, qui est lui-même composé d'un objet visé, d'un support (le genre robe-chemisier, le tissu) et d'une assertion d'espèce [3].

IV. Multiplication d'éléments

6.6. Multiplication de S.

Chaque élément de la matrice étant une « forme », on peut, en principe, le « remplir » par plusieurs substances à la fois [4] ; il peut y avoir extension de la matrice par multiplication de certains de ses éléments. Il est courant, par exemple, de rencontrer deux supports dans une même matrice ; c'est notamment le cas de toutes les matrices qui contiennent un variant de connexion, puisque le propre de ce variant est précisément de s'appuyer sur deux fragments de vêtement (au moins) ; voici un cas classique : *chemisier avec foulard dans l'encolure* [5] (puisque ici il n'y a aucune ellipse). Le cas le plus fréquent est pourtant celui des

1. \ Printemps ≡ ce tailleur et sa toque /
S1 V S2

2. La Mode cette année ≡ \ (couleur) bleue /
OS V

3. La seule confusion qui soit exclue, c'est celle de O et de V, S restant explicite, pour la même raison qu'on ne peut intercaler l'objet entre le support et le variant (cf. *supra*, 6, 2).

4. Sauf l'objet visé, qui reste toujours singulier, comme on le verra à 6, 8.

5. \ Chemisier avec foulard dans l'encolure /
O S1 V S2

matrices à confusion partielle entre l'objet visé et l'un des deux supports ; par exemple : *blouse rentrant dans la jupe* : la blouse est bien l'objet visé, mais elle sert en même temps de support partiel au variant d'émergence[1]. Bien entendu, dans de tels énoncés, l'objet se confond de préférence avec le premier support, parce que la langue (nous sommes en face du vêtement écrit) accorde elle-même un privilège stylistique au terme qu'elle place en tête de la période ; on voit par là qu'un simple « détail » peut très bien constituer l'objet visé, même s'il est associé à un support matériellement plus important que lui ; dans *bracelet assorti à la robe*, c'est du bracelet que l'on parle principalement, c'est sur lui que l'on veut appeler l'attention, c'est lui l'objet visé, même si une robe est plus importante qu'un bracelet[2]. C'est en effet l'une des raisons du système de la Mode que de donner un pouvoir sémantique au moins égal à des éléments matériellement disproportionnés, et de combattre la loi primitive de la quantité par une fonction compensatoire.

6.7. Multiplication de V.

Puisque de l'objet au variant, la matrice se subtilise, il est normal que les variants puissent se multiplier plus facilement que les supports ; plus on s'approche de l'objet visé, plus la matrice s'épaissit, plus l'accumulation est difficile ; au contraire, plus on s'éloigne de l'objet, plus les éléments de la matrice disposent des libertés mêmes de l'abstraction. Il est donc courant d'avoir sur un même support plusieurs variants différents. Dans : *blouse fendue sur un côté* (c'est-à-dire : *blouse dont un côté est fendu*), le support se prête également à deux variants : la fissure *(fendu)* et le nombre *(un)*[3]. Voici un énoncé où l'on ne rencontre pas moins de quatre variants : *la*

1. Blouse rentrant dans la jupe
OS1 V S2

2. Bracelet assorti à la robe
OS1 V S2

3. Blouse fendue sur un côté
O V1 V2 S

vraie tunique chinoise plate et fendue [1]. Il se peut d'ailleurs très bien que linguistiquement un variant modifie un autre variant, et non le support qui les soutient tous deux : dans : *bretelles croisées derrière*, le variant de position *(derrière)* modifie le variant de clôture *(croisé)* [2]. Que des termes variants s'accumulent ainsi en un seul point, ou même qu'un support ne soit en contact avec un variant que par l'intermédiaire d'un autre variant, cela n'a rien d'étonnant : *mutatis mutandis*, dans *chanterons*, la marque du pluriel et celle du futur sont soutenues par le même radical, qui a rôle de tuteur *(chant-)* [3]. Il suffira ici de distinguer entre les variants ordinaires, qui peuvent modifier indifféremment des supports ou d'autres variants, et les variants spéciaux, qui, eux, ne modifient jamais qu'un autre variant ; ces variants spéciaux sont des intensifs ou variants de degré (*négligemment*, dans *négligemment noué*) ; il faut les mettre à part, car si l'on veut dresser l'inventaire des traits (SV), les intensifs ne peuvent en faire directement partie, puisqu'ils ne sont jamais rattachés à un support : il faut examiner leur union avec les variants, non avec les supports [4].

6.8. *Singularité de O.*

Il n'y a qu'un élément qui ne peut être multiplié à l'intérieur d'une même matrice, c'est l'objet visé [5]. Il est normal que la Mode refuse de multiplier l'objet d'une matrice : toute la struc-

1. \ La vraie tunique chinoise plate et fendue /
V1 OS V2 V3 V4

2. \ Bretelles croisées derrière /
OS V1 V2

3. L'analogie s'arrête là, puisque à la différence du support vestimentaire, *chant-* est un sémantème : il détient lui-même du sens, ce n'est pas un support inerte.

4. Cf. *infra*, chap. 10, 10.

5. On pourrait maintenant préciser que la singularité de l'objet visé sert à définir une matrice (la matrice serait ce qui contient au moins et seulement un objet visé), et par extension, l'énoncé du signifiant dans son ensemble, comme composé de matrices : cet énoncé, comme on va le voir à l'instant, ne contient pour finir qu'un seul objet visé extensif à toutes les matrices dont l'enchaînement a permis de le désigner.

ture du vêtement écrit est, si l'on peut dire, ascendante ; à travers un dédale d'éléments souvent éloignés, il s'agit de faire converger le sens vers un objet unique ; la fin même du système de la Mode est cette réduction difficile du multiple à l'un ; car il faut, d'une part, préserver la diversité du vêtement, son discontinu, la profusion de ses composants, et d'autre part, discipliner cette profusion, lui imposer un sens unitaire, sous les espèces d'une visée unique. C'est donc en définitive la singularité de l'objet visé par la signification qui garantit l'unité de la matrice ; fortement appuyée sur son objet unique, elle peut librement multiplier ses supports et ses variants, sans risque de se défaire. Et comme d'autre part, lorsque les matrices se combinent, c'est selon une organisation convergente[1], tout l'énoncé est finalement empli par une seule matrice, extensive à toutes les autres : l'objet visé de cette dernière matrice, étant unique, recueille donc tout le sens élaboré progressivement au niveau des matrices antérieures : la singularité de l'objet visé fonde en quelque sorte toute l'économie du système de la Mode.

V. Architectures de matrices

6.9. Délégation de matrice à un élément ou à un groupe d'éléments.

La combinaison des matrices entre elles à l'intérieur d'un même énoncé est fondée sur la liberté dont dispose toute matrice de se faire représenter par un élément ou un groupe d'éléments d'une autre matrice qui lui est évidemment extensive ; ainsi les matrices s'enchaînent, non par simple juxtaposition linéaire, comme les mots d'une phrase, mais par une sorte de développement contrapuntique et selon ce qu'on pourrait appeler une architecture ascendante, puisque d'ordinaire l'énoncé est occupé en définitive par une seule matrice qui a « recueilli » toutes les autres. Soit une matrice déjà saturée : *ganse blanche* (O (SV)) ; en tant qu'élément matériel (même si cet élément est pourvu

1. Cf. paragraphes suivants.

d'une qualité variante), cette ganse blanche peut très bien assumer une fonction partielle dans une matrice plus large, où elle ne sera plus, par exemple, qu'objet ou support ; si la ganse blanche doit être assortie à des boutons *(ganse blanche et boutons blancs)*, la ganse (blanche) et les boutons (blancs) ne sont plus que les supports d'un nouveau variant d'association, dont l'objet visé est implicitement la tenue entière :

ganse blanche et boutons blancs

O SV / O SV

S1 V S2

O

L'énoncé comprend donc trois matrices, dont la dernière (O S1 S2 V) est extensive aux deux premières, puisque chacun de ses supports « représente » à lui seul une matrice complète. On pourrait dire que dans ces développements syntaxiques, une matrice donne procuration à un élément d'une autre matrice pour la représenter et transmettre de sa part à la matrice finale un peu du sens qu'elle détient. Les matrices peuvent se déléguer à un élément ou à un groupe d'éléments, s'il s'agit d'éléments confondus. Toutes les formules de délégation ne sont pourtant pas possibles : le variant ne peut représenter une matrice, puisqu'il est immatériel et qu'en revanche la matrice, par son objet et son support, comporte fatalement de la matière vestimentaire[1] ; il s'ensuit que la « pointe » du sens (le variant) est toujours solitaire (par rapport aux éléments « représentants ») et semble tirer

1. Lorsqu'on développe terminologiquement un énoncé comme : *popeline à pois jaunes*, il semble à première vue que la matrice primaire *(pois jaunes)* devient le simple variant de la matrice seconde :

popeline à (motif) pois jaunes

O S V

OS V

En fait, le second variant est d'existence ; il faut donc rétablir :

popeline à (motif) pois jaunes (existant)

O S V

O S V

Les *pois jaunes* ne sont que le support de leur propre existence.

le sens en avant à la façon d'un chef d'attelage ; ceci est bien sensible dans les matrices terminales, où la minceur du variant forme contraste avec l'épaisseur de son support et de son objet. D'autre part, le groupe OV ne peut lui non plus représenter aucune matrice, puisque le variant ne peut être confondu avec son objet sans le relais d'un support. On aura donc les délégations suivantes :

I. ÉLÉMENTS :

OSV = V : impossible
OSV = S : \ ganse blanche et boutons blancs /
\ O SV /
S1...
OSV = O : \ une veste en cuir à col tailleur /[1]
\ O SV / \ O SV /
O SV

II. GROUPES D'ÉLÉMENTS :

OSV = SV : \ popeline à pois jaunes /
\ O SV /
O SV
OSV = SO : \ grand col d'organza /
\ O SV /
V SO
OSV = OV: impossible

6.10. La pyramide du sens.

Légalement, le rapport qui régit l'union des unités signifiantes (des matrices) est un rapport de simple combinaison (et non de solidarité ou d'implication, comme dans d'autres syntaxes) ; for-

1. Toutes les matrices primaires introduites par *à* deviennent dans la matrice suivante un trait (SV), dont le variant est d'existence : *à col tailleur/sans col tailleur*.

mellement aucune matrice n'en présuppose une autre, chacune peut se suffire à elle-même. Cependant, ce rapport de combinaison est particulier, car les matrices s'enchaînent par développement, non par addition. Il n'est jamais possible d'avoir une suite du type OSV + OSV + OSV, etc. ; si deux matrices paraissent dans un ordre de succession simple, c'est qu'en fait elles sont toutes deux prises en charge par une matrice extensive qui les sous-tend. On dirait que le vêtement écrit est construit comme un canon par augmentation, ou encore, comme une pyramide renversée : la base (supérieure) de la pyramide serait occupée à la fois par les matrices primaires[1], les sens parcellaires de l'ensemble décrit et son énoncé littéral ; la pointe (inférieure) de la pyramide, ce serait la dernière matrice secondaire, celle qui recueille et résume toutes les matrices préalables qui ont permis de l'édifier, proposant ainsi à l'intellection, sinon à la lecture, un sens final unitaire. Une telle architecture a une portée bien précise. D'une part, tout en permettant une véritable perfusion du sens vestimentaire à travers l'énoncé, elle préserve l'unité finale du sens : le secret précieux du sens de Mode est enfermé, si l'on peut dire, dans la matrice finale (et singulièrement dans son variant), quel que soit le nombre des matrices préparatoires qui l'ont précédée : c'est l'association qui donne un vrai sens de Mode aux ganses et aux boutons, non leur blancheur. Et d'autre part, elle fait de l'énoncé du signifiant une sorte de machine à crans : c'est le dernier cran qui emporte le sens ; disposer d'un cran de plus ou supprimer un cran, c'est changer toute la répartition des substances le long des matrices[2] ; le sens dernier venu est toujours le sens notable, mais il n'est pas situé nécessairement à la fin de la phrase : l'énoncé est un objet profond, il est sans doute perçu (linguistiquement) dans sa surface (la chaîne

1. On appelle ici *matrice primaire*, une matrice dont aucun élément ne représente une autre matrice, et *matrice secondaire*, une matrice dont un élément au moins est « représentant ».

2. Dans *popeline à pois*, le sens tient à l'opposition de l'espèce de motif (les pois) à d'autres espèces innomées ; tandis que dans *popeline à pois jaunes*, l'espèce de motif n'a plus de responsabilité directe dans l'édification du sens, qui dépend à la fois de la couleur jaune (opposée à d'autres couleurs) et de l'existence (opposée à la carence) d'une unité : *les pois jaunes*.

parlée), mais il est lu « (vestimentairement ») dans sa profondeur (l'architecture des matrices), comme le montre bien l'exemple suivant :

	Robe en coton	à damiers rouges	et (à damiers) blancs
1.	O SV	O SV	O SV
2.		OS1 V	S2
3.	O	SV	

Il y a dans cet énoncé, si l'on peut dire, trois couches de sens : la première est constituée par les espèces de matériaux et de couleurs engagées dans le vêtement décrit *(coton, rouge, blanc)* ; la seconde, par l'association des damiers rouges et des damiers blancs ; la troisième par l'existence d'une unité complexe faite de damiers rouges et blancs sur la robe de coton ; ce dernier sens ne serait pas possible sans mention des sens préparatoires ; et c'est pourtant lui qui détient la pointe même du message de Mode.

6.11. Syntaxe homographique.

Pour comprendre l'originalité de cette syntaxe architecturale, il faut revenir une fois de plus à la langue. La langue est caractérisée par une double articulation : un système de « sons » (phonèmes) y double un système de « mots » (monèmes) ; dans le vêtement écrit, il y a aussi double système : des formes de la matrice (OSV) et des matrices entre elles. Mais la comparaison s'arrête là ; car dans la langue, les unités de chaque système sont liées par une combinatoire pure, tandis que dans le vêtement écrit, les éléments de la matrice sont solidaires : seules les matrices sont combinatoires. Et cette combinatoire même ne ressemble en rien à la syntaxe de la langue : la syntaxe du vêtement écrit n'est ni une parataxe ni une rection : les matrices ne sont ni juxtaposées ni (linéairement) subordonnées ; elles s'engendrent les unes les autres par extension substantielle (les damiers rouges et les damiers blancs forment un ensemble extensif à chacune de ses parties) et réduction formelle (toute une matrice devient simple élément de la matrice suivante). On pourrait dire que la syntaxe du vêtement écrit est une syntaxe *homographique*, dans la mesure où c'est une syntaxe de correspondance, et non d'enchaînement.

VI. Routines

6.12. Routines (OS) V et O (SV).

Les éléments de la matrice (O, S, V) sont des formes dont la disponibilité n'est limitée que par la règle de distribution des substances (O et S sont matériels, V est immatériel). On pourrait comparer la matrice à un *pattern* et ses éléments aux *pattern-points* définis par certains linguistes[1]; chaque *pattern-point* détient un certain potentiel de substance, mais il y a évidemment des substances qui emplissent certaines formes plus fréquemment que d'autres. Les *patterns* les plus fréquents, et donc les plus forts, sont : les matrices O (SV), dont l'objet est constitué par une pièce ou empiècement vestimentaire et le trait (SV) par le matériau, la couleur ou le motif, pourvus d'une variation d'espèce[2] *(robe en flanelle, veste blanche, popeline à carreaux)*; les matrices (OS) V, dont l'objet-support est constitué par une pièce ou un empiècement vestimentaire, et le variant par une qualification (*veste fendue*, *bretelles croisées*, *blouse ample*, etc.) ; enfin, au niveau des matrices secondaires, on a pu le constater dans les quelques exemples cités, le *pattern* le plus fort est constitué par l'adjonction d'une matrice primaire à la matrice secondaire, où elle prend la place du trait (SV) et fait fonction de variant d'existence *(popeline à pois jaunes)*. Comme ces *patterns* prennent place d'un seul bloc dans l'énoncé, on peut les considérer comme des routines, analogues aux « configurations élémentaires » ou aux « briques » de la machine à traduire[3]; en

1. Kenneth L. Pike, « A problem in morphology-syntax », *Acta Linguistica*, V, 3, p. 125. Pattern : *John came* ; pattern-points : *John* et *came* ; pattern-point-replacement-potential : *Bill, Jim, the dog, boys*, etc. peuvent remplacer *John*.

2. Sur la distinction entre l'espèce et son assertion, cf. *infra*, chap. 7.

3. Sur les configurations élémentaires, cf. A.-J. Greimas, « Les problèmes de la description mécanographique », in *Cahiers de lexicologie*, I, p. 58. – Les « briques » ou « sous-routines » sont « des morceaux de calcul codés à l'avance et que l'on utilise comme briques dans la construction de tout code » (B. Mandelbrot, *Logique, langage et théorie de l'information*, Paris, PUF, 1957, p. 44).

sorte que si l'on voulait construire une machine à faire la Mode, on pourrait souvent économiser le détail des matrices primaires, qu'elles soient (OS) V, ou O (SV). Une routine, c'est, si l'on veut, un état intermédiaire entre la forme et la substance : c'est une substance généralisée, puisque la routine n'est pleinement valide qu'au niveau de certains variants particuliers.

6.13. Routines et sens final.

Ces routines n'ont pas seulement une importance opératoire ; elles contribuent à ordonner la production du sens : leur fréquence même tend, selon une loi bien connue, à banaliser le message qu'elles transmettent ; ainsi, lorsqu'elles entrent en composition et occupent le rang des matrices primaires, elles constituent un fond dont la banalité même renforce l'originalité du sens final ; au niveau des routines, le sens interne s'épaissit, se fossilise, mais par là même, toute sa vigueur, toute sa fraîcheur est laissée au variant final qui les prend en charge ; dans : *une robe en coton à damiers rouges et blancs*, la robe en coton, les damiers rouges, les damiers blancs ont un sens faible, par cette loi qui veut qu'un cliché tende à l'insignifiance ; le variant d'association qui unit le rouge et le blanc des damiers produit un sens déjà plus vigoureux ; mais c'est finalement l'existence des damiers rouges et blancs *par rapport* à la robe en coton, qui emporte l'information la plus forte, le sens le plus neuf, celui qui affleure d'ailleurs du premier coup à la lecture et qui est le but même de l'énoncé. On devine par là quelle est la finalité profonde de toute cette syntaxe : concentrer peu à peu le sens, le faire passer du banal à l'original, l'élever à la singularité du jamais-vu ou du jamais-lu. L'énoncé du signifiant est donc tout autre chose qu'une compilation de traits notables : c'est vraiment la naissance, délicate et patiente, d'une signification.

7. *L'assertion d'espèce*

Le twin-set fait une apparition remarquée.

I. L'espèce

7.1. Les espèces du vêtement.

On a vu que l'objet visé et le support de la signification pouvaient échanger leur substance et que cette substance était toujours matérielle : une jupe, une blouse, un col, des gants, un pli peuvent être tantôt objet, tantôt support, tantôt les deux à la fois. Face au variant, dont l'inventaire est spécifique, on n'a donc à recenser, pour les objets et les supports, qu'une seule substance, qui leur est commune. Cette substance n'est autre que le vêtement, dans sa matérialité : l'inventaire substantiel des objets et des supports coïncide fatalement avec l'inventaire du vêtement. Mais comme il s'agit ici d'un vêtement relayé par la parole, ce que l'on va avoir à recenser, ce sont les vocables mêmes dont la langue se sert pour désigner le vêtement (mais non pour le qualifier, ce qui relève de l'inventaire des variants). Autrement dit, ce qu'il faut recenser, ce sont les noms du vêtement (ensembles, pièces, empiècements, détails et accessoires), autrement dit encore : ses espèces. L'espèce (*blouse*, *jumper*, *caraco*, *bonnet*, *toque*, *capeline*, *collier*, *escarpins*, *jupe*, etc.) forme l'unité terminologique nécessaire et suffisante pour constituer un support ou un objet. On pourrait dire d'une autre manière que l'espèce appartient au plan de dénotation du langage ; ce n'est donc pas à son niveau que l'on risque de trouver des élaborations rhétoriques, même si sa désignation est souvent d'origine métaphorique (*col-Danton*, *châle-chaufferette*, *vert-mousse*, etc.).

7.2. Espèce réelle, espèce nommée.

Les espèces vestimentaires sont si nombreuses, qu'on souhaite naturellement pouvoir les soumettre à un principe réducteur qui dispense d'en faire l'inventaire exhaustif. Certes, si l'on avait à établir la structure du vêtement réel, on serait en droit de passer outre la frontière du mot, on aurait la liberté de définir dans l'espèce les éléments techniques qui la constituent ; on pourrait, par exemple, considérer la toque comme une coiffure sans bords et à calotte haute, c'est-à-dire retrouver dans l'espèce visée des espèces premières (la calotte, les bords) et des variants implicites (la hauteur, la carence)[1] ; ce travail d'analyse réelle permettrait sans doute de réduire la profusion et l'anarchie des espèces vestimentaires à quelques espèces simples, dont la seule combinatoire produit probablement tout le vêtement. Mais comme on s'est interdit d'inférer d'une structure terminologique à une structure réelle, on ne peut ici remonter au-delà du nom de l'espèce : c'est avec ce nom qu'il faut traiter, non avec ce qu'il désigne : on n'a pas à savoir comment est construite une blouse, en quoi elle diffère d'un polo ; à la limite, on n'a même pas à savoir ce qu'est une blouse ou un polo : il suffit que la variation de leur nom soit sanctionnée par la variation d'un sens vestimentaire. Bref, le principe de l'espèce ne relève ici, à proprement parler, ni du réel en soi, ni du vocabulaire en soi, mais seulement de ce mixte de l'un et de l'autre qu'est le code vestimentaire.

7.3. Classement des espèces.

Il s'ensuit que dans le vêtement écrit, le classement des espèces ne peut être soumis à des critères réels (technologiques) ou lexicologiques[2] : il faut aux espèces du vêtement écrit un ordre propre, immanent au système lui-même, c'est-à-dire soumis à des critères de signification, et non à des critères de fabrication ou d'affinité lexicale. Pour trouver cet ordre, il faut évidemment sor-

1. Sur la question des variants implicites (« ou investis »), cf. *infra*, 11, 10.
2. Critères lexicologiques : cf. les classements notionnels de W. von Wartburg, J. Trier et G. Matoré.

tir un instant du plan syntagmatique : le syntagme donne des chaînes d'unités, il ne livre directement rien qui permette de les classer. Dans le cas des espèces, cette « résistance » du syntagme est d'autant plus forte que les espèces se confondent avec les supports et les objets, c'est-à-dire avec les éléments inertes de la matrice : c'est le variant qui introduit le sens dans le syntagme, c'est lui qui représente la dimension paradigmatique [1] ; et comme, face à la profusion des faits syntagmatiques, le système est un principe de classement (puisqu'il permet de constituer des listes d'oppositions), c'est donc un variant attaché en propre aux espèces qu'il faut essayer de retrouver, si l'on veut espérer les classer. Or ce variant existe : on le trouve chaque fois que le sens d'une matrice surgit de l'affirmation pure et simple d'une espèce particulière de vêtement [2]: on appellera ce variant l'*assertion d'espèce*, et bien qu'en principe l'inventaire des objets-supports doive précéder l'inventaire des variants, c'est ce variant qu'on étudiera en premier, avant de revenir au classement des espèces.

II. La variation d'espèce

7.4. Principe de l'assertion d'espèce.

L'espèce peut signifier en soi. Si l'on énonce que le *twin-set fait une apparition remarquée*, cela veut dire à première vue que c'est l'être même du twin-set qui lui fait signifier la Mode, non sa longueur, sa souplesse ou sa forme ; c'est parce que l'espèce *twin-set* se distingue d'autres vêtements qu'elle se trouve ici immédiatement pourvue d'un sens de Mode : il suffit au twin-set d'affirmer son espèce pour signifier [3]. Cela ne veut pas dire que

1. Cf. *supra*, 5, 10.

2. C'est-à-dire dans des matrices à confusion de S et V.

3. Inversement, en vertu de la loi du dernier sens, l'espèce n'est signifiante que si elle n'est augmentée d'aucun autre variant : il faut que le mot qui l'affirme soit mat ; car si l'on dit que ce sont *les twin-sets ajustés* qui font leur apparition, on voit bien que le twin-set, tout en participant au sens, à titre d'objet visé et de support, ne tient plus son sens dernier de sa nature de twin-set, mais de son ajustement. On se rappelle d'ailleurs que les matrices diffèrent selon le cas :

$$\underbrace{\text{twin-set}}_{OSV} \qquad \underbrace{\text{twin-set}}_{OS}\ \underbrace{\text{ajusté}}_{V}$$

ce soit le twin-set lui-même qui constitue à la lettre le variant, car le variant ne peut être matériel. En fait, si l'on veut bien y regarder d'un peu près, ce n'est nullement la matière du twin-set qui subit, au premier chef, la variation signifiante ; l'opposition n'est pas ici, *d'abord*, entre le twin-set et ses espèces-sœurs, mais plus formellement et plus immédiatement, entre l'affirmation d'un choix (quel qu'il soit) et le silence de ce choix. En somme, lorsque la nomination de l'espèce est mate, il faut toujours distinguer en elle deux valeurs, ou, si l'on préfère, deux formes : une forme matérielle, qui s'accorde à la partie objective de la matrice (objet ou support), et une forme assertive, l'affirmation que cette matière existe sous une forme choisie ; et ce qui signifie (à titre de variant), ce n'est jamais la matérialité de l'espèce, c'est son affirmation. Cette distinction peut paraître byzantine, si l'on s'en tient au niveau de la langue, du moins de notre langue, qui confond couramment dans l'énoncé d'une chose, à la fois son existence, la classe à laquelle elle appartient et l'affirmation de sa spécialité ; mais d'une part, c'est un phénomène somme toute étonnant que le langage ne permette pas de distinguer entre le simple énoncé d'une chose et l'affirmation qu'elle existe : nommer, c'est toujours faire exister, et pour défaire l'existence de la chose, il faut ajouter à sa nomination un outil spécial qui est la négation : il y a un privilège nominatif de l'être (quel Borges imaginera une langue où dire les choses serait de plein droit les nier, et où il faudrait l'adjonction d'une particule affirmative pour les faire exister ?) ; et d'autre part, il existe des langues (le bantou, le japonais, le malais, par exemple) qui mentionnent expressément, dans l'énoncé de la chose, sa classe et son espèce : on dit alors : *3 animaux-chevaux*, *3 fleurs-tulipes*, *2 objets-ronds-bagues*, etc.[1] ; l'exemple de ces langues peut faire comprendre qu'il est légitime de distinguer dans le *twin-set* ou dans le *blanc*, la classe matérielle du vêtement (genre-twin-set[2] ou couleur) du choix qui y opère une détermination d'espèce ;

1. Cité par L. Hjelmslev, « Animé et inanimé, personnel et non personnel », in *Trav. Inst. ling.*, I, p. 157.

2. La dénomination « genre-twin-set » est évidemment provisoire, puisqu'on ne sait encore à quelle classe appartient le twin-set.

car en somme, en développant implicitement une *robe en toile*, ou une *robe en tissu de toile*, on ne fait que séparer la matérialité du support de l'affirmation abstraite du choix qui le fait signifier : sémiologiquement, la toile n'est rien ; elle n'est pas l'espèce dans sa matérialité, mais l'assertion qu'une espèce est choisie contre toutes celles qui sont rejetées hors du sens actuel.

7.5. L'opposition x / le reste.

Car l'affirmation n'est ici qu'un choix suspendu : si la langue n'y obligeait, elle qui ne peut dire sans faire surgir des substances, il serait inutile de remplir ce choix pour le rendre signifiant. Du point de vue du système (et par conséquent), si paradoxal que cela paraisse, du point de vue de la Mode, qu'importe la toile ? Demain, ce sera le tussor ou l'alpaga, mais ce sera toujours la même opposition entre une espèce choisie (quelle qu'elle soit[1]) et la masse des espèces innomées. Pour peu que l'on veuille bien suspendre la substance, l'opposition signifiante est donc ici rigoureusement binaire : elle réfère un être non à son contraire (la toile n'est le contraire de rien), mais à la réserve anonyme dans laquelle cet être est prélevé : cette réserve, c'est, si l'on veut, *le reste* (pôle qui est bien connu de la linguistique). La formule de l'assertion d'espèce serait donc :

x	/	le reste
(la toile)		*(les autres tissus)*

Quelle est la nature de cette opposition ? Sauf à recourir à des analyses techniques fort compliquées, et du point de vue seulement du code vestimentaire, le rapport de *x* et du « reste » est celui qui distingue un élément particulier d'un élément plus général. Aussi, analyser plus avant le mécanisme de l'assertion d'espèce, c'est explorer la nature de ce « reste », dont l'opposition à l'espèce affirmée fait tout le sens de Mode.

1. L'indifférence du choix n'est pas absolue ; elle a pour limite le réel lui-même, qui distingue pratiquement les tissus lourds des tissus légers ; la toile ne peut donc s'opposer sémantiquement qu'à un autre tissu léger (cf. *infra*, 11, 11).

III. Classe d'espèces : le genre

7.6. « Restes » multiples : parcours d'opposition.

Il est évident que le « reste » n'est pas tout le vêtement moins l'espèce nommée. Pour signifier, la toile n'a pas à s'extraire d'un « reste » qui comprendrait indifféremment des colliers, des couleurs, des vestes, des plis etc. ; jamais le journal ne risque d'énoncer : *en été, portez de la toile et en hiver des escarpins* ; une telle proposition (l'opposition d'espèces qu'elle énonce : *toile/escarpins*) est proprement *absurde*, c'est-à-dire qu'elle se situe hors du système du sens [1] : pour qu'il y ait sens, il faut, d'une part, qu'il y ait liberté de choix *(x/le reste)*, et d'autre part, que cette liberté soit limitée à un certain parcours d'oppositions (*le reste* n'est qu'une *certaine* partie du vêtement total [2]). On peut donc s'attendre à ce que le vêtement dans sa totalité soit constitué par un certain nombre de parcours (de « restes ») ; chaque parcours n'est pas à proprement parler le paradigme de l'espèce nommée, car l'opposition signifiante se produit seulement entre la formulation (d'une espèce) et l'informulation (des autres espèces) ; il est du moins l'horizon qui limite cette opposition, la référence substantielle qui lui permet de produire du sens.

7.7. L'épreuve d'incompatibilité.

L'opération qui doit permettre de reconstituer les différents « restes » ou parcours de l'assertion d'espèce ne peut être que formelle, car on ne peut faire appel directement au contenu technique ou aux affinités lexicologiques des espèces. Puisqu'un parcours est constitué par toutes les espèces dont la variation est prisonnière des mêmes limites, il suffira de trouver le principe de ces limites pour pouvoir établir les parcours d'espèces. Or il est

1. À moins évidemment qu'à titre rhétorique, on ne veuille afficher l'absurde lui-même : l'absurde devient alors le signifié de connotation de la phrase entière.
2. Cf. les parcours de signification de la logique moderne, R. Blanché, *Introduction*, p. 138.

évident que si la toile, l'alpaga, et le tussor, par exemple, entrent en opposition signifiante [1], c'est parce qu'en fait ces tissus ne peuvent être employés *en même temps sur le même point du vêtement* [2]; inversement, la toile et les escarpins ne peuvent entrer en opposition signifiante, parce qu'ils peuvent parfaitement coexister dans une même tenue : ils appartiennent donc à des parcours différents. Autrement dit, ce qui est *syntagmatiquement* incompatible (la toile, le tussor, l'alpaga) est *systématiquement* associé ; ce qui est syntagmatiquement compatible (la toile, les escarpins) ne peut appartenir qu'à des systèmes d'espèces différents. Pour définir les parcours, il suffit donc de recenser, au niveau de l'espèce, toutes les incompatibilités syntagmatiques (c'est ce que l'on pourrait appeler l'épreuve d'incompatibilité) ; en réunissant par l'esprit toutes les espèces incompatibles, on produit une sorte d'espèce générique, qui résume économiquement tout un parcours d'exclusions signifiantes : par exemple, la toile, le tussor, l'alpaga, etc., forment une espèce générique (le matériau) ; le bonnet, la toque, le béret, etc., forment une autre espèce générique (la coiffure), etc. On obtient ainsi des séries d'exclusions résumées par un terme générique :

$$a^1/a^2/a^3/a^4 \;\ldots\ldots\ldots\; A$$
$$b^1/b^2/b^3/b^4 \;\ldots\ldots\ldots\; B, \text{etc.}$$

Il est très utile de pouvoir manier facilement le composé générique (A, B, etc.) de chaque série, car, grâce à lui, on pourra ramener la profusion et l'anarchie des espèces à un ordre, sinon fini, du moins méthodiquement accessible ; on appellera donc ce composé, un *genre*.

1. On parle ici d'opposition signifiante entre les espèces pour simplifier : en fait l'opposition n'est pas entre les espèces matérielles, mais entre l'assertion et la non-assertion.

2. S'ils semblent employés en même temps, c'est qu'il ne s'agit pas du même point de la toilette, et que leur coexistence est alors prise en charge par un variant spécial d'association : les espèces ne sont plus que supports.

7.8. Le genre.

Le genre n'est pas une somme, c'est une classe d'espèces, il réunit logiquement toutes les espèces qui s'excluent sémantiquement ; c'est donc une classe d'exclusions ; ceci doit être souligné, car il peut être tentant de remplir un genre avec toutes les espèces intuitivement affinitaires ; or, si l'affinité et la dissemblance sont effectivement des caractères substantiels des espèces d'un genre, ce ne sont pas des critères opératoires ; la constitution des genres ne repose pas sur un jugement appliqué à la substance [1], mais sur une épreuve formelle d'incompatibilité ; on peut être tenté, par exemple, de réunir le chapeau et le cache-peigne dans un même genre, tant ils sont affinitaires ; mais l'épreuve d'incompatibilité l'interdit, car le chapeau et le cache-peigne peuvent être portés en même temps (l'un sous l'autre) ; à l'inverse, la robe et la combinaison de ski, quoique formellement très différentes, font partie du même genre, puisqu'il faut « choisir » entre l'un et l'autre, selon le signifié que l'on veut transmettre. Parfois la langue donne elle-même aux genres un nom spécifique, qui n'est celui d'aucune des espèces qui le composent : le blanc, le bleu, le rose, sont des espèces du genre *couleur*. Mais le plus souvent, il n'y a aucun terme générique pour désigner une classe d'espèces liées par l'exclusion : quel peut être le genre qui « coiffe » des pièces comme la blouse, le caraco, la brassière, le jumper, dont la variation est pourtant pertinente ? On donnera à ces genres anonymes le nom de l'espèce la plus commune qui en fait partie : le genre-blouse, le genre-manteau, le genre-veste, etc. : il suffira de distinguer chaque fois qu'il sera nécessaire entre la blouse-espèce et la blouse-genre. Cette ambiguïté terminologique reproduit la confusion du variant-classe et du variant-terme [2] ; c'est normal, puisque le genre est la classe dans laquelle le variant d'espèce isole son point d'assertion. Le

1. Cf. le classement thématique de R. Hallig et W. von Wartburg, *Begriffssystem als Grundlage für die Lexicologie. Versuch eines Ordnungsschemas*, Berlin, Akademie Verlag, 1952, XXXV-140 p.

2. Cf. *supra*, 5, 8.

genre étant défini, on peut en effet préciser maintenant la formule de l'assertion d'espèce ; ce n'est plus exactement : x / « le reste », mais, si l'on nomme *a* l'espèce et A le genre, c'est :

$$a / (A - a).$$

IV. *Rapport des espèces et des genres*

7.9. Genres et espèces du point de vue de la substance.

Les genres une fois déterminés formellement, peut-on leur assigner un certain contenu ? Ce que l'on peut assurer, c'est qu'il y a entre les espèces d'un même genre, à la fois une certaine ressemblance et une certaine dissemblance. En effet, si deux espèces sont absolument identiques, il ne peut y avoir entre elles d'opposition signifiante, car, on l'a vu, le variant est essentiellement une différence ; et si, à l'inverse, deux espèces sont totalement dissemblables (toile, escarpins), elles ne peuvent non plus s'opposer sémantiquement, leur confrontation étant à la lettre absurde. Ainsi, pour chaque espèce, les éléments auxquels se limite son « reste » (ou parcours, ou genre) sont à la fois affinitaires et dissemblables : *canezou* ne peut s'opposer à *canezou* (identité totale), mais non plus à *capeline* (dissemblance totale) ; c'est avec le boléro, la brassière ou le jumper qu'il entrera en opposition, parce que, du point de vue de la substance, ces pièces présentent à l'égard du canezou un rapport de ressemblance-dissemblance. On peut dire qu'en général la ressemblance porte sur la fonction des espèces d'un même genre (*canezou*, *jumper* et *brassière* ont à peu près la même situation fonctionnelle dans l'ensemble du vêtement), tandis que la dissemblance porte sur la forme des espèces. Le jeu de la ressemblance et de la dissemblance correspond évidemment à un jeu du syntagme et du système, puisque entre deux espèces données, le rapport syntagmatique exclut le rapport systématique et inversement ; c'est ce dont rendra compte le tableau suivant, dont on analysera ensuite chaque cas :

	Ressemblance	*Dissemblance*	*Formule*	*Exemple*	*Système*	*Syntagme*
1	–	+	a • b	manteau & toque	–	+
2	+	–	2a	2 colliers	–	+
3	+	+	a1/a2	toque/ bonnet	+	–
			a1 • a2	manteau & imperméable	hors système	

7.10. Espèce de genres différents : a • b.

On voit (exemple n° 1) que deux espèces appartenant chacune à un genre différent n'ont pas entre elles un rapport de ressemblance-dissemblance, que leur rapport systématique est nul et leur rapport syntagmatique possible : *un manteau* et *une toque* peuvent coexister, mais il n'y aurait aucun sens à les opposer, parce qu'en eux il n'y a aucune mesure entre les traits de ressemblance (nuls) et, si l'on peut dire, les traits de dissemblance (fondamentaux). S'il s'agissait du vêtement réel, il y aurait grand intérêt à faire l'inventaire des rapports syntagmatiques que les genres peuvent nouer entre eux (à supposer que l'on retrouve dans le vêtement réel les genres du vêtement écrit) ; car si dans le vêtement écrit le rapport qui joint les éléments de la matrice est toujours de solidarité (O) (S) (V), rien ne dit que dans le vêtement réel, les associations de pièces soient soumises à ce genre de rapport. La blouse oblige-t-elle à la jupe, et la jupe à la blouse ? Le tailleur présuppose-t-il la blouse ? On retrouverait peut-être ici les trois rapports syntagmatiques établis par la linguistique (implication, solidarité, combinaison), et ce seraient évidemment ces rapports qui constitueraient la syntaxe du vêtement réel[1]. Mais pour les genres du vêtement écrit, on ne peut

1. Du point de vue du vêtement réel, en remontant jusqu'au critère de couverture du corps, on établirait par exemple que pour l'homme, il y a implication

traiter de leurs rapports syntagmatiques en termes de contenu, car il n'y a ici d'autre syntagme que celui (double) des éléments de la matrice et des matrices entre elles ; lorsque le journal veut établir un rapport de coexistence entre deux espèces, il confie ce rapport, soit à la matrice elle-même *(une ceinture à pan)*, soit à un variant explicite de connexion *(un manteau et sa toque)*[1] : l'espèce dédoublée redevient simple support de ce variant particulier, et l'assertion d'espèce disparaît.

7.11. Espèces identiques : 2 a.

Entre deux espèces identiques (exemple n° 2), il ne peut y avoir d'opposition systématique, mais les deux espèces peuvent être évidemment portées en même temps : deux bracelets, par exemple ; le rapport syntagmatique est donc ici possible, mais il est pris en charge explicitement par un variant particulier (addition ou multiplication), dont l'espèce elle-même n'est plus que le support.

7.12. Espèces d'un même genre : a1/a2 et a1 • a2.

Enfin (exemple n° 3), lorsque les deux espèces appartiennent au même genre (c'est-à-dire lorsqu'elles ont un rapport de ressemblance-dissemblance), il y a entre elles possibilité d'assertion d'espèce (*toque/béret/bonnet*, etc.), et ces deux espèces ne peuvent coexister. Cette incompatibilité n'est évidemment valide que d'un point de vue légal, car, dans la réalité, rien n'interdit, empiriquement, de porter deux espèces d'un même genre : s'il tombe une pluie glacée, on peut, pour traverser un jardin, jeter un imperméable sur son manteau ; mais ce genre de « rencontre » (ou, si l'on préfère, de syntagme) est toujours

---

simple entre la couverture du buste et celle du bassin, mais que pour la femme, le rapport devient de double implication.

1. ceinture à pan — un manteau et sa toque
O SV — S1 V S2
O

improvisé et on ne le pratique qu'avec la conscience de rompre (provisoirement) une institution ; il s'agit d'un simple usage d'*habillement*, que l'on ne saurait mieux comparer, en linguistique, qu'à un fait de parole aberrant (par opposition aux faits de la langue).

V. *Fonction de l'assertion d'espèce*

7.13. Fonction générale : de la nature à la culture.

L'espèce occupe dans le système de la Mode une place stratégique. D'une part, en tant que dénomination pure et simple du vêtement, elle épuise tout le plan de dénotation du vêtement écrit : ajouter un variant à une espèce (et singulièrement, le variant même d'espèce), c'est déjà sortir du littéral, c'est déjà « interpréter » le réel, amorcer un processus de connotation qui se développera naturellement en rhétorique ; comme matière, elle est absolument inerte, fermée sur elle-même, indifférente à toute signification, ce qu'atteste bien la tautologie qui rend compte spontanément de son caractère dénoté : *un manteau, c'est un manteau*. Et d'autre part, cette matière est la diversité même ; c'est dans la liste mobile des espèces que s'investit la diversité des techniques, des formes et des usages, bref tout ce qu'il y a dans la nature (fût-elle déjà sociale) d'irréductible à tout classement. C'est donc cette *diversité concrète*, donnée par la nature, dont la culture, par la voie de l'assertion d'espèce, se saisit et qu'elle transforme en intelligible [1]. Pour cela, il lui suffit de convertir l'espèce-matière en espèce-fonction, l'objet en terme systématique [2], le manteau en choix. Mais pour être signifiant, ce choix doit être arbitraire ; c'est pourquoi, en tant qu'institution culturelle, la Mode dispose l'essentiel de ses assertions d'espèces, là où le choix n'est en quelque sorte dicté par aucune

1. Cf. Cl. Lévi-Strauss, *La Pensée sauvage*, Paris, Plon, 1962, p. 164 : « Il n'existe que deux modèles vrais de la diversité concrète : l'un sur le plan de la nature, c'est celui de la diversité des espèces ; l'autre sur le plan de la culture, est offert par la diversité des fonctions. »

2. On a vu par une remarque de Saussure que le mot *terme* impliquait passage au système (cf. *supra*, 2, 1).

motivation « naturelle » ; entre le manteau chaud et la robe légère, il ne peut y avoir de choix libre, et partant de signification, car c'est la température qui commande ; il n'y a de choix signifiant que là où la nature finit : la nature n'impose nulle discrimination réelle entre le tussor, l'alpaga et la toile, entre le bonnet, la toque et le béret ; c'est pourquoi aussi l'opposition signifiante ne passe pas directement entre les espèces d'un même genre, mais seulement entre une assertion (quel que soit son objet) et sa dénégation implicite, entre un choix et un refus ; le fait systématique n'est pas de choisir la toile, c'est seulement de *choisir quelque chose dans certaines limites* ; on pourrait dire que les deux termes du paradigme sont ici le choix et ses limites (a / (A – a)). Ainsi, en transformant la matière en fonction, la motivation concrète en geste formel, et pour reprendre une antinomie célèbre, la nature en culture, l'assertion d'espèce inaugure véritablement le système de la Mode : elle est le seuil de l'intelligible.

7.14. Fonction méthodique.

Cette fonction fondamentale de l'assertion d'espèce se retrouve sur le plan méthodique : c'est l'assertion d'espèce qui inaugure l'inventaire du système. En fondant des classes d'incompatibilités, ou genres, elle permet de manier chacun de ces genres à la place des espèces qu'il « coiffe ». Or les espèces, on l'a dit, sont les substances mêmes qui saturent les objets et les supports de la signification. Toute espèce vaut pour un objet ou un support, en vertu de ce principe : *toute la matérialité du vêtement est épuisée par les objets et les supports au niveau de la matrice, par les genres et les espèces au niveau de la terminologie*. L'inventaire des objets et des supports se ramène donc en définitive à celui des espèces et des genres ; il suffit d'établir, par épreuve d'incompatibilité, la liste des genres, pour disposer d'un inventaire des objets-supports. Le genre est la réalité opératoire qui va assumer à la fois l'objet et le support, face au variant, qui, lui, est irréductible, puisqu'il n'a pas la même substance que la partie proprement matérielle (ou vestimentairement syntagmatique) de la matrice. Les genres, les variants et leurs modes d'association (fréquente, possible ou impossible, selon les cas) sont donc les éléments qui permettent d'établir d'une façon complète le système général du signifiant de Mode.

8. *Inventaire des genres*

Gazes, organzas, voile, mousseline de coton, voici l'été.

I. *Mode de composition des genres*

8.1. Nombre des espèces par genre.

Formellement, l'assertion d'espèce n'est qu'une opposition binaire du type : a / (A – a) ; le genre n'est donc pas, à proprement parler, un paradigme d'espèces, mais seulement le parcours qui limite les possibilités substantielles de l'opposition. Le nombre des espèces qui font partie d'un genre n'a donc pas d'incidence structurale ; qu'un genre soit fourni en espèces ou non, cela importe peu au système ; la « richesse » d'un genre dépend, on le verra[1], du nombre de variants auxquels il peut s'offrir, et parmi ces variants, l'assertion d'espèce ne compte jamais que pour un, quelle que soit l'étendue de son parcours.

8.2. Sous-espèces.

Certaines espèces peuvent « coiffer » d'autres espèces : le *nœud*, par exemple, est une espèce du genre « Attache », mais il peut lui-même comporter des sous-espèces : *nœud-chapelier*, *nœud-chou*, *nœud-papillon* ; cela veut dire qu'un nœud-chapelier s'oppose d'une façon signifiante à tous les autres nœuds, avant de s'opposer d'une façon générale aux autres attaches. Que l'on considère l'espèce-relais (le nœud) comme une sorte de sous-genre, ou que l'on préfère compter chaque sous-espèce comme une espèce immédiate du genre principal,

1. Cf. *infra*, chap. 12.

en faisant du nom composé qui la désigne un simple monème égal aux autres, ce qu'indiquera le trait d'union *(nœud-chapelier, nœud-chou)*, l'existence de ces sous-espèces n'altère en rien le système général des genres, du moment que le genre (principal ou secondaire) reste bien une classe d'exclusions.

8.3. Variétés.

C'est encore la règle d'exclusion qui oblige dans certains cas à distinguer soigneusement entre l'*espèce* et la *variété*. Il peut être commode de réunir par l'esprit certaines espèces ou même certains genres dans des classes d'inclusion ; par exemple, les colliers, les bracelets, les cols, les sacs, les fleurs, les gants, les pochettes alimentent une catégorie générale très importante en Mode : le *détail*. Mais le « détail », comme la pièce ou l'accessoire, est une collection d'objets, ce n'est pas une classe d'exclusion : il n'y a ni opposition signifiante, ni incompatibilité syntagmatique entre deux sortes de détails, entre un sac et une pochette. C'est pourquoi on appellera *variétés* les espèces ou les genres qui composent lexicologiquement un ensemble [1], sans que cela les oblige à le composer sémantiquement ; en fait, le « détail », très souvent attesté dans les énoncés de Mode, peut être un genre à soi seul : il peut, par exemple, recevoir directement un variant : *détail léger*, et coexister dans l'inventaire des genres à côté de certaines de ses *variétés*, qui ne sont nullement ses *espèces*. L'ambiguïté de la variété et de l'espèce est celle-là même du vêtement écrit : en Mode, on manie des classes d'exclusions, alors que la langue tend toujours à proposer des classes d'inclusions.

8.4. Genres à une espèce.

Il peut se trouver qu'une espèce n'entre en opposition signifiante avec aucune autre espèce attestée, mais, que, du moment

1. La variété et l'ensemble auquel elle se rattache sont dans le même rapport intuitif qu'une rubrique et ses composants dans les classements thématiques comme celui de Hallig et V. Wartbourg. On a vu que ce genre de classement n'avait pas de valeur structurale (cf. *supra*, 7, 3).

qu'elle est nommée, ne serait-ce qu'une fois, on doive lui réserver une place dans l'inventaire des genres, puisqu'elle peut être l'objet visé ou le support d'un variant. La *basque*, par exemple, attestée dans le corpus étudié, ne fait partie d'aucun genre et ne comporte aucune espèce ; on est donc obligé de la considérer à la fois comme espèce et comme genre, ou, si l'on préfère, comme genre à une espèce : il s'agit bien, formellement, d'un genre, puisque la basque est compatible syntagmatiquement avec n'importe lequel des autres genres repérés [1] ; mais substantiellement, en dépit de sa singularité, la basque est aussi une espèce, dans la mesure où elle a pu ou pourra un jour s'opposer à d'autres espèces *(la crinoline, la tournure)* : un parcours peut être momentanément défectif, tout en restant théoriquement et historiquement ouvert ; la conscience linguistique de l'espèce ne peut en effet rester purement synchronique ; le genre est donc fondé sur une diachronie virtuelle, la synchronie n'en livrant qu'une espèce singulière [2]. Seulement, dans tous les cas où le genre ne comporte qu'une espèce (et se confond alors obligatoirement avec elle), cette espèce ne peut être à proprement parler le support d'une opposition : a / (A – a), et il est logique qu'on ne puisse lui appliquer le variant d'assertion d'espèce : *une robe à pan*, ce n'est pas une robe pourvue d'une espèce de pan, c'est seulement une robe augmentée d'un pan : c'est donc l'assertion d'existence qui recueille tous les cas – temporaires – où, l'espèce étant unique, sa variation d'assertion est impossible. On voit donc que si l'assertion d'espèce est la clef méthodique qui permet d'ouvrir l'inventaire des genres, il faut admettre de compléter cet inventaire par des genres qui ne relèvent pas directement de l'assertion d'espèce, mais qui sont en quelque sorte constitués par le résidu dont cette assertion ne veut pas.

1. Il s'agit, bien entendu, d'une compatibilité au niveau du vêtement écrit ; car dans le vêtement réel, dont les contraintes syntaxiques sont tout autres, on peut très bien trouver une espèce singulière qui soit cependant incompatible avec une autre espèce, sans qu'on puisse les ranger dans le même genre : *les bas* sont généralement incompatibles avec le *maillot de bain*.

2. Il n'est pas nécessaire d'imaginer une synchronie large pour fonder le genre, car la Mode invente facilement de nouvelles espèces, à l'intérieur de sa microdiachronie (il est vrai, le plus souvent, en ressuscitant d'anciens termes vestimentaires).

8.5. Espèces appartenant à plusieurs genres.

Enfin il arrive qu'une espèce semble appartenir à plusieurs genres à la fois ; cela n'est qu'une apparence, car en fait, le sens (dénoté) du mot lui-même n'est pas le même selon le genre auquel se rattache l'espèce : un nœud peut être ici une attache, et là un ornement (s'il n'attache rien du tout). Les espèces peuvent donc très bien émigrer d'un genre à l'autre, selon les changements d'usage que le contexte, ou plus largement l'histoire, leur fait subir. C'est que le genre, encore une fois, n'est pas une classe de sens terminologiques voisins (comme celle que l'on pourrait trouver dans un dictionnaire d'association d'idées), mais d'incompatibilités sémantiques temporaires. La répartition des espèces dans les genres est donc fragile, sans cesser d'être structuralement possible.

II. Classement des genres

8.6. Fluidité de la liste des genres.

La liste des genres et des espèces est une liste précaire, car il suffit d'élargir historiquement le corpus étudié pour repérer de nouveaux genres et de nouvelles espèces. Mais d'un point de vue méthodique, c'est là un caractère inconséquent, car l'espèce ne signifie pas en soi, dans sa substance, mais seulement par son assertion : la liste des genres n'est pas organique, on ne pourra en tirer aucune indication de fond sur la structure du vêtement écrit[1]. Cette liste, il faut cependant l'établir, puisqu'elle rassemble les points d'application des variants (les genres sont les supports-objets de la matrice). Pour le corpus étudié, l'inventaire des espèces fait apparaître 69 genres ; mais certains genres sont si particuliers, si visiblement énoncés par le journal d'un point de vue excentrique, que, par économie d'exposition, on les renverra

1. Contrairement aux indications que l'on peut tirer du nombre des termes d'un variant, et qui, elles, concernent la structure du vêtement écrit (cf. *infra*, chap. 11).

ici dans une réserve « pour mémoire [1] ». C'est donc seulement une soixantaine de genres dont on va donner la liste.

8.7. Critères extérieurs de classement.

Avant d'énumérer les genres, il faut encore décider de l'ordre dans lequel on les présentera. Peut-on soumettre les soixante genres repérés et retenus à un classement méthodique ? En d'autres termes, est-il possible de dériver tous ces genres d'une division progressive du vêtement total ? Un tel classement est certainement possible, à condition cependant de sortir du vêtement écrit et de faire appel à des critères, soit anatomiques, soit technologiques, soit purement linguistiques. Dans le premier cas, on pourrait diviser le corps humain en régions de plus en plus particulières, et grouper les genres qui concernent chacune d'elles, selon une progression dichotomique [2]. Dans le second cas, on tiendrait essentiellement compte de l'indépendance, de l'articulation ou de la forme typique des genres, comme on classe les pièces mécaniques dans le magasin général d'une industrie [3]. Mais ce serait, dans ces deux premiers cas, faire appel à des jugements extérieurs au vêtement écrit. Quant au classement linguistique, sans doute mieux approprié au vêtement écrit, il fait malheureusement défaut ; la lexicologie n'a proposé que des groupements idéologiques (champs notionnels), et la sémantique proprement dite n'a pu encore établir les listes structurales de lexèmes [4] ; à plus forte raison, la linguistique n'a pu intervenir

1. Genres pour mémoire : *Boucles d'oreille*. – *Cache-peigne*. – *Cambrure* (du soulier). – *Collant*. – *Empeigne*. – *Fond* (de tissu). – *Perruque*. – *Sur-chaussure*. – *Sur-jupe*.

2. Par exemple : Tronc = buste + bassin. – Buste = cou + corsage. – Corsage = dos + devant, etc.

3. Par exemple : Vêtement = pièces + empiècements. – Pièces = articulées + enveloppantes. – Empiècements = plans + volumineux, etc.

4. On sait que la sémantique structurale est beaucoup moins avancée que la phonologie, parce qu'on n'a pas encore trouvé le moyen de construire des listes de sémantèmes : « (Par rapport à la phonologie), *les oppositions semblent avoir un caractère différent, beaucoup plus lâche, dans le lexique, dont l'organisation paraît offrir moins de prise à l'analyse systématique* » (P. Guiraud, *La Sémantique*, Paris, PUF, Que sais-je ?, p. 116).

dans un lexique aussi particulier que celui du vêtement. Ainsi, le code que l'on déchiffre ici, n'étant ni tout à fait réel, ni tout à fait terminologique, peut difficilement emprunter au réel ou à la langue le principe de classement de ses genres.

8.8. Classement alphabétique.

On préférera donc ici un classement simplement alphabétique. Sans doute, le classement alphabétique peut apparaître comme un pis-aller, le parent pauvre de classements plus riches ; mais c'est là une vue partiale, et pour tout dire idéologique, dans la mesure où elle accorde par contraste un privilège et une dignité aux classements « naturels » ou « rationnels ». Cependant, si l'on attribue un sens également profond à *tous* les modes des classements, on conviendra que le classement alphabétique est une forme émancipée de classification : le neutre est plus difficile à institutionnaliser que le « plein ». Dans le cas du vêtement écrit, le classement alphabétique a l'avantage, précisément, d'être neutre, puisqu'il ne recourt ni à la réalité technique, ni à la réalité linguistique ; il laisse à découvert la nature insubstantielle des genres (ce sont des classes d'exclusions), dont la contiguïté ne peut exister que si elle est prise en charge par un variant spécial de connexion, alors que dans tout autre classement, on serait obligé de « rapprocher » les genres directement, sans faire état d'une connexion explicite.

III. Inventaire des genres

8.9. Liste des espèces et des genres.

Voici donc, par genres, l'inventaire des espèces relevées dans le corpus étudié [1] :

1. ACCESSOIRE : On a vu que ce genre comprenait des varié-

1. Le genre est ici donné au singulier (sauf s'il ne peut aller que par paire) pour bien marquer qu'il s'agit d'un type, d'une classe d'exclusions, et non d'une classe d'inclusions ; il est nommé par un vocable autonome si la langue le permet, ou par le nom de l'une de ses espèces (cf. *supra*, 7, 8).

tés (*sac*, *gants*, *pochette*, etc.), mais que ces variétes n'étaient pas des espèces. L'accessoire est un genre sans espèce ; ses variétés font partie d'autres genres ; il s'oppose sans doute implicitement à la *pièce*.

2. ATTACHE : *Agrafes, boucles boules, boutonnage, boutons, cabochons, glissière, lacets, liens, nœuds (-chapelier, -chou, -papillon), perles.* – *Boutonnage* est une collection, ou mieux encore, une ligne de boutons, mais c'est tout de même un être sémantique distinct des boutons ; il supporte plus naturellement des variants de position ou d'équilibre.

3. BAS.

4. BASQUE : La basque est « la partie du vêtement qui descend au-dessous de la taille ». Naturellement, on ne retient ici que les cas où le mot lui-même est attesté *(basques arrondies)*, sans s'inquiéter de la chose elle-même, qui existe dans la plupart des pièces du vêtement féminin.

5. BLOUSE : *Blouse (-tablier, -sweater, -tunique), blousette, brassière, caftan, canezou, caraco, casaque, chasuble, chemisier, chemise, corsage, jumper, marinière, polo, tunique.*

6. BORD : *Bande, biais, bord, feston, frange, galon, ganse, liséré, ourlet, passepoil, piqûre, pourtour, ruché, tresse, tuyauté, volant.* Certaines de ces espèces peuvent se ranger sous d'autres genres, si elles ne sont pas en bordure (*piqûres* et *volants*, par exemple).

7. BRACELET : *Anneaux, bracelet, plaque.*

8. BRETELLE.

9. CALOTTE.

10. CAPE : *Cape (-pèlerine).*

11. CAPUCHON : *Capuchon, cagoule.*

12. CEINTURE : *Ceinture (-corselet), chaîne, lien, martingale.* La martingale n'est pas une ceinture ; mais pour être espèce du genre Ceinture, il suffit qu'elle soit syntagmatiquement incompatible avec une ceinture.

13. CHÂLE : *Berthe, capette, châle, chaufferette, étole, pèlerine.* Ce genre de pièces prend appui sur les épaules, tandis que le genre voisin des écharpes prend appui sur le cou ; il n'y a donc aucune ambiguïté syntagmatique entre ces deux genres. Il peut y

en avoir entre certaines espèces de châles (la berthe, par exemple) et certaines espèces de cols (larges, ronds, rabattus), parce qu'ici le départage ne peut provenir implicitement que de considérations technologiques : le col, en principe, tient au corsage, la berthe est une pièce indépendante ; c'est pourquoi la berthe ne s'oppose pas au col, sauf si on la nomme : *col-berthe*.

14. CHAUSSURES : *Babouches, ballerines, bottes, bottillons, chaussures, escarpins, mocassins, mules, poulaines, Richelieu, sandales, -sport.* Le « sport » est un ancien signifié, fossilisé en espèce, c'est-à-dire en signifiant.

15. CLIP.

16. COIFFURE : *Bandeau, bonnet (-perruque), canotier, capeline, chapeau (-breton, -mouchoir, -péruvien), chéchia, cloche, coiffe, coiffure, croissant, toque.*

17. COL : *Col (-berthe, -cape, -cerceau, -châle, -chemisier, -Claudine, -corolle, -cravate, Danton, -écharpe, -entonnoir, -marin, -officier, -pèlerine, -plastron, -polo, -régate, -tailleur), collet, collerette (-Pierrot).*

18. COLLIER : *Chaîne, chaînette, collier, sautoir.*

19. CÔTÉ : Il n'y a pas d'espèces attestées (on pourrait cependant imaginer : *soufflets*). Il faut prendre grand soin de distinguer entre le genre Côté et le variant : *sur-le-côté* (ou : *des-deux-côtés*) ; dans le premier cas, il s'agit bien d'une portion matérielle du vêtement, d'un syntagme ; dans le second cas, le côté n'est plus un espace inerte, il est une orientation.

20. COULEUR : Les espèces de couleurs sont infinies et ne peuvent être maîtrisées sauf à ouvrir une liste fastidieuse ; elles vont des couleurs simples (*rouge*, *vert*, *bleu*, etc.) aux couleurs métaphoriques *(mousse, tilleul, Pernod)*, et même aux couleurs simplement qualitatives *(gaies, vives, neutres, couleurs-chocs)* ; cette infinité est compensée par la simplicité du variant implicite qui les fait réellement signifier, et qui est la marque [1].

21. COUTURE : *Coutures, découpes, incrustations, nervures, piqûres, surpiqûres.* Ce qu'on retient ici des piqûres, c'est leur être sémantique, non leur être technologique ; peu importe

1. Cf. *infra*, 11, 12.

qu'elles servent à assembler ; l'important, c'est qu'un sens leur soit attribué, et pour cela il faut qu'elles se voient : il s'agit donc toujours de piqûres apparentes.

22. CRAVATE : *Cravate, régate.*

23. DÉTAIL : Ce genre appelle la même observation que l'Accessoire.

24. DEVANT : *Bavette, devant, gorge, gorgerette, guimpe, modestie, plastron.* Comme le *côté*, mais encore plus évidemment, puisque ici l'empiècement est matériellement distinct de ses entours, le *devant* comme genre ne peut se confondre avec son synonyme systématique : *par-devant, sur-le-devant.*

25. DOS : Comme pour le côté et le devant, on distinguera le genre Dos, du variant : *dans-le-dos, par-derrière.*

26. DOUBLURE : *Dessous* (au singulier)[1], *doublure, envers.*

27. ÉCHARPE : *Carré, écharpe (-anneau, -pan), foulard.*

28. EMMANCHURE : Que l'espèce d'une manche tienne à la forme de son emmanchure ne peut autoriser à transgresser la règle terminologique ; c'est la manche qui est nommée, c'est la manche qui supporte l'espèce ; l'emmanchure reste sémantiquement indépendante.

29. ENCOLURE : *Décolleté (-empire, -flèche au cœur, -italien, -trou de serrure), encolure (-bateau), ras du cou.* Bien qu'un col suppose fatalement une encolure, il est constant que l'affirmation d'une encolure prenne en quelque sorte la relève d'une absence de col : c'est quand il n'y a pas de col que l'encolure se met à signifier.

30. ENSEMBLE : *Associé, bikini, costume, deux-pièces (-blazer, -blouson, -cardigan, -casaque, jumper, -marinière), -veste, ensemble, separate, tailleur (-blazer, -boléro, -cardigan, kimono, -saharienne, -tunique), trois-pièces, twin-set.*

31. ÉPAULES : Il s'agit, bien entendu, des épaules du vêtement, non de celles du corps humain. La distinction est nécessaire parce que, dans certains énoncés, l'épaule n'est plus un

1. Dans une expression comme : *mieux qu'une doublure, le double jeu de tissus d'égale qualité dont le dessous est toujours visible en quelque endroit du costume.*

support de variant, mais un simple repère anatomique *(sur l'épaule).*

32. FLEUR : *Bouquet, camélia, fleur, marguerite, muguet, œillet, rose, violette.*

33. GANTS : *Gants, moufles.*

34. GILET : *Cardigan, gilet, sous-manteau, sur-robe.*

35. HANCHES : Comme pour les épaules, il faut distinguer entre le repère anatomique *(sur la hanche, jusqu'aux hanches)* et le support vestimentaire *(hanches resserrées).*

36. JUPE : *Jupe (-portefeuille, -tonneau), jupette.*

37. JUPON : Bien qu'invisible, le jupon peut concourir au sens, en modifiant le volume ou la forme de la jupe [1].

38. LIGNE : *Ligne (-A, -boule, -cloche, -coupole, -cube, -Princesse, -sac, -sirène, -sweater, -tunique, -trapèze)* [2]. Rien de plus prestigieux que ce genre : il contient l'essentiel même de la Mode, touche à l'ineffable, à « l'esprit », et se prête au sublime, dans la mesure où, unifiant des éléments très divers, il est le mouvement même de l'abstraction ; bref, il est le sens esthétique du vêtement, et bien qu'appartenant au code vestimentaire, on peut dire qu'il est déjà pénétré de rhétorique, et contient virtuellement un certain sens de connotation. C'est pourtant un genre dont on pourrait la plupart du temps retrouver les composants, parfaitement numérables : chacune de ses espèces est constituée par la conjonction d'un certain nombre de variants implicites (de forme, de rigidité, de mouvement, etc.) ; ces variants se combinent avec des supports de base (jupe, corsage, col) comme les opérations d'une machine qui finissent par produire une *idée* : la ligne serait en somme un long *calcul*, dont les termes varient chaque saison.

39. MANCHES : *Mancherons, manches (-ballon, -chemisier, -cloche, -fichu, -liseron, -kimono, montgolfière, -pagode, -pingouin, -raglan).*

1. *L'ampleur de la jupe est souvent mesurée et souple ou bien importante et raidie par des jupons.*

2. Bien qu'il n'y ait en principe qu'une ligne fondamentale par synchronie, le journal peut être amené à citer d'autres lignes ; on donne ici plusieurs espèces de lignes pour rendre compte de la variété du genre.

40. MANTEAU : *Auto-coat, cache-poussière, cache-tout, ciré, imperméable, manteau (cardigan, -japonais), pardessus, pelisse, redingote, trench-coat.*

41. MATÉRIAU : Les espèces en sont infinies. Mais comme pour la couleur, il est possible de soumettre cette infinité à un variant régulateur, évidemment implicite, qui range tous les matériaux sous une seule opposition signifiante : le poids [1]. – Le matériau peut être aussi bien le tissu que le cuir, la pierre (pour les bijoux) ou la paille. Le matériau est le plus important des genres ; la Mode accorde un privilège croissant aux substances (Mallarmé le notait déjà).

42. MOTIF : *Carreaux, chiné, côtelé, damiers, fleuri, géométrique, grains, imprimés, moucheté, nid d'abeilles, pastilles, pied d'autruche, pied de coq, pied de poule, pied de poussin, plumetis, pois, Prince de Galles, quadrillé, rayé, résille, triangulaire.* Ce genre est constitué par les modes d'aspect de la surface matérielle du vêtement, en un mot, par ses dessins, quelle qu'en soit l'origine technique, tissée ou imprimée, et sans égard à la texture. C'est là une preuve de plus de l'autonomie du système sémantique par rapport au système technologique : *l'imprimé*, par exemple, n'est nullement en opposition avec le *tissé*, qui n'est pas attesté.

43. ORNEMENT (ou garniture) : *Festons, guirlandes, nœuds, rubans, volants.*

44. PAN.

45. PANTALON : *Fuseaux, jeans, pantalon (-éléphant, de guardian, de yachting), short.*

46. PATTE : *Barrette, bride, coulant, ganse, passant, patte.*

47. PLI : *Drapés, fronces, godets, pinces, plis (-en bénitier), replis, volants.*

48. POCHE : *Poches (-gilet, -kangourou, -poitrine).*

49. POCHETTE.

50. POIGNETS : *Bas-de-manches, manchettes, parements, poignets (-mousquetaires).*

51. RABAT : *Rabat, revers.*

1. Cf. *infra*, 11, 11.

52. ROBE : *Baby-doll, barboteuse, combinaison-de-ski, fourreau, maillot, robe (-blazer, -blouse, -blouson, -chemise, -chemisier, -fourreau, -manteau, -sweater, -tablier, -tunique), salopette.* Le genre n'est pas une classe inclusive ; il ne faut donc pas s'étonner de trouver réunis ici des vêtements de formes et de fonctions très différentes, comme la barboteuse, la combinaison de ski ou la salopette (*Robe* n'est que le nom arbitraire d'un genre) ; s'il y a affinité substantielle entre toutes ces espèces, c'est au niveau de leur extension (elles couvrent le tronc) et de leur rang dans l'épaisseur du vêtement (elles sont externes, ou sous-externes).

53. SAC.

54. STYLE : *Style (-Californie, -cardigan, -Chanel, -chemise, -marinière, -sport, -sweater).* Le style n'est pas sans affinité avec la ligne (comme elle, il tend à la connotation) ; mais la ligne est une « tendance », elle suppose une certaine finalité : le « sac » est ce à quoi tend le vêtement ; le style est au contraire une réminiscence, il tient son être d'une origine. Il s'ensuit que, du point de vue de la substance, les pièces de style peuvent représenter indifféremment des signifiants *(style-cardigan)* ou des signifiés *(style-Watteau)* ; c'est une ambiguïté que l'on a déjà vue à propos de la chaussure-sport, expression dans laquelle le signifié se fige en espèce signifiante. La proximité même de la ligne et du style montre que dans un système signifiant, il y a une sorte de circularité infinie entre l'origine formelle du signe et sa tendance ; le rapport du signifiant et du signifié est inerte.

55. SWEATER : *Chandail, over-blouse, pull, sweater, tricot.*

56. TABLIER : *Tablier (-blouse, -robe).* Le genre Tablier est à la limite du sublime de Mode : on l'admet lorsqu'il est dignifié par la sous-espèce accolée, qui est pleinement vestimentaire *(tablier-blouse) (tablier-robe)* ; un tablier-jupe semble exclu, comme trop ménager.

57. TAILLE : Le mot est ambigu ; on l'entend souvent au sens de : ligne marquée, plus ou moins haute, qui sépare le buste du bassin ; mais la marque est déjà un variant, et le genre ne saurait prendre parti immédiatement sur un élément systématique : il faut donc réserver ici le mot *taille*, d'une façon aussi neutre que

possible, à la portion circulaire du vêtement qui est située entre les hanches et le bas de la poitrine[1].

58. TALONS : *Talons (-bottiers, -Louis XV).*

59. VESTE : *Blazer, blouson, boléro, en-cas, jaquette, vareuse, veste (-kimono) (-spencer, -sweater).*

60. VOILETTE : *Résille, voilette.*

1. Littré ne connaît nullement le sens de « ceinture » : la taille, c'est la conformation du corps depuis les épaules jusqu'à la ceinture ; d'où : *en taille.*

9. Variants d'être

La vraie tunique chinoise, plate et fendue[1].

I. L'inventaire des variants

9.1. Constitution et présentation des variants.

Le genre désigne la matière qui peut remplir indifféremment l'objet ou le support de la signification. Il reste dans la matrice une forme qui ne peut être remplie que par une substance indépendante et irréductible : le variant. La substance du variant ne peut jamais, en effet, se confondre avec la substance des genres, car celle-ci est matérielle *(un manteau, un clip)*, tandis que celle-là est toujours immatérielle *(long/court, fendu/non-fendu)*. Cette disparité des substances oblige à un inventaire séparé des variants, mais aussi on est assuré qu'avec l'inventaire des genres et celui des variants, on épuise la substance de toutes les matrices et que l'on tient l'inventaire complet des traits de Mode.

Avant d'entreprendre l'inventaire des variants, il faut rappeler que ceux-ci ne se présentent pas, à l'instar des espèces, comme les simples objets d'une nomenclature, même répartis en classes d'exclusions mais sous forme d'*oppositions* à plusieurs termes, car ils détiennent le pouvoir proprement paradigmatique de la matrice. Le principe de constitution de ces oppositions est le suivant : partout où il y a incompatibilité syntagmatique (spatiale), il y a ouverture d'un système d'oppositions signifiantes, c'est-à-dire d'un paradigme, c'est-à-dire d'un variant ; car ce qui définit le variant, c'est que ses termes ne peuvent être actualisés *en*

1. \ La vraie tunique chinoise plate et fendue /
V1 OS V2 V3 V4

même temps sur un même support : un col ne peut être au même moment *ouvert* et *fermé* ; et si *entrouvert* est attesté, cela veut dire que l'*entrouvert* est un terme du système différentiel aussi valide que l'*ouvert* et le *fermé*. Autrement dit, tous les termes de variants qui ne peuvent s'actualiser en même temps, constituent une classe homogène, c'est-à-dire un variant (au sens générique du mot). Pour identifier ces classes ou variants, il suffit donc de constituer tous les termes repérés par l'épreuve de commutation en listes d'incompatibilités syntagmatiques : une jupe, par exemple, ne peut être à la fois *ample* et *ajustée* : ces termes font donc partie de la même classe, ils participent au même variant *(ajustement)* ; mais comme cette jupe peut très bien être à la fois *ample*, *souple* et *longue*, chacun de ces termes appartient à un variant différent. Naturellement, il faut parfois recourir au contexte pour décider la répartition de certains variants : si l'on parle d'*une robe boutonnée*, on peut comprendre que le sens de la robe (par exemple, la Mode du moment) tient à ce qu'elle comporte des boutons, face à la même robe (démodée) qui n'en comporterait pas : le variant est alors constitué par l'existence *ou* la carence des boutons ; mais on peut comprendre aussi que la robe tient son sens de ce qu'elle est fermée par des boutons et non par une glissière : le variant portera alors sur le mode d'attache de la robe, non sur l'existence des boutons ; le paradigme diffère selon le cas : ici, il y a opposition entre l'existence et la carence, là entre le *boutonné*, le *lacé*, le *noué*, etc. [1]. Chaque variant comporte un nombre variable de termes [2] ; l'opposition la plus simple est évidemment binaire *(à droite/à gauche)* ; mais d'une part, selon un schéma dû à Brøndal, une opposition simple, du type polaire, peut s'enrichir d'un terme neutre *(ni à droite, ni à gauche = au milieu)* et d'un terme complexe *(à droite et à gauche = des deux côtés)* ; et d'autre part, certains para-

1. La matrice change aussi :

\ Robe à boutons / (existants)
O S V

\ Robe boutonnée /
OS V

2. Cf. chap. 11.

digmes sont constitués par une liste de termes qui ne se laissent pas facilement structurer (*fixé/monté/noué/boutonné/lacé*, etc.). Enfin, certains termes du paradigme peuvent être terminologiquement défectifs, ce qui n'empêche pas que leur place doit être cependant réservée : par exemple l'*ajouré* et le *transparent*, bien qu'entrant en opposition signifiante, ne sont logiquement que les moments intermédiaires d'une liste plus longue, dont le degré plein *(opaque)* et le degré nul *(invisible)* ne sont jamais attestés ; il faut ici se rappeler que le sens ne naît pas d'une simple qualification (des blouses *longues*), mais d'une opposition entre ce qui est noté et ce qui ne l'est pas ; même si la synchronie étudiée n'atteste qu'un terme, il faut toujours rétablir le terme implicite sur lequel il prend appui en s'en distinguant (on l'écrira ici entre crochets) ; ainsi, les blouses n'étant jamais *courtes*, mais leur longueur étant cependant parfois notée (blouses *longues*), il est nécessaire de reconstituer une opposition signifiante entre le *long* et le [*normal*], même si ce terme n'est pas attesté [1], car il faut donner, ici comme ailleurs, précellence aux nécessités internes du système sur celles de la langue. De la même façon, on admettra qu'un même vocable puisse appartenir tantôt à un variant, tantôt à un autre, dans la mesure où les jeux d'opposition du système ne recouvrent pas forcément les contraires de la langue : *large* peut renvoyer ici à une dimension plane (variant de largeur : un *large* nœud) et là à une dimension volumineuse (variant de volume : jupe *large*) ; cela dépend, en fait, de la nature du support. Enfin, puisque c'est toujours le sens vestimentaire (et non le sens linguistique) qui détermine les oppositions signifiantes, il faut admettre que chaque terme du variant puisse éventuellement comporter des expressions terminologiques différentes : *en relief*, *gonflé*, *tuyauté*, sont, par exemple, des variations insignifiantes du même terme signifiant : le [*saillant*] ; il ne s'agit pas à proprement parler de synonymes (c'est une notion purement linguistique), mais de vocables qu'aucune variation de sens vestimentaire ne vient distinguer ; s'ils varient cependant terminologiquement, c'est selon le sup-

1. Au cours de l'inventaire des variants, on notera le *normal* par : [....].

port auquel ils sont affectés : *granulé* et *plaqué* n'ont évidemment pas le même sens, mais comme ils sont tous deux, avec [*saillant*] dans un même rapport d'opposition à *creux*, ils font partie du même terme paradigmatique ; ils changent seulement de valeur linguistique selon qu'ils affectent le support-tissu ou le support-poches. On donnera donc horizontalement, pour chaque variant, le paradigme principal (autant que possible sous forme d'opposition structurée), et pour chaque terme du paradigme, en colonne, ses variations insignifiantes :

étroit /	normal /	large
fin mince		

L'épreuve d'incompatibilité syntagmatique, permet de dégager trente variants[1]. On aurait pu présenter ces variants dans l'ordre alphabétique, comme on a fait pour les genres. On a préféré – provisoirement du moins[2] – les grouper selon un ordre rationnel (mais non pas encore directement structural), de façon à pouvoir formuler quelques remarques communes à certains d'entre eux. On trouvera donc ici les trente variants répartis en huit groupes : *Identité*, *Configuration*, *Matière*, *Mesure*, *Continuité*, *Position*, *Distribution*, *Connexion*. Les variants des cinq premiers groupes (soit les variants I à XX) affectent leurs supports d'une façon en quelque sorte attributive, déterminant un trait d'être *(robe longue, blouse légère, tunique fendue)* : ce seront les variants d'être (chap. 9). Dans les trois derniers groupes (variants XXI à XXX), chaque variant implique une certaine situation du support en relation avec un champ ou avec d'autres supports *(deux colliers, robe boutonnée à droite, blouse rentrant dans la jupe)* : ce seront les variants de relation (chap. 10). Bien que les paradigmes de variants qui seront main-

1. Il existe un variant supplémentaire ou variant des variants, car il ne modifie jamais qu'un autre variant (et non un genre) : c'est un variant de degré (intensité ou intégrité), dont on traitera chap. 10, 10.

2. Cf. *infra*, 12, 12.

tenant présentés aient été établis selon une voie purement formelle, par recours à l'épreuve d'incompatibilité syntagmatique, on ne s'interdira pas de les commenter brièvement du point de vue de la substance, c'est-à-dire de justifier chaque variant, au-delà de sa valeur systématique, par des facteurs morphologiques, historiques, psychologiques, de façon à montrer les rapports d'un système sémiologique et du « monde ».

II. Variants d'identité

9.2. Variant d'assertion d'espèce (I).

Un vêtement peut signifier parce qu'il est nommé : c'est *l'assertion d'espèce* ; parce qu'il est porté : c'est *l'assertion d'existence* ; parce qu'il est vrai (ou faux) : c'est *l'artifice* ; parce qu'il est accentué : c'est *la marque*. Ces quatre variants ont ceci de commun, qu'ils font de l'identité du vêtement son sens même. Le premier de ces variants est *l'assertion d'espèce* : le principe de ce variant a déjà été énoncé [1]. On a vu que son paradigme ne pouvait être que formel : il s'agit d'un paradigme binaire, en dépit de la multiplicité des espèces, puisqu'il n'oppose jamais qu'un individu à sa classe, indépendamment de la substance dont l'énoncé remplit cette opposition ; on rappellera donc seulement que la formule du variant d'assertion d'espèce est la suivante :

a / (A – a)

9.3. Variant d'assertion d'existence (II).

Si le journal énonce : *poches à rabat*, on ne peut douter que ce soit *d'abord* (c'est-à-dire antérieurement à sa qualité d'espèce) l'existence du rabat qui donne aux poches leur « air » de Mode, c'est-à-dire leur sens : à l'inverse, dans *« robe sans ceinture* [2] »,

1. Cf. *supra*, chap. 7.

2. On peut, si l'on veut (et on l'a déjà fait ici même) développer l'expression terminologique de la présence en rétablissant le participe : *existant :*

\ poches à rabat (existant) /
O S V

c'est l'absence de ceinture qui fait signifier la robe. Le paradigme n'oppose donc pas une espèce à d'autres espèces, mais la présence d'un élément à sa carence. Ainsi, l'espèce se détermine de deux façons : en s'opposant elle-même, *in abstracto*, à d'autres espèces ; en opposant, *in vivo*, son apparition à sa carence[1]. Le variant d'existence est bien connu de la linguistique, où il équivaut à l'opposition du degré plein et du degré zéro. On structurera l'opposition de cette façon[2] :

avec /	sans
à pourvu de	délivré de pas de…

9.4. Variant d'artifice (III).

Le variant d'artifice oppose le naturel à l'artificiel selon le tableau suivant :

naturel /	artificiel
véritable vrai	faux postiche simili sophistiqué

L'histoire mythologique de ce variant serait précieuse : pendant des siècles, il semble que notre vêtement ait ignoré l'alternative même du naturel et de l'artificiel ; un historien[3] a fixé aux débuts du capitalisme la naissance du *simili* (manches postiches, devant de gilet plus précieux que le dos, etc.), peut-être sous la pression d'une nouvelle valeur sociale, le *paraître*. Mais il est difficile de savoir si la promotion de la nature comme valeur

1. Il est fatal, on y a déjà fait allusion, que d'un point de vue terminologique, il y ait interférence, parfois, entre les deux assertions : dans *veste avec ceinture*, la ceinture peut s'opposer à la martingale ou à sa propre absence.
2. Ce genre de tableau a été expliqué (cf. *supra*, 9, 1).
3. J. Quicherat, *Histoire du costume en France*, Paris, Hachette, 1875, p. 330.

vestimentaire (puisque la naissance de l'artifice a fatalement entraîné une opposition signifiante, *vrai/artificiel*, qui n'existait pas jusqu'alors) a été le fruit direct d'un changement de mentalité ou d'un progrès technique : *faire vrai* implique un certain nombre de découvertes. Quoi qu'il en soit, tant que le vrai est général, il est assimilé au *normal*, et c'est donc l'artificiel qui est surtout noté, sauf dans les cas où précisément la technique facilite une concurrence directe entre le modèle et l'imitation (vrais lainages, cousu main, etc. [1]). Cependant, la précellence du vrai tend aujourd'hui à s'affaiblir, grâce à la promotion d'une nouvelle valeur : le jeu [2]. Le jeu garantit désormais la plupart des notations d'artifice, soit qu'on lui attribue le pouvoir de varier la personnalité et de manifester ainsi sa richesse virtuelle, soit qu'il constitue un alibi pudique aux aménagements économiques du vêtement. L'artifice tend donc à s'afficher comme tel, il porte ordinairement soit sur la fonction, qui peut être postiche (un faux nœud est un nœud qui n'attache pas), soit sur le statut de la pièce, c'est-à-dire son degré d'indépendance matérielle : une pièce est souvent déclarée fausse si elle *semble* indépendante, alors qu'en fait, techniquement, elle est parasite d'une pièce principale à laquelle elle est subrepticement cousue ; le *faux ensemble* tient ainsi son artifice du fait qu'il est constitué par une seule pièce. Seul peut-être le matériau résiste à cette promotion de l'artifice ; on note parfois, c'est-à-dire qu'on loue son authenticité [3].

9.5. *Variant de marque* (IV).

Certains éléments sont propres à donner un accent, d'autres à le recevoir. Cependant la syntaxe vestimentaire n'établit pas une différence structurale entre le *soulignant* et le *souligné* au

1. Il existe des machines qui donnent l'illusion du cousu-main (*Entreprise*, n° 26, 15/4, p. 28-31).
2. Cf. *infra*, 18, 9.
3. Il n'y a presque plus d'opposition sémantique entre les tissus synthétiques (ou artificiels) et les tissus naturels, sauf peut-être encore au début, quand le nouveau tissu synthétique commence à sortir et imite une matière nouvelle (le surnyl et la peluche). Pour le reste, les tissus synthétiques, adultes, n'ont plus à rechercher la caution du « vrai ».

contraire de la langue, qui oppose la forme active et la forme passive ; l'important, pour le code vestimentaire, c'est de reconnaître qu'entre deux éléments (d'ordinaire entre l'objet et le support), *il y a de la marque*. Cette ambiguïté se voit bien dans le cas où l'objet et le support étant confondus, on dirait que c'est la substance qui se marque elle-même : dire que *la taille est (à peine) indiquée*, c'est dire que la taille produit et reçoit la marque en étant plus ou moins elle-même [1]. Le *souligné* ne s'oppose donc nullement au *soulignant* ; tous deux font partie du même terme, constitué par la présence indéterminée du phénomène de marque ; le terme adverse ne peut être que le *non-marqué* (ou le *non-marquant*), que l'on pourrait appeler le neutre : c'est un terme si normal, qu'il reste inexprimé (sauf pour la couleur). Le tableau du variant de marque est donc le suivant :

marqué - marquant /	[non-marqué - non-marquant.]
accentué-accentuant ; indiqué-indiquant ; souligné-soulignant.	neutre (couleur)

En accentuant l'être de certains genres sans rien y ajouter qu'eux-mêmes *(la taille à peine indiquée)*, la marque s'approche de l'assertion d'existence ; on peut dire qu'elle en prend la relève ; par exemple, si la carence d'un élément est physiquement impossible et si par conséquent le variant d'existence ne peut jouer, c'est la marque qui permettra à l'existence d'être signifiante ; on ne peut enlever à un vêtement ses coutures (sauf pour les bas), ce qui devrait rendre vain de noter qu'elles existent ; mais elles peuvent exister emphatiquement, sous forme de piqûres visibles, ce dont va précisément rendre compte le variant de marque. Et parce que la marque est une existence superlative, son contraire lui-même est, si l'on peut dire, haussé d'un cran ; ce n'est plus la carence, c'est l'existence simple, privée d'accent, c'est le neutre ; on verra combien le pouvoir signifiant du variant

1. \ Taille à peine indiquée /
OS (intensif) V

marqué/neutre peut être fort (sous des énoncés parfois lointains), lorsqu'il s'investit dans les espèces du genre *couleur* : car la couleur ne peut connaître d'inexistence : rien qui ne soit pourvu d'une couleur[1] : en Mode, l'incolore est donc simplement du neutre, c'est-à-dire du *non-marqué*, tandis que *coloré* est synonyme de vif, c'est-à-dire de *marqué*. On notera enfin que le variant de marque a une forte tendance rhétorique : l'accentuation est une notion esthétique, elle appartient en grande partie à la connotation : c'est, si l'on veut, parce que le vêtement est écrit que l'emphase y est uniformément possible : elle dépend de la parole du commentateur ; dans le vêtement réel, extra-linguistique, on ne peut probablement saisir que la rencontre de deux éléments ou, dans le cas de la taille marquée, la présence d'un autre variant comme l'ajustement.

III. Variants de configuration

9.6. Forme et Parole.

Dans le vêtement-image, la configuration[2] *(forme, ajustement, mouvement)* absorbe presque tout l'être du vêtement ; dans le vêtement écrit, son importance diminue au profit d'autres valeurs (l'être, la matière, la mesure, etc.) : c'est évidemment l'une des fonctions du langage, que de combattre la tyrannie de la perception visuelle et de lier le sens à d'autres modes de perception ou de sensation. Dans l'ordre des formes même, la parole fait exister des valeurs dont l'image rend compte assez mal : la première est bien plus agile que la seconde à faire signifier (on ne dit pas : à faire percevoir) des ensembles et des mouvements : le mot met à la disposition du système sémantique du vêtement sa force d'abstraction et de synthèse. Ainsi, pour la forme, la langue peut très bien n'en retenir que les principes constituants (le *droit* et le *rond*), même si la transformation de ces principes en vêtement réel est des plus complexes : car une *jupe ronde* comporte bien d'autres lignes que la courbe. De même pour

1. Cf. *infra*, 11, 12.
2. On entend ici une configuration *animée*, proche de la notion de *Gestalt*.

l'ajustement : l'esprit complexe d'un contour peut être rendu d'un mot *(moulant, bouffant)*. De même enfin pour la plus subtile des valeurs formelles, le mouvement *(une blouse basculée)* : c'est la photographie du réel qui est complexe, c'est sa version écrite qui est tout de suite significative. La langue permet en effet de fixer d'une façon précise la source du sens dans un élément fini et menu (représenté par un seul mot), dont l'action se diffuse à travers une structure complexe.

9.7. Variant de forme (V).

Le variant de forme est terminologiquement l'un des plus riches : *droit*, *rond*, *arrondi*, *fléché*, *cube*, *carré*, *boule*, *effilé*, etc. Tous ces termes peuvent entrer en opposition signifiante les uns avec les autres, et l'on ne saurait attendre de ce variant un paradigme simple. La confusion tient ici à deux circonstances, qui ne sont pas sans rapport avec le pouvoir elliptique de la langue : d'une part, il arrive que des pièces volumineuses soient qualifiées en termes de projection plane *(veste droite, manteau carré)* ; d'autre part, bien que souvent le variant de forme ne porte que sur une partie de la pièce (son bord, par exemple), c'est la pièce tout entière qui reçoit la qualification de forme : des *gants évasés* sont à vrai dire des gants dont la tige est évasée. Cependant, bien que la commutation ne permette pas de réduire à une opposition simple la douzaine de termes qui constituent le variant de forme, puisque chaque terme peut s'opposer aux autres, le paradigme a de toute évidence une certaine structure rationnelle ; il est composé d'une opposition-mère, qui rappelle un très vieux couple héraclitéen : celle du *Droit* et du *Courbe* ; chacun de ces deux pôles se monnaye à son tour en termes subséquents, selon que l'on fait intervenir deux critères accessoires : d'abord un critère de parallélisme – ou de divergence – des lignes engagées dans la forme principale : le *droit* donne ainsi naissance au *carré*, à l'*effilé* (ou *pointu*, ou *fléché*) et au *biseauté* ; le *courbe*, au *rond*, à l'*évasé* et à l'*ovale* ; ensuite un critère géométrique, la forme étant considérée tantôt comme plane, tantôt comme volumineuse ; le *droit* fournit alors le *carré* (plan) et le *cube* (volumineux) ; le *courbe* fournit la *boule*, et le *cloché*[1]. On obtient ainsi le paradigme suivant, étant entendu que chacun de ses traits peut s'opposer aux autres :

droit	/	courbe
carré/effilé/biseauté/rond/évasé/ovale		
carré/cube	/	boule/cloché

9.8. Variant d'ajustement (VI).

Le variant d'ajustement a pour fonction de faire signifier le degré d'adhésion du vêtement au corps ; il renvoie donc au sentiment d'une distance ; il est très proche d'un autre variant, le volume ; mais alors que dans le volume, comme on le verra, cette distance est appréciée, si l'on peut dire, au niveau de sa surface externe et par rapport à l'espace général qui entoure le vêtement (*un gros manteau* est un manteau qui prend de la place), dans l'ajustement, au contraire, la même distance est évaluée par rapport au corps ; le corps est ici le noyau dont le variant exprime la pression plus ou moins contraignante *(un manteau vague)* ; on pourrait dire que dans le variant de volume, la distance de référence est ouverte (sur l'espace environnant), et que dans le variant d'ajustement, elle est fermée (sur le corps) ; ce qui compte dans le premier, c'est la mesure d'une globalité ; dans le second, c'est le sentiment d'une plasticité. L'ajustement peut d'ailleurs rencontrer, à titre implicite, d'autres variants : la mobilité dans le cas du *flottant* : une pièce peut se libérer du corps au point de paraître s'en détacher (un pan, une écharpe) ; la rigidité[2], dans le cas du *bouffant*[3]. Le corps n'est pas le seul centre de contraction de la pièce ;

1. Exemples d'associations : *Manteau cube. Manteau, col carré. – Chaussures effilées. – Cravate, talon biseauté. – Col rond. – Manteau, jupe boule. – Jupe évasée. – Pantalon fuselé. – Encolure ovale. – Jupe cloche. – Rabat (de la poche) circonflexe.*

2. Variant de souplesse (IX).

3. Évidemment, une distance réelle du vêtement au corps est impossible en tous points : il faut que le vêtement prenne appui quelque part ; mais que l'on pense à certains costumes historiques, bouffant de presque partout (notamment le costume élisabéthain, cf. N. Truman, *Historic Costuming*, London, Sir Isaac Pitman and Sons, 10e éd., 1956, p. 143).

parfois, c'est l'élément qui est lui-même sa propre référence : ainsi d'un *nœud serré* ou d'un *nœud lâche*. Il s'agit donc d'un mouvement général de constriction ou de dilatation. L'unité finale du variant est en somme au niveau de la sensation : quoique formel, l'ajustement est un variant cénesthésique : il fait la transition entre la forme et la matière ; son principe est l'alternance significative du serré et du lâche, de l'étouffement et du *relax* : ce serait donc, du point de vue d'une psychologie (ou d'une psychanalyse) du vêtement, l'un des variants les plus riches [1]. Puisque le variant repose sur le sentiment d'une distance, il est normal que l'échelle de ses variations soit intensive, même si, selon la règle terminologique, l'expression en reste discontinue ; on aura donc deux états (mais non deux êtres) signifiants : le *serré* et le *lâche*, dont les variations terminologiques peuvent être en apparence fort éloignées, selon qu'il s'agit du rapport de la pièce au corps *(ajusté)*, ou du rapport de la pièce à elle-même *(serré)*. À chacun de ces deux termes, il faut ajouter (au moins à titre de réserve) un superlatif : le *collant* pour l'ajusté et le *bouffant* pour le dégagé (sous l'influence, ici, du variant de souplesse). Toutefois, si la pièce, par son espèce même, comporte un certain ajustement, la langue ne notera évidemment que le terme excentrique ; le premier terme, correspondant à un état normal, restera implicite : une blouse ne peut s'ajuster sans sortir de son espèce ; elle ne peut donc être que *normale* ou *flottante*. Voici donc le tableau du variant d'ajustement :

collant /	serré /	lâche /	bouffant
moulant	ajusté cintré en forme galbé strict [2]	ample dégagé flottant large mou nonchalant vague	

1. L'ajustement se prête facilement à un commentaire psychanalytique ; Flügel l'a tenté en esquissant une typologie caractérielle fondée sur le degré de constriction du vêtement, considéré à la fois comme protection et comme prison (*The Psychology of Clothes*, London, The Hogarth Press, 3rd ed., 1950).

2. *Strict* est un terme mixte, à cheval sur le niveau terminologique et le niveau rhétorique, comme *petit* (cf. 4, 3 et 17, 3).

9.9. Variant de mouvement (VII).

On a déjà indiqué que le variant de mouvement avait à charge d'animer la généralité du vêtement. La ligne vestimentaire est vectorielle, mais sa direction lui est communément inspirée par la stature du corps humain, qui est verticale ; ce sont donc les termes d'un autre variant *(haut/bas)* qui sont investis dans l'opposition principale du variant de mouvement : *montant/tombant*[1] ; sans doute, un *sweater montant* est-il une pièce à encolure haute ; il n'empêche que du point de vue de l'ensemble, le terme est bien de mouvement : techniquement, la montée du col s'opère à partir de la pièce ; linguistiquement (c'est-à-dire métaphoriquement), c'est la pièce entière qui est en quelque sorte aspirée vers le haut. De même pour des *gants montants* : ils n'ont rien de plus qu'une tige longue ; mais sémantiquement, ce qui les définit (c'est-à-dire les oppose à d'autres types de gants), c'est qu'ils semblent monter le long du bras. Dans tous ces cas, il y a report d'un caractère réel de l'empiècement à l'allure générale de la pièce ; c'est pourquoi ce variant n'est pas éloigné d'un certain état rhétorique : il doit beaucoup à la nature même du vêtement écrit. Les deux pôles de l'opposition sont donc constitués par *montant* et *descendant*, termes auxquels il faut joindre leurs variétés métaphoriques *(envol, plongeant, penché)*, dont l'emploi dépend du support. La combinaison du *montant* et du *descendant* dans un seul mouvement donne un terme mixte ou complexe, le *basculé* ; le *basculé* implique l'existence de deux surfaces corrélatives, et par conséquent une nouvelle orientation parasite : *en avant/en arrière*[2] ; c'est cette même nuance que l'on peut retrouver parfois dans le *projeté* et le *fuyant* ; mais comme ici il n'y a plus de trace de haut et de bas, on peut considérer le

1. Cf. *infra*, 10, 1. *Retombant* est proche de *baissé* (variant de flexion), mais ne peut se confondre avec lui, car *baissé* implique l'idée d'un bord ou d'un rabat fléchi.

2. *Basculé* se décompose en : *montant en avant + plongeant en arrière*. On remarquera que le mouvement inverse *(montant en arrière + plongeant en avant)* est considéré comme profondément inesthétique (donc jamais noté) : c'est la silhouette de Polichinelle.

projeté et le *fuyant* comme une catégorie neutre, par rapport aux pôles principaux, puisqu'ils ne participent explicitement ni au *montant*, ni au *tombant*. On voit que l'armature différentielle du variant est constituée en fait par l'orientation, non par le mouvement, qui, lui, est présent dans tous les termes de l'opposition ; sinon, le terme zéro *(sans mouvement)* serait quelque chose comme *étale*, qui n'est évidemment pas attesté. Une preuve que le mouvement est une valeur de droit, c'est que son absence n'est pas euphémique, elle ne peut être notée ; ce sont les modes du mouvement qui reçoivent tout le relief sémantique : c'est pourquoi on ne peut éviter de le constituer en variant autonome, indépendamment des variants de position ou éventuellement de mesure *(gant montant = gant long)*, qui contribuent si fortement à le structurer. Voici le tableau paradigmatique du variant de mouvement :

1	2	mixte	neutre
Montant /	Descendant /	Basculé /	Projeté
envol	penché plongeant retombant tombant		fuyant

IV. Variants de matière

9.10. Cénesthésie.

Voici un groupe de variants dont la fonction est de faire signifier certains états du matériau : son poids, sa souplesse, le relief de sa surface et sa transparence. On pourrait dire que, sauf la transparence, ce sont des variants tactiles ; mais de toutes manières, il vaut mieux refuser de soumettre le sentiment du vêtement à un sens particulier ; lorsqu'il est pesant, opaque, rigide, ou lisse (du moins lorsqu'on note ces traits), le vêtement participe à cet ordre de sensations centrales du corps humain, que l'on appelle la cénesthésie : les variants de matière (et c'est là leur unité) sont des variants cénesthésiques, et par là même, de tous les variants, ce sont sans doute ceux qui approchent le plus d'une « poétique » du vêtement ; à vrai dire, d'ailleurs, aucun n'est littéral : ni le poids ni la transparence d'une étoffe ne peuvent se réduire à des propriétés isolées : la transparence est aussi légèreté, la pesanteur est aussi raideur [1] ; la cénesthésie se ramène au fond à l'opposition du *à l'aise* et du *mal à l'aise* [2] ; ce sont en effet les deux grandes valeurs du vêtement, soit que, comme autrefois, on signifie le *lourd* en l'associant à l'autorité, soit que l'on donne, comme aujourd'hui, un privilège général au confort, et par conséquent à la légèreté ; c'est ce privilège qui explique qu'aujourd'hui le *lourd*, étant néfaste, est rarement noté ; ou encore que le *transparent*, étant euphorique, se détache comme une sensation précieuse loin de son contraire, l'opaque, qui n'est jamais écrit, puisqu'il est normal : le jeu des oppositions est donc ici quelque peu troublé par un système implicite de tabous sensuels (d'ailleurs historiques). Ces variants de matière ne devraient en principe concerner que les tissus, les fibres, les bois, les pierres et les métaux dont sont faits le vêtement et ses accessoires ; bref, ils ne devraient s'appliquer logiquement qu'au genre Matériau ; mais ce serait là un point de vue technologique, et non sémantique ; car il est constant que le vêtement écrit reporte, par synecdoque, la nature du matériau sur la pièce ou (moins souvent) sur l'empiècement : une *blouse légère*, c'est une blouse en tissu léger, un *manteau ajouré*, c'est un manteau tissé au crochet ; mais comme la règle terminologique impose de prendre autant que possible à la lettre ce que dit le journal (à moins que les substitutions terminologiques soient insignifiantes du point de vue du code vestimentaire), il faut considérer que les variants de matière s'appliquent à la plupart des genres, sans se soucier de réduire la pièce à son matériau. On pourrait être tenté de mettre en contradiction la faculté (qu'on s'est donnée) de réduire une *robe en toile* à une *robe en (tissu de) toile* et l'impossibilité (que l'on s'impose) de réduire un *manteau lourd* à un *manteau en tissu*

1. On pourrait grouper ces notions en réseaux thématiques selon la méthode d'analyse de la critique littéraire.

2. Opposition que l'on a déjà repérée dans le variant d'ajustement.

lourd ; mais la toile est une espèce du genre Matériau, et la lourdeur, si elle était espèce, ne le serait jamais que du genre Poids : la toile existe par un rapport d'exclusion, la lourdeur par un rapport de contrariété *(≠ léger)*. D'ailleurs, d'autres éléments peuvent concourir à la « légèreté » d'une blouse (sa coupe, ses plis, etc.), dès lors que l'on reconnaît que, grâce au langage, la pondération du vêtement est un fait plus « poétique » que moléculaire : le poids se prête en effet très bien à cette confusion du matériau et de la pièce ; pour le relief, au contraire la confusion est difficile : ce variant se détache très mal du matériau qu'il modifie ; la langue répugne à le reporter sur des pièces ou des accessoires : le tissu d'un manteau peut être rugueux, sans que ce caractère puisse être reporté terminologiquement sur la pièce : d'où la rareté de ce variant ; ce n'est donc pas la réalité (il y a beaucoup de tissus granuleux ou non lisses) qui détermine absolument le rendement d'un variant [1], c'est, une fois de plus, le pouvoir dont dispose la langue de découper cette réalité.

9.11. Variant de poids (VIII).

Les techniciens de la Mode savent bien que rien ne définit mieux un tissu que son poids physique ; on verra plus tard de la même manière que le variant qui permet, à titre implicite, de répartir les espèces innombrables de matériaux en deux grands groupes signifiants est précisément le variant de poids [2] ; sémantiquement (et non plus physiquement) c'est donc aussi le poids qui définit le mieux le matériau. Le vêtement semble retrouver ici le très vieux couple du Parménide, celui de la chose légère, qui est du côté de la Mémoire, de la Voix, du Vivant, et de la chose dense, qui est du côté du Sombre, de l'Oubli, du Froid ; car le pesant est une sensation totale [3] ; la ter-

1. On appellera *rendement* d'un variant (cf. *infra*, 12, 11) la faculté que possède ce variant de s'unir à un nombre évidemment variable de genres.

2. Cf. *infra*, 11, 11.

3. Le pesant peut être renforcé ou diffusé par des variants auxiliaires : un vêtement à la base large est plus lourd qu'un vêtement effilé ; les plis larges pèsent davantage, etc.

minologie le montre bien, qui assimile le *sec* (et parfois même le *fin*) au léger, et l'*épais* (le *gros*) au *lourd*[1] ; peut-être saisit-on ici la réalité la plus poétique du vêtement : comme substitut du corps, le vêtement, par son poids, participe aux rêves fondamentaux de l'homme, au ciel et à la caverne, à la vie sublime et à l'ensevelissement, à l'envol et au sommeil : c'est par son poids que le vêtement se fait aile ou linceul, séduction ou autorité ; les vêtements de cérémonie (et surtout les vêtements charismatiques) sont lourds : l'autorité est un thème d'immobilité, de mort ; les vêtements qui fêtent le mariage, la naissance, la vie sont vaporeux et légers. La structure du variant est polaire *(lourd/léger)*. Mais on sait que la Mode note seulement (c'est-à-dire fait signifier) les traits euphoriques ; il suffit donc que joint à tel support, un terme soit néfaste (par exemple : *la lourdeur des bas*), pour qu'il soit disqualifié et disparaisse de l'opposition ; le terme heureux n'en subsiste pas moins (*léger*, par exemple), mais s'il est notable (c'est-à-dire signifiant), c'est par rapport à un terme implicite, qui est le *normal* : une blouse normale n'est ni lourde ni légère : lourde, elle serait importune ; mais sa légèreté peut être notée contre la neutralité des blouses ordinaires. À vrai dire, c'est autourd'hui la légèreté qui est le plus souvent euphorique, en sorte que l'opposition constante de ce variant est : [*normal*]/*léger*[2] ; *lourd* n'est pourtant pas péjoratif, chaque fois que la fonction protectrice ou cérémonielle de la pièce est suffisamment admise pour justifier une thématique du compact et de l'épais (châle, manteau), ou chaque fois (mais c'est très rare) que la Mode cherche à glorifier un style ténébreux (collier, bracelet, voilette). Voici le tableau de ce variant :

1. *Gros* et *épais* sont communément des termes de mesure ; ils renvoient cependant au poids, si le genre ne peut s'offrir au variant de volume.

2. Ce déplacement du *lourd* vers le *léger* est corroboré par l'évolution du vêtement réel ; la vente des manteaux est en baisse au profit de vêtements plus légers (imperméables, gabardines), peut-être en raison de l'urbanisation de la population et du développement de l'automobile (cf. *Consommation*, 1961, n° 2, p. 49).

lourd / [normal] / léger		
épais gros		fin sec

9.12. Variant de souplesse (IX).

La langue ne dispose que d'un terme partial *(souplesse)* pour coiffer deux contraires *(souple/raide)*, mais il faut évidemment entendre par *souplesse* une qualité générale qui permet au vêtement de tenir plus ou moins bien. La souplesse implique une certaine consistance, ni trop forte, ni trop faible : les objets rigides par nature (les clips par exemple) et les éléments trop mous ou entièrement parasites d'une autre pièce ne peuvent recevoir le variant. Comme le poids, la souplesse est essentiellement un variant de matériau, mais ici comme là, il y a report constant de la variation sur l'ensemble de la pièce. Comme pour le poids également, l'opposition est en principe polaire *(souple/raide)* ; mais, bien qu'autrefois le *rigide* ait été largement valorisé (dans les armatures et l'empesage[1]), c'est aujourd'hui le *souple* qui recueille presque toutes les notations : *raide* ne s'avoue que pour certaines espèces de tissus *(taffetas rigides)*, et *empesé* est presque défectif (même dans le vêtement masculin) ; dans la plupart des cas où *souple* est seulement noté, l'opposition se trouve décalée d'un cran et joue entre le *souple* et le *moins souple* ; il faut donc la compléter par un terme implicite, qui est le *normal*, comme le montre le tableau du variant, qui a de grandes analogies avec celui du poids.

souple / normal / raide		
lâche		empesé rigide

1. Flügel (*Psychology of Clothes*, p. 76) a proposé une interprétation psychanalytique de l'*empesé*, en en faisant un symbole phallique.

9.13. Variant de relief (X).

Le variant de relief est d'un emploi très réduit, car il ne concerne que les accidents dont la surface du support peut être affectée[1] : c'est vraiment un variant du matériau : terminologiquement, il s'en détache mal ; la langue ne le reporte pas volontiers sur les pièces, à peine sur quelques empiècements *(bords, cols)*. Ses termes ne peuvent se comprendre que situés par rapport à une surface moyenne (celle de l'étoffe), à partir de laquelle on note les dénivellations (creux ou bosses).

1	2	neutre	mixte
(saillant) /	creux /	lisse /	cabossé
cloqué [convexe] gaufré gonflé granulé plaqué en relief renflé soulevé tuyauté	[concave]	plat	

Ce variant fait signifier tout ce qui rend concave ou convexe la ligne du tissu (mais non la ligne du corps, dont les contours dépendent du variant d'ajustement) ; c'est ce qui autorise à considérer que des *poches plaquées*, par exemple, relèvent du terme saillant : ce sont des poches rapportées, elles se détachent de la pièce. Quoique rare, ce variant présente une structure complète : deux termes polaires *(saillant/creux)* ; un terme mixte

1. Cela ne veut pas dire qu'il ne soit pas psychologiquement important. Une enquête de Lazarsfeld a montré que les personnes à revenus faibles préféraient les tissus lisses (en même temps que les chocolats et les parfums forts), et les personnes à revenus plus élevés, les tissus « irréguliers » (en même temps que les substances amères et les parfums légers) (P. F. Lazarsfeld : « The psychological aspect of market research », *Harvard Business Review*, 13, 1934, p. 54-57).

(saillant et creux) : c'est le *cabossé (un petit chapeau cabossé)*, qui n'est pas péjoratif, puisqu'il est noté, à titre de détail « amusant ».

9.14. Variant de transparence (XI).

Le variant de transparence doit rend compte en principe du degré de visibilité du vêtement ; il comporte donc deux pôles : un degré plein (c'est l'*opaque*) et un degré nul, qui correspondrait à une invisibilité totale du vêtement (ce degré est évidemment irréel, puisque la nudité est tabou) ; comme le « sans couture », l'invisibilité du vêtement est un thème mythique et utopique (Le Roi Nu) ; car à partir du moment où l'on valorise le transparent, l'invisible en devient comme l'état parfait. Quoi qu'il en soit, de ces deux termes, l'*opaque* et l'*invisible*, l'un représente un état si constant qu'il n'est jamais noté, et l'autre un état impossible ; la notation ne peut donc porter que sur des degrés intermédiaires d'opacité : l'*ajouré* et le *transparent* (ou *voilant*[1]) ; entre ces deux termes, il n'y a d'ailleurs pas de différence d'intensité, mais seulement d'aspect : l'*ajour* est une visibilité discontinue (tissu ou crochet), la transparence est une invisibilité atténuée (gazes, mousselines). Tout ce qui rompt l'opacité du vêtement, soit dans son étendue, soit dans son épaisseur, relève donc du variant de transparence. En voici le tableau :

[opaque] /	ajouré /	transparent /	[invisible]
	à trous	voilant voilé	

1. Il est peut-être significatif qu'en Mode, *voilant* indique une transparence, donc une visibilité (même atténuée), tandis que psychiquement, le *voilant* relève plutôt du masque (voilant = enveloppant de voiles). – Sur *voilant-voilé*, cf. *souli-gnant-souligné*, 9, 4.

V. Variants de mesure

9.15. Du défini à l'indéfini.

En Mode, l'expression terminologique de la mesure est très variée : *long*, *court*, *large*, *étroit*, *ample*, *vaste*, *profond*, *haut*, *important*, *jusqu'aux genoux*, *3/4*, *7/8*, etc. : toutes ces expressions paraissent souvent d'un emploi confus ; on y retrouve sans doute en gros les trois dimensions fondamentales de l'espace (longueur, largeur, volume), mais certains termes ne s'y rangent pas facilement *(important, grand)*, et d'autres font manifestement double emploi (*étroit* peut concerner la largeur ou le volume). Les raisons de cette confusion sont de trois sortes ; d'abord il est constant (on l'a déjà vu à propos d'autres variants) que l'énoncé reporte terminologiquement la dimension d'un empiècement sur la pièce entière : *un grand chapeau* est en réalité un chapeau à larges bords ; ensuite dans cet objet complexe qu'est le vêtement, la Mode note moins les composantes réelles que les impressions dominantes : bien que *large* ne puisse en principe concerner la mesure d'un volume, la Mode dira très bien de *larges manches*, parce qu'elle préfère apprécier l'apparence plane de la pièce ; enfin, en se confiant à la langue, la Mode est obligée d'essentialiser des mesures (le « long », le « large »), qui, en fait, sont toutes relatives [1], et dont le caractère fonctionnel pourrait être systématisé seulement par une analyse de type structural [2]; le système des trois dimensions ne peut avoir en effet quelque consistance, quelque stabilité et par conséquent quelque clarté, que s'il s'établit dans un champ homogène et constant (un objet, un paysage, par exemple) ; or la Mode mêle souvent sans prévenir deux champs : celui du corps humain et celui de la pièce elle-même : on aura donc une coiffure *haute* (parce qu'il s'agit du corps) et un collier *long* (parce

1. Littré dit : « Si l'on considère les trois dimensions d'un corps, la longueur est toujours la plus grande, la largeur est ordinairement la moyenne et l'épaisseur la plus petite. »

2. Analyse analogue à celle qu'on a pu faire du système relationnel des déictiques (H. Frei, « Système des déictiques », *Acta Linguistica*, IV, 3, 116).

qu'il s'agit de la pièce). Tout cela fait que, si les notions traditionnelles de mesure (longueur, largeur, volume) sont bien présentes dans le système de la Mode, elles doivent y avoir un ordre propre, qui ne peut être celui de la simple géométrie. Chaque variant de mesure semble en effet livrer une double information : la mesure d'une dimension physique (longueur, largeur, épaisseur), mais aussi le degré de précision de cette dimension. Le variant naturellement le plus précis est la *longueur (long/court)* : le corps humain étant longiforme, d'une part les pièces qui le couvrent peuvent varier de longueur très facilement et très clairement ; et d'autre part, il y a une telle disproportion entre la longueur du corps (ou hauteur) et les autres dimensions, que la longueur du vêtement ne peut prêter à aucune ambiguïté : la *longueur* se détache donc des autres variants de mesure par sa précision et son indépendance [1]. La *largeur* et le *volume* sont des variants bien plus imprécis ; sans doute lorsque la *largeur (large/étroit)* concerne des pièces planes par nature *(un devant)*, son application est précise ; mais ces cas ne sont pas très nombreux ; et lorsque la pièce est plane par projection *(une jupe large)*, la largeur tend à se confondre avec le volume ; le *volume* lui-même *(volumineux/mince)* est une notion précise lorsqu'il s'agit de pièces nettement sphéroïdales (une calotte) ; mais, en fait, très souvent, ce dont la Mode a besoin, ce n'est pas tant de mesurer exactement la largeur ou l'épaisseur d'un élément, c'est d'apprécier une certaine globalité, une certaine « importance » de la pièce, son ampleur à la fois transversale et latitudinale, face à sa longueur ; certes, il est nécessaire de distinguer un variant de largeur et un variant de volume, car il existe des éléments planes et des éléments sphéroïdaux ; mais aussi ces deux variants forment comme le pôle imprécis d'une opposition dont la longueur serait le pôle précis ; opposition elle-même coiffée par un terme générique de mesure, la *grandeur (grand/petit)*, qui fonctionne comme

1. La verticalité de l'homme commande sa perception et ce qu'on pourrait appeler sa sensibilité visuelle (G. Friedmann : « La civilisation technicienne et son nouveau milieu », in *Mélanges Alexandre Koyré*, Hermann, 1942, p. 176-195).

l'indéfini des trois premiers variants, soit qu'il se substitue à l'un d'eux, soit qu'il les résume tous. Les quatre variants de mesure s'ordonnent donc selon une hiérarchie de fonctions :

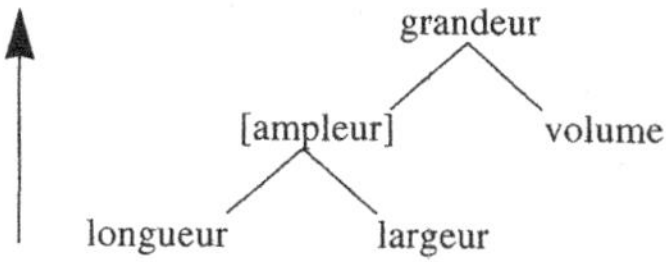

À chaque niveau, la mesure se fait plus imprécise, l'appréciation plus arbitraire ; la *longueur* est certainement la mesure la plus objective ; elle seule d'ailleurs reçoit une notation centimétrique *(jupe à 40 cm du sol)* ; la *largeur* et le *volume*, au contraire, échangent volontiers leurs termes *(de larges manches)* ; toutes trois se retrouvent enfin dans une dernière généralité, celle de la grandeur. Ces quatre variants ont la même structure. L'opposition comporte deux termes polaires et un terme neutre [*normal*] ; le terme neutre a ici moins d'importance que dans les variants de matière, car la mesure rencontre moins de tabous : *grand* est moins souvent disqualifié que *lourd*. Le neutre est cependant, ici encore, nécessaire : *un cardigan long* ne s'oppose pas à *un cardigan court*. Bien que la langue ne puisse donner une opposition que sous un état discontinu, il va de soi que la différence des termes est en fait progressive : 1/3, 1/2, 2/3, 3/4, etc. : chacun des deux pôles *(long/court, large/étroit, gros/mince, grand/petit)* représente beaucoup moins un état absolu que le terme imprécis d'un mouvement ; ce que la Mode oppose, c'est un pôle de réduction (ce qui est bien sensible dans un terme comme *raccourci* [1]) et un pôle d'expansion ; cette opposition intensive du *plus* et du *moins*, du majeur et du mineur, c'est le contraire même de l'alternative absolue que l'on a rencontrée dans les variants d'identité *(oui ou non)*. Seulement, cette structure progressive, lorsque le journal la parle, devient très facilement une structure figée : tout se passe, ou du moins se dit comme s'il y avait une essence du *long* et une

1. *Raccourci* implique une double relativité : par rapport à une norme physique et par rapport au passé.

essence du *court* : la plus mobile des définitions, la mesure, tend à s'absorber dans la plus passive des notations, qui est l'assertion : ce qui se voit bien lorsque la plus relative des mesures, la proportion (3/4), fonde finalement une espèce absolue *(un trois-quarts)*.

9.16. Variant de longueur (XII).

La longueur est le plus précis des variants de mesure ; c'est aussi le plus usuel ; cela tient sans doute à ce que, pris dans sa verticalité, le corps humain n'est pas symétrique (les jambes diffèrent de la tête) [1] ; la longueur n'est donc pas une mesure inerte, elle semble participer à la diversité longitudinale du corps ; d'autre part, comme le vêtement doit s'appuyer, pour tenir, sur certains paliers du corps (chevilles, hanches, épaules, tête), ses lignes sont vectorisées, ce sont des forces (il est certain que les costumes latitudinaux, ceux de la Renaissance espagnole, par exemple, sont beaucoup plus inertes, « morts », que le vêtement moderne) ; parmi ces forces, certaines semblent partir des hanches et des épaules vers le bas : le vêtement *tombe*, les pièces sont *longues* ; certaines autres semblent au contraire monter à partir des chevilles ou de la tête : les pièces sont *hautes* ; il s'agit bien entendu de la même mesure longitudinale, mais la différence de terminologie atteste bien l'existence de véritables forces vestimentaires ; et selon le mode de répétition de ces forces, le vêtement peut changer de type fondamental ; ainsi dans notre costume féminin, il y a deux vecteurs ascendants (pièces *hautes* prenant appui sur la tête et les pieds : coiffure haute, bas montants) et deux vecteurs descendants (pièces *longues* prenant appui sur les épaules et les hanches : manteau, jupe) ; ces quatre vecteurs sont noués comme les rimes embrassées d'une strophe ; mais on peut imaginer d'autres « rimes » et d'autres « strophes » : rimes plates dans le vêtement féminin oriental (voile et robe *tombant* dans le même sens), rimes croisées dans

1. *« Symétrie... fondée sur la figure de l'homme, d'où il arrive qu'on ne veut la symétrie qu'en largeur, non en hauteur ou profondeur »* (Pascal, *Pensées*, I, 28).

l'ancien vêtement masculin oriental (coiffure *haute* et robe *tombante*) :

Tête	a ↗	a ↘	a ↗	a ↘
Épaules	b ↘	a ↘	b ↘	a ↘
Hanches	b ↘			a ↘
Chevilles	a ↗			
	Vêt. fém. moderne	Vêt. fém. oriental	Vêt. masc. oriental	Vêt. fém. Angleterre XIIIe siècle, etc.

Chaque système obéit à un rythme particulier d'cnvol et de pesée ; notre système tend évidemment à la neutralité, et il ne semble pas près de changer, puisque, pour qu'il y ait révolution notable du type, il faudrait ou bien que la coiffure devienne tombante (voile) ou que les chevilles soient de nouveau couvertes. Tout ceci atteste bien que la mesure longitudinale, qu'on l'appelle longueur ou hauteur, selon le point d'appui et la zone de développement, a une grande importance structurale ; c'est d'ailleurs dans les variations de longueur que la Mode cherche ses renouvellements les plus spectaculaires, et c'est la longueur « animée » (style « élancé ») qui définit le corps canonique du mannequin de Mode. Le variant de longueur comporte quatre modes d'expression. Le premier (le plus fréquent) consiste à essentialiser la dimension sous forme d'un adjectif pur *(long/court)* ; c'est ce que l'on pourrait appeler la longueur absolue (en fait, cette longueur est relative, elle implique un repère, qui est le point d'appui de la pièce). Dans le second mode d'expression, la relativité est explicite, elle passe dans la langue : c'est la longueur proportionnelle (3/4, 7/8) ; en principe, il s'agit d'un variant de connexion, puisque la mesure unit deux éléments (une jupe et une veste, par exemple), en notant de combien proportionnellement l'un dépasse l'autre ; mais ici encore, la proportion est très vite essentialisée ; verbalement, elle ne définit que la pièce dont la variation est signifiante ; du point de vue de la matrice OSV, le variant reste simple, la langue ne garde pas trace de son caractère connectif : *un manteau 7/8* constitue une matrice complète, dans laquelle la relativité de la longueur est absorbée dans l'absolu du terme et tend même à l'espèce (un *trois-quarts*[1]). Dans les deux derniers modes d'expression, plus rares, la longueur est notée par rapport à un repère explicite ; ce repère peut être une limite ; l'élément terminologique est alors : *jusqu'à...* ou ses synonymes : *juste au-dessus de*, *(incliné) sur*, *montant à...* etc. ; le repère lui-même est anatomique (genou, front, nuque, chevilles, hanches, etc), ce pour quoi on ne peut le compter pour un support : il reste formellement inclus dans le variant, dont il constitue simplement un élément terminologique. Ce repère peut être aussi une base *(à partir de...)* : c'est alors, d'une façon constante, le sol, et la longueur se note en centimètres *(jupe à 50 cm du sol)* ; cette notation centimétrique procède d'un rêve de précision scientifique ; sémantiquement, elle est d'autant plus illusoire que pour une même saison, la norme peut varier d'un couturier à l'autre[2], ce qui est sortir de l'institution pour entrer dans un ordre qui est intermédiaire aux faits de vêtement et aux faits d'habillement, et que l'on pourrait appeler « le style » de la Couture, puisque ici chaque mesure renvoie à chaque couturier comme à un signifié ; mais d'un point de vue systématique, la fonction des variations centimétriques est tout simplement d'opposer d'une année à l'autre le *plus long* au *plus court*. Ce variant d'expression complexe peut être résumé de la façon suivante :

<table>
<tr><td rowspan="2">Longueur absolue</td><td colspan="3">long / [normal] / court</td></tr>
<tr><td>haut
profond</td><td></td><td>bas
petit</td></tr>
<tr><td>Longueur proportionnelle</td><td colspan="3">1/3 1/2 2/3 3/4 7/8 etc.</td></tr>
<tr><td>Limite (jusqu'à...)</td><td colspan="3">hanches / taille / poitrine / genou / mollet / cheville / épaules / nuque</td></tr>
<tr><td>Base (à partir de...)</td><td colspan="3">36 cm / 38 cm / 40 cm, etc. du sol.</td></tr>
</table>

1. Il y a dans le variant proportionnel la trace d'un degré zéro de la proportion : ce serait la coïncidence des deux pièces.

2. Par exemple, pour l'été 1959, longueur de la jupe au sol : Cardin, 38 cm, Patou, 40 cm, Grès, 41 cm, Dior, 53 cm.

9.17. Variant de largeur (XIII).

Dans le vêtement, la largeur est une dimension beaucoup plus inerte que la longueur ; elle n'est pas vécue comme une force : le corps humain étant symétrique en largeur (deux bras, deux jambes, etc.), le développement latitudinal du vêtement est équilibré par statut : un vêtement ne peut « s'élargir » d'un seul côté ; le genre qui se prête le mieux au déséquilibre latitudinal est la coiffure, peut-être parce que la symétrie étant un facteur d'immobilité, il est nécessaire de vivifier par son contraire la partie spirituelle du corps, qui est le visage (*chapeau*, *incliné*, *penché*, etc.). De plus, la largeur ne peut varier que dans des limites très faibles : le vêtement ne peut excéder de beaucoup la largeur du corps, du moins selon le type actuel du vêtement (il y a eu des costumes historiques à forte expansion latitudinale, comme ceux du baroque espagnol). Ce variant convient donc mal aux pièces principales, qui reçoivent du corps humain leur sens esthétique et leurs limites, et qu'on ne peut déclarer, on l'a vu, *larges* ou *étroites* que par projection d'un volume, et à condition que la pièce ait assez de « tenue » pour être projetée *(cape, manteau)*. C'est donc dans les pièces planes et longues que le variant est le plus stable. Enfin, *large*, est aux frontières du tabou esthétique, du moins dans le costume moderne, qui tient communément la minceur et la finesse pour élégantes ; on ne peut donc le noter qu'en lui faisant signifier des valeurs d'aise ou de bonne protection. Le tableau du variant de largeur est donc terminologiquement réduit :

large /	[normal] /	étroit
		fin mince

9.18. Variant de volume (XIV).

Le *volume* représente en principe la dimension transversale de l'élément, s'il dispose d'une épaisseur propre *(boutons)*, ou de la pièce, pour autant qu'elle enveloppe le corps *(manteau)*. Mais on a vu qu'en fait, ce variant servait volontiers à rendre compte d'une dimension globale, par là même beaucoup plus imprécise que la longueur et la largeur. Son terme majeur est particulièrement notable, du moins pour les pièces principales du vêtement, et lorsqu'elles ont une fonction protectrice affirmée *(ample, vaste)* ; quant au terme réduit, il rencontre aussitôt le corps lui-même et tend à l'ajustement ; en somme, pour les pièces principales, le vêtement ne peut qu'agrandir le corps en le rendant vague ; s'il veut le réduire, il ne peut que le suivre et le marquer (et c'est l'ajustement). Ces deux variants correspondent d'ailleurs, selon certaines analyses, à deux éthiques vestimentaires : l'importance du volume suppose une éthique de la personnalité et de l'autorité[1] ; celle de l'ajustement, au contraire, une éthique de l'érotisme. Le tableau du variant de volume s'établit de la façon suivante :

volumineux /	[normal] /	mince
ample gros important large vaste		(étroit) (petit)

9.19. Variant de grandeur (XV).

Le variant de *grandeur*, on l'a vu, sert à exprimer de plein droit l'indéfini de la dimension : *grand* et *petit* sont des termes passe-partout ; on peut les appliquer à n'importe quelle dimension (*un grand collier* est en fait *un collier long*) et à toutes les dimensions ensemble *(un grand sac)*, chaque fois que le journal désire se placer en quelque sorte à la pointe la plus subjective de la lecture, là où il s'agit de rendre compte d'une impression, sans se soucier de l'analyser. Que la Mode ait disposé une mesure indéfinie (il vaudrait mieux dire, peut-être : indifférente) face au système des trois mesures classiques (dont

1. Flügel, *Psychology of Clothes*.

certaines tendent déjà à la globalité), ne doit pas étonner : de la même façon, beaucoup de langues utilisent un déictique indifférent pour compléter le système de leurs déictiques spécialisés : l'allemand oppose *der* à *dieser/jener*, et le français *ce* à *ce... ci/ce... là* [1]. Structuralement, la grandeur a sans doute une position neutre ; sémantiquement, elle a presque toujours une valeur rhétorique : *géant*, *immense*, *monumental*, *audacieux*, ces variations insignifiantes du terme *grand* sont intentionnellement emphatiques (ce qui n'est pas le cas des autres variants), et le terme réduit *(petit)* a presque toujours une connotation éthique (simplc, sympathique) [2].

Voici le tableau de ce variant :

grand /	[normal] /	petit
audacieux géant immense monumental		

VI. Variants de continuité

9.20. Ruptures de continuité.

Le sens plastique d'un vêtement dépend beaucoup de la continuité de ses éléments (ou de leur discontinuité), plus encore que de sa forme. D'une part, on dirait que le vêtement reflète à sa manière profane le vieux rêve mystique du « sans couture » : puisqu'il enveloppe le corps, le miracle n'est-il pas précisément que le corps puisse y entrer sans que le vêtement laisse ensuite trace de ce passage ? Et d'autre part, dans la mesure où le vêtement est érotique, il doit se laisser ici et là désintégrer, s'absenter partiellement, jouer avec la nudité du corps. Continuité et discontinuité sont ainsi prises en charge par un ensemble de traits institutionnels : la discontinuité du vêtement ne se contente pas

1. Cf. H. Frei, article cité.
2. Cf. *supra*, 4, 3, et *infra*, 17, 3.

d'être : elle s'affiche ou s'esquive. D'où l'existence d'un groupe de variants destinés à faire signifier les ruptures ou les soudures du vêtement : ce sont les variants de continuité. Diviser (ou ne pas diviser), rejoindre (ou laisser disjoint), c'est à ces deux fonctions contradictoires et complémentaires que sont dévolus les variants de division et de clôture[1]. Le variant de mobilité, lui, rend compte de l'indépendance d'un élément, du principe qui le fait adhérer ou non à un autre élément (ce second élément restant inexprimé). De plus, ce qui a été divisé ou mobilisé peut s'attacher de diverses manières : c'est le rôle du variant de fixation que de faire signifier ces différents modes d'attache. Enfin un élément peut être matériellement continu et recevoir cependant des inflexions qui rompent sa ligne : une pièce, par exemple, peut être rabattue ou redressée : cette alternative est recueillie par le variant de flexion. L'ordre qui vient d'être donné à ces variants est intentionnel ; car si l'on met à part le dernier variant (la flexion), variant d'ailleurs assez pauvre, on voit bien que structuralement, ils se commandent les uns les autres : lacer ou boutonner une pièce (variant de fixation), cette alternative ne peut avoir de sens que si la pièce est mobile ou fermée (variante de mobilité ou de clôture) ; et l'alternative impliquée par ce dernier variant *(ouvert-fermé)* n'est elle-même possible que si l'élément est originellement divisé. Ainsi les quatre premiers variants de continuité forment entre eux une sorte de programme, au sens cybernétique du terme : chaque variant recueille en quelque sorte l'héritage du variant précédent, et ne tire sa validité que de l'alternative qui le précède. Le « dispatching » qui règle la course du sens est d'ailleurs subtil : une pièce *obligatoirement* fermée (échappant par conséquent au variant de clôture) peut cependant supporter une alternative de fixation (une pièce fendue mais toujours close peut l'être par boutonnage ou par glissière) ; un élément qui est *toujours* fendu peut être ouvert ou fermé (un manteau, par exemple). Cela veut dire qu'en dépit du réseau qu'ils

1. La langue – injuste – oblige à appeler continuité l'alternative du continu et du discontinu, division celle du divisé et du non-divisé, clôture celle de la clôture et de l'ouverture, etc.

forment, ces variants gardent leur individualité : ce qui n'a pas de sens ici (étant privé de liberté) produit pourtant un sens plus loin. On aura une idée de la vitalité de ces variants, si l'on veut bien observer le tableau du « dispatching » qui règle leurs possibilités d'apparition, en se rappelant que pour qu'un variant puisse jouer et le sens naître, il faut que l'opposition qui le constitue jouisse d'une sorte de *liberté surveillée* : la nature de certains genres exclut donc, ou permet au contraire, qu'on leur applique certains variants, ce que l'on marquera ici par *Exclu* et *Possible* [1].

division	mobilité	clôture	fixation
E { Fendu par nature *(gilet)*		P [2]	P
E { Non-fendu par nature *(Bas)*		E	E
E { Bi-polaire [3] *(Bretelle)*		P	P
P {		Fermé par nature *(chemisier)*	E
P {		Ouvert par nature *(côté de la casaque)*	E
	E *(épaules)*		E
	P *(capuchon amovible)*		P

9.21. Variant de division (XVI).

La massivité du vêtement peut être altérée principalement de deux façons : la surface d'un élément peut être fendue, séparée partiellement ou totalement en deux bords (une robe, l'empeigne d'une chaussure) ; mais aussi l'élément, sans être le moins du

1. Cf. *infra*, 12, 2.
2. P : possible – E : exclu.
3. Une pièce à deux bouts ou pans symétriques *(écharpe, ceinture)* est assimilée à une pièce fendue par nature, car elle peut être fermée, ouverte, boutonnée *(bandeau)*, nouée, etc. (cf. paragraphe suivant).

monde fendu, peut être divisé en deux régions suffisamment autonomes : c'est le cas des pièces qui comportent deux pans ou deux bouts, disposés selon une certaine symétrie ; fonctionnellement, les deux bouts d'un châle, d'un bandeau ou d'une ceinture sont la réplique des deux bords d'une fente : ils peuvent être « fermés » (croisés ou noués), ou « ouverts » (laissés libres, pendants) ; c'est pourquoi les faits de bi-polarité doivent être inclus dans le variant de division ; non pas qu'il y ait à espérer un sens de pièces « fendues » par nature (c'est le cas des pièces bi-polaires), mais parce que cette séparation insignifiante commande à des variations signifiantes de clôture et de fixation *(écharpe enroulée, bandeau noué*[1]*)*. La structure de ce variant est une alternative d'être : l'élément est fendu ou ne l'est pas ; il ne peut subir de variation d'intensité ni de complexité : le terme mixte (fendu et non-fendu), non plus que le terme neutre (ni fendu, ni non-fendu) ne sont possibles[2] : le terme normal ne peut recouvrir que l'un des deux pôles, en général le pôle négatif : ce qui est fendu s'enlève comme notable sur un fond usuel d'indivision. En voici le tableau :

fendu /	[non-fendu]
Cranté Échancré Interrompu Séparé	

9.22. *Variant de mobilité* (XVII).

La mobilité d'un élément ne peut être signifiante que si elle peut être ou n'être pas ; or les pièces sont d'habitude mobiles par statut : la pièce, c'est ce qui est indépendant[3] : elles ne peuvent

1. On voit par là que si l'ordre structural peut rencontrer l'ordre technologique, il n'en est pas esclave : la division est ici définie beaucoup plus par sa fonction structurale (elle est ce qui commande aux autres variants de continuité) que par sa substance.

2. *Partiellement fendu* relève du variant d'intégrité.

3. On a ici un nouvel exemple d'une définition structurale et non plus lexicographique, fonctionnelle et non plus substantielle, syntagmatique et non plus systématique : la pièce, ce serait ce qui, sous certaines réserves, se refuse au variant de mobilité (parce qu'étant toujours mobile).

donc recevoir le variant ; pour que le sens surgisse, il faut donc que l'élément puisse être tantôt soudé à un corps principal, tantôt libéré de ce corps ; autrement dit, il faut des éléments qui ne soient par nature ni trop indépendants, ni trop parasites : c'est d'ordinaire le cas des empiècements, notamment de la martingale, de la doublure et du col, ce peut être aussi le cas (plus rare) de pièces ordinairement mobiles, mais que l'on peut à la rigueur coudre ou incorporer à un élément principal *(berthe, pèlerine, ceinture)* : on est ici très près du postiche, et par conséquent du variant d'artifice. Naturellement, la liberté de mobilité est une liberté matérielle, ce n'est pas une liberté d'usage ou de port (assertion d'existence). Le tableau du variant de mobilité est simple, car l'opposition est alternative :

fixe /	amovible
inamovible tenant	interchangeable volant

9.23. Variant de clôture (XVIII).

La pièce divisée peut être ouverte ou fermée : c'est le variant de clôture. Il ne s'agit nullement ici de la manière dont une pièce est fermée (le mode d'attache relève du variant de fixation), mais des degrés à travers lesquels cette clôture s'accomplit : une veste croisée est une veste « mieux fermée » qu'une veste droite. On a donc affaire à un variant intensif, dont les paliers sont fondés par la langue en qualités différentes. Il va de soi qu'on ne retient ici que les degrés de clôture institutionnalisés : pour que l'*ouvert* soit signifiant, il faut que ce soit une norme (notée) du journal, et non une habitude personnelle du porteur. La clôture est en effet un fait d'habillement très riche ; mais il est alors indice d'un tempérament, ce n'est pas un signe. Pour dissocier comme il se doit la clôture de la fixation et pour bien saisir la nature progressive du variant de clôture, il faut revenir au variant générateur, qui est la division ; réelle ou implicite, la division donne l'existence à deux éléments, bords ou pans, d'ordinaire longilignes ; ce sont les degrés de rapprochement de ces deux bandes qui vont fournir les termes du variant : si les deux bandes (ou les deux bouts) ne se rejoignent pas, l'élément est ouvert (s'il s'agit de fentes) ou libre (s'il s'agit de pans) ; si elles se touchent sans se recouvrir, c'est le bord-à-bord (dont les brides et lacets sont le mode de fixation) ; le *fermé* en dépit de la généralité du terme, implique toujours, dans le vêtement, qu'un bord de la pièce recouvre un peu l'autre : le *fermé* est mieux fermé que le bord-à-bord ; si la première bande recouvre largement la seconde, le vêtement devient croisé ; enfin, si l'un des pans ou des bouts est pour ainsi dire jeté dans toute son étendue par-dessus l'autre, la pièce (manteau ou écharpe) est *enroulée*. À travers ces cinq modes principaux, la clôture devient de plus en plus forte, parce qu'il s'agit toujours d'une matière souple, que la simple contiguïté ne peut souder, puisque, dans le vêtement, le contigu risque sans cesse d'être disjoint par les mouvements du corps. À quoi il faut ajouter deux termes plus spécialisés : *droit* correspond à *fermé*, mais il ne prend son sens qu'à l'intérieur d'une opposition partielle, réservée aux pièces d'épaules, celle du *droit/croisé* ; enfin, s'appliquant aux bretelles, [*simplement fermé*] devient : *en collier*, par opposition aux bretelles croisées, qui sont, si l'on veut, mieux « fermées » que lorsqu'on les noue simplement derrière la nuque. Ces différents degrés de clôture forment (actuellement) une opposition à cinq termes :

ouvert /	bord-à-bord /	fermé /	croisé /	enroulé
libre		droit en collier		

9.24. Variant de fixation (XIX).

L'attache étant en quelque sorte préparée par les variants de division et de mobilité, et son intensité étant établie par le variant de clôture, il reste à en noter le mode : c'est la charge du variant de fixation (on aurait pu dire d'*attache*, si ce mot n'était réservé à un genre de support). La fixation peut être postulée et cependant laissée dans l'imprécision ; c'est le *posé*, *situé*, ou *placé*, terme neutre qui s'oppose à toute une série de fixations pleines et définies :

terme plein	terme neutre
… agrafé / boutonné / coulissé / cousu / à glissière / monté / noué / à pression…	/ posé
	placé situé

Le nombre des termes pleins qui entrent en opposition signifiante est nécessairement libre, puisqu'on peut toujours inventer ou reprendre un procédé de fixation qui n'a pas encore été noté. Ce variant est donc l'un des moins structurés qui soient (il ne peut se réduire à une alternative, même complexe), et l'on voit très bien pourquoi : c'est qu'en fait il touche à la variation d'espèce : le *noué* est très proche du *nœud*. La langue elle-même participe à cette ambiguïté, puisqu'elle n'emploie qu'un seul mot pour désigner l'acte d'attacher et l'objet qui sert d'agent à cet acte (le mot : *attache*) ; pourtant, il s'agit bien d'un variant véritable, dans la mesure précisément où l'on ne peut confondre un acte et un objet : l'assertion d'espèce, on l'a vu, oppose des fragments de matière *(nœud, bouton, lacets)* ; le variant de fixation oppose des modes immatériels, des états dégagés de leur support : c'est toute la différence qu'il y a entre une *glissière* et *à-glissière* ; de plus, comme genre-support, l'attache peut très bien n'avoir aucune fonction de fixation : un nœud, des boutons peuvent être postiches : *une robe avec boutons* n'est pas forcément *une robe boutonnée*. Il n'en reste pas moins que du point de vue de l'effort général de structuration dont la Mode témoigne pour la société tout entière qui l'élabore, c'est évidemment par l'espèce, ou plus exactement, par la collection *ouverte* des espèces (ou *nomenclature*)[1] que la structure se défait ; il y a

1. *Au niveau des rapports entre la langue et le réel*, la nomenclature représente une structuration forte ; mais au niveau d'un champ beaucoup plus particulier, qui est celui du vêtement écrit, la nomenclature des espèces est un facteur de structuration moindre.

conflit entre le variant et les espèces : un variant peu structuré, comme le variant de fixation, se trouve en quelque sorte envahi par les espèces.

9.25. *Variant de flexion* (XX).

La tenue d'un élément peut subsister moléculairement et pourtant s'altérer dans son orientation ; c'est ce changement que le variant de flexion doit recueillir : il s'agit de faire signifier tous les accidents qui viennent contrarier le sens originel ou « naturel » d'un élément, en le retournant ou en le coudant. On comprend que le relevé terminologique de ce variant dépende uniquement, non d'une orientation absolue, mais du mouvement tout relatif que les pièces prennent selon leur origine ou leur fonction ; il s'ensuit des contradictions apparentes entre les termes de flexion pure *(replié)* et les termes de flexion orientée *(redressé, rabattu)* ; les bords *relevés* d'un chapeau sont repliés, mais un col relevé ne l'est pas ; ces mêmes bords *rabattus* ne sont pas repliés ; un col rabattu, lui, est replié. Naturellement ce chassé-croisé terminologique n'altère en rien l'organisation réelle du variant, puisqu'il n'y a aucun rapport systématique entre les genres. On organisera donc le variant de la façon suivante : deux termes polaires, correspondant l'un à une flexion vers le bas *(rabattu)*, l'autre à une flexion vers le haut *(redressé)* ; un terme mixte valant à la fois pour la flexion supérieure et la flexion inférieure : le *replié* ; un terme neutre (ni redressé ni rabattu, c'est-à-dire *droit*), actuellement défectif, mais attesté historiquement, par exemple dans la fraise :

mixte	1	2	neutre
replié /	redressé /	rabattu /	droit
	relevé retroussé	baissé	

10. *Variants de relation*

Une marinière ouverte sur une modestie en tricot[1].

I. Variants de position

10.1. Variants de position horizontale (XXI), *verticale* (XXII), *transversale* (XXIII) *et d'orientation* (XXIV).

Les variants de position prennent en charge la situation d'un élément vestimentaire dans un champ donné ; par exemple, une fleur peut être placée à droite ou à gauche d'un corsage, un pli en haut ou en bas d'une jupe, un nœud devant ou derrière une robe ; une ligne de boutons peut être verticale ou oblique. On voit bien dans tous ces exemples, que, comme ensemble de variants, la position implique le rapport d'un élément précis et d'un espace ; l'espace ne peut être que celui-là même du corps, tel qu'il est traditionnellement orienté[2], car la pièce de référence (corsage, jupe, robe) ne fait que reproduire l'espace du corps ; on aura donc un champ horizontal, selon que l'objet peut se déplacer virtuellement sur la droite ou sur la gauche, un champ vertical, s'il peut se déplacer vers le haut ou vers le bas, et un plan transversal, s'il peut se déplacer vers l'avant ou vers l'arrière ; ces trois plans, munis chacun de leurs variations internes, correspondent aux trois premiers variants de position. Pour le dernier variant, qu'on appellera variant d'orientation,

1. \ Une marinière ouverte sur une modestie en tricot /
\ O SV /
OS1 V S2

2. Cet espace est évidemment le même que celui qui a donné naissance aux trois premiers variants de mesure (9, V).

son organisation est quelque peu différente : d'une part, il met en rapport avec l'espace de la pièce et du corps, non pas un élément ponctuel *(clip, fleur, nœud)*, comme dans les autres variants de position, mais une ligne d'éléments *(boutonnage)* ou un élément lui-même linéaire *(encolure)* ; et d'autre part, comme il n'existe pas, dans le vêtement de Mode, de ligne nommément transversale, le variant d'orientation ne mobilise que l'espace frontal du corps ; sa variation ne porte donc que sur l'opposition du vertical et de l'horizontal (*boutonnage vertical* ou *horizontal*). Ces variants ont la même structure : c'est une structure à la fois simple et bien saturée (sauf pour le variant d'orientation, dont un terme est défectif) ; il y a pour chacun d'eux deux termes polaires : *à droite/à gauche* ; *en haut/en bas* ; *en avant/en arrière* ; *horizontal/vertical* ; un terme neutre : ce qui n'est ni à droite ni à gauche est médian *(au milieu)* ; ce qui n'est ni en haut ni en bas est également médian *(à mi-hauteur)* ; ce qui n'est ni en avant ni en arrière du corps est sur le côté *(sur les côtés, sur le côté)* ; ce qui n'est ni vertical ni horizontal est *oblique* ; et enfin un terme complexe : ce qui est à la fois à droite et à gauche est des deux côtés *(en large)*[1] ; ce qui est à la fois en haut et en bas est *tout le long* de la pièce ; ce qui est à la fois devant et derrière est *tout autour* ; seul le variant d'orientation n'a pas de terme complexe. Tous ces termes sont, dans la langue, des termes de pure dénotation, sans variation terminologique notable (sauf *perché* et *incliné* pour la coiffure et *en guirlande* pour les fleurs) ; il convient de toujours leur garder leur valeur adverbiale : *par-côté*, et même *sur les côtés*, *sur le devant* (et éventuellement *dans le dos*) sont des localisations immatérielles, qu'il ne faut pas confondre avec les genres correspondants, qui, eux, sont des fragments de matière vestimentaire *(côté, devant, dos)*. On peut grouper les quatre variants de position dans le tableau suivant :

1. Il ne faut pas confondre *des deux côtés* (droite et gauche) et *sur les côtés* (par côté).

	1	2	neutre	complexe
XXI. *Position horizontale*	à droite / droit	à gauche / gauche	(médian) / au milieu	en large des 2 côtés
XXII. *Position verticale*	en haut / haut (adv.) perché	en bas / bas (adv.) enfoncé	médian / à mi-hauteur juste	en long tout le long en hauteur
XXIII. *Position transversale*	en avant / devant par-devant	en arrière / derrière par-derrière	par côté / sur les côtés sur le côté	circulaire tout autour en guirlande
XXIV. *Orientation*	horizontal /	vertical /	oblique /	–

Les trois premiers variants de position sont très mobiles, ils occupent facilement ce que l'on pourrait appeler la pointe du sens ; ils modifient volontiers d'autres variants (notamment la division, la clôture et la fixation : *boutonné tout du long*, *croisé derrière*, *fermé à gauche*, etc.).

10.2. Droite et gauche, haut et bas.

On sait qu'appliquée au vêtement, l'alternative de la droite et de la gauche correspond à une différence considérable de signifiés, sexuels, ethniques [1], rituels [2] ou politiques [3]. Pourquoi cette opposition produit-elle des sens aussi forts ? Probablement parce que le corps étant parfaitement symétrique dans son plan horizontal [4], la situation d'un élément sur la droite ou sur la gauche est un acte nécessairement arbitraire, et l'on sait combien l'immotivation renforce le signe ; peut-être l'antique distinction, de nature religieuse, entre la droite et la gauche *(le sinistre)* n'a-t-elle été qu'une façon d'exorciser le vide naturel de ces deux

1. On trouvera la répartition ethnique des manières de croiser le vêtement dans : Leroi-Gourhan, *Milieu et techniques*, p. 228.

2. Sur l'opposition *droite/gauche* en ethnologie, voir Cl. Lévi-Strauss, *La Pensée sauvage*, p. 190.

3. En 1411, les Bourguignons portaient la cornette à droite et les Armagnacs à gauche.

4. Cf. la citation de Pascal, *supra*, 9, 15.

signes, la liberté (vertigineuse) de sens qu'ils libèrent. *Droite* et *gauche* ne peuvent, par exemple, se prêter à aucune métaphore ; on le voit bien en politique où une même condition (la disposition des places dans un hémicycle législatif) produit ici une opposition simplement dénotante *(droite/gauche)*, alors que s'il s'agit de *haut* et de *bas*, l'opposition devient facilement métaphorique *(montagne/marais)*. Le variant de position verticale *(haut/bas)* a en effet moins d'importance parce que, sans doute, sur ce plan, les divisions du corps suffisent à distinguer des zones d'orientation différentes par nature, et non par décision ; il y a très peu de symétrie entre le haut et le bas du corps [1] ; marquer d'un élément une région n'est donc pas créer à neuf une dissymétrie (qui, dans le cas de *droite/gauche*, était d'autant plus précieuse qu'elle était artificielle) ; en raison de la conformation même du corps humain, *haut* et *bas* sont des régions qui peuvent difficilement interchanger, et, on le sait, il y a peu de sens, là où il n'y a presque pas de liberté [2] ; *haut* et *bas* sont donc des positions que l'on tend toujours à dynamiser, c'est-à-dire à transformer en *montant* et en *plongeant*, termes qui relèvent du variant de mouvement.

II. Variants de distribution

10.3. Variant d'addition (XXV).

Saisis dans un procès sémantique, les nombres eux-mêmes, au mépris de la nature progressive, égale et infinie de l'échelle numérique, deviennent des êtres fonctionnels dont l'opposition signifie [3] ; ainsi la valeur sémantique du nombre ne dépend pas de

1. *Tête/pieds*, *tronc/bassin*, *bras/jambes* sont des oppositions utiles, mais elles sont situationnelles (par rapport au milieu du corps), non formelles.

2. Du moins le corps est-il ainsi senti dans notre civilisation ; mais ailleurs, Cl. Lévi-Strauss a noté la force de l'opposition haut/bas, qui permet aux indigènes de Hawaï de nouer le pagne autour du cou et non autour des reins, pour marquer la mort d'un chef (*La Pensée sauvage*, p. 189) ; ce qu'on appelle *nature* ici n'est évidemment que *notre* nature.

3. Une sémantique des nombres reste à établir, car ici la connotation est d'une incroyable richesse : il suffit pour s'en convaincre d'ouvrir un journal et d'y

sa valeur arithmétique mais du paradigme dont il fait partie : « 1 » n'est pas le même être s'il s'oppose à « 2 » ou s'il s'oppose à « plusieurs » [1]; dans le premier cas l'opposition est définie (variant d'addition); dans le second cas, elle est répétitive et indéfinie (variant de multiplication). Les termes du variant d'addition ne peuvent donc être que les tout premiers nombres; en général, au-delà de 4, le nombre n'est plus précisé et l'on passe au variant de multiplication. À vrai dire, l'opposition-mère est visiblement entre 1 et 2, entre l'unité et le duel; les autres termes apparaissent comme des combinaisons ou des neutralisations; « 4 », appliqué essentiellement aux poches et aux boutons, est senti comme 2 fois 2, en raison de la symétrie à laquelle entraîne spontanément ce nombre (c'est en somme l'intensif de 2); quant à « 3 », il est possible que sémantiquement il représente, bien plus qu'un terme complexe (2 + 1), le degré neutre de l'opposition 1/2 (c'est-à-dire : ni 1 ni 2), en raison de la force archétypique de la paire (ou de la symétrie); « 3 » est une sorte de pôle excentrique du duel, sa dénégation; c'est en somme un duel raté, c'est l'*impair* même; « 1 » est d'ailleurs, de la même façon, une sorte de privatif de 2, comme le laisse entendre l'expression *un seul*. On sait d'ailleurs que le duel a fourni de nombreux symboles au vêtement historique : les Fous du Moyen Age et les clowns du théâtre élisabéthain portaient des costumes bi-partites et bi-colores, dont la dualité symbolisait la division de l'esprit. Le tableau de ce variant peut s'établir de la façon suivante :

termes polaires		neutre	intensif
1 /	2 /	3 /	4
	bicolore camaïeu	[tricolore] [2]	

reconnaître la place considérable des notations de nombres (cf. Jacques Durand, « L'attraction des nombres ronds... » in *Rev. franç. de sociologie*, juill.-sept. 1961, p. 131-151).

1. Ce pour quoi il faudrait écrire dans le premier cas « 1 » et dans le second *un*.

2. *Tricolore* ne peut être un bon terme de Mode, en raison de la connotation patriotique, très forte, attachée au mot.

10.4. Variant de multiplication (XXVI).

Le variant de multiplication est celui de la répétition indéfinie ; l'expression terminologique de son opposition, si la Mode parlait latin, serait très exactement le paradigme multiplicatif : *semel/multiplex* :

un /	multiple
une fois	bariolé beaucoup de des [1] multicolore plusieurs plusieurs fois

La multiplication est un variant d'emploi restreint, car il heurte facilement un tabou d'ordre esthétique : le goût. On peut dire que la définition structurale du mauvais goût est liée à ce variant : la dépréciation vestimentaire passe le plus souvent par la profusion des éléments, des accessoires et des bijoux *(une femme couverte de bijoux)*. Étant euphémique, la Mode ne peut donc noter la multiplication que si elle concourt à certains « effets » : par exemple, créer une impression de « vaporeux » *(jupons, dentelles)*, terme qui sert en général de relais entre le signifiant vestimentaire et le signifié de féminité, ou encore une impression de « richesse » *(colliers, bracelets)*, à condition que cette richesse ne soit pas hétéroclite, portant sur une grande variété d'espèces différentes, mais respecte une unité du matériau que le variant de multiplication permet précisément de faire signifier.

10.5. Variant d'équilibre (XXVII).

Pour qu'il y ait variant d'équilibre, il faut que le genre qu'il touche dispose d'un axe quelconque par rapport auquel la symétrie ou la dissymétrie se déclare : cet axe peut être la ligne

1. *Des* n'est évidemment signifiant que s'il s'oppose vestimentairement à *un*.

médiane du corps, soit verticale, soit horizontale ; la pièce entière est déclarée asymétrique (c'est la dissymétrie qui est ordinairement notée) lorsque par exemple la ligne de croisement des bords traverse l'axe vertical du corps d'une façon irrégulière *(blouse, robes et manteaux asymétriques)* ; ou encore deux ou plusieurs éléments sont disposés d'une façon dissymétrique par rapport à cet axe (*boutons*, *ornements*, par exemple) ; ou encore des éléments qui vont par paire en raison de la conformation du corps *(manches, chaussures)* sont dissociés, rendus dissymétriques par une différence de matière ou de couleur : ce cas n'existe pas dans le vêtement actuel, mais il faut le réserver, puisqu'il rend compte d'un fait vestimentaire comme le bipartisme. D'une façon plus limitée, l'axe de référence peut être aussi intérieur à l'élément : la dissymétrie est alors un désordre partiel qui affecte la forme de cet élément, le rend « inégal », « irrégulier » (par exemple le dessin d'un tissu). Quant à l'opposition elle-même, elle est fondée sur la contrariété *(symétrique/dissymétrique)* ; *en contraste* peut être considéré comme une sorte de terme intensif de la symétrie : le contraste est une symétrie à la fois renforcée et compliquée, puisqu'il suppose deux lignes de référence, et non plus une seule (on a d'ailleurs déjà vu des oppositions partiellement construites sur un rapport d'intensité, comme *fermé/croisé/enroulé*). Le tableau du variant d'équilibre est donc le suivant :

1	2	intensif de 1
symétrique /	asymétrique /	en contraste
égal géométrique régulier	inégal irrégulier	contrasté

Jusqu'à présent la Mode n'a bouleversé la symétrie constitutive du corps qu'avec beaucoup de précautions ; peut-être parce que, comme on l'a avancé, la femme est liée à la symétrie plus que l'homme ; peut-être aussi parce que l'insertion d'un élément irrégulier dans un ensemble symétrique est symbole d'esprit critique et que la Mode répugne à toute subversion[1]. Quoi qu'il en soit, lorsque la Mode altère la symétrie du vêtement, c'est plutôt d'une façon marginale, à titre de touche légère, en disposant irrégulièrement certains points discrets de la parure *(attaches, ornements)*; encore ne s'agit-il jamais de donner le spectacle d'un désordre, mais plutôt de rendre au vêtement un certain mouvement : le déséquilibre (léger) est simplement l'amorce d'une tendance *(penché sur, basculé)*; on sait que le mouvement est une métaphore de la vie ; ce qui est symétrique est immobile, stérile[2]; il est donc normal que le costume ait été d'une symétrie rigoureuse dans les époques conservatrices et que émanciper le vêtement soit dans une certaine mesure le déséquilibrer.

III. Variants de connexion

10.6. La connexion.

Tous les variants recensés jusqu'à présent, même relatifs, pouvaient très bien ne s'appliquer qu'à un seul support (*jupe longue*, *col ouvert*, etc.); pour employer le langage de la logique, chacun d'eux constituait un opérateur singulaire. Or la Mode dispose aussi d'opérateurs binaires, chargés de faire surgir le sens de la coordination même de deux (ou plusieurs) éléments vestimentaires : *blouse flottante sur la jupe* ; *toque assortie au manteau*; *twin-set égayé d'un foulard*: c'est le mode d'association des pièces, et lui seul, qui constitue ici cette pointe du sens qui doit animer l'unité signifiante. Dans ces exemples, on ne peut en effet trouver d'autre variant terminal que la combinaison même des éléments matériels de la matrice. Certes,

1. Buytendijk, cité par F. Kiener, *Kleidung, Mode und Mensch*, Munich, 1956, p. 80. Le costume militaire est le plus symétrique qui soit.

2. Sans vouloir transposer indûment de l'ordre biologique à l'ordre esthétique, il faut pourtant rappeler que la dissymétrie est une condition de la vie : *« Certains éléments de symétrie peuvent coexister avec certains phénomènes, mais ils ne sont pas nécessaires. Ce qui est nécessaire, c'est que certains éléments de symétrie n'existent pas. C'est la dissymétrie qui crée le phénomène »* (Pierre Curie, cité par J. Nicole, dans *La Symétrie*, PUF, Que sais-je ?, p. 83).

cette combinaison peut être variée : *faire flotter*, *associer*, *égayer*, chacun de ces rapports suppose des paradigmes, et par conséquent des variants différents ; mais il s'agit dans les trois cas de la même structure [1], que l'on peut condenser dans la formule : OS1 • V • S2. La langue met ici en relation deux supports vestimentaires *(blouses et jupe, toque et manteau, twin-set et foulard)* et situe le sens final du vêtement dans la coexistence même de ces deux supports : ce n'est rien d'autre que le mode de cette coexistence qui constitue le variant de la matrice. Pour cette raison, on appellera ce variant un *connectif*. À vrai dire, les variants de distribution sont des connectifs, puisque eux aussi mettent en rapport deux (ou plusieurs) éléments matériels du vêtement (deux poches, les deux parties d'une blouse) ; mais ce rapport est en quelque sorte inerte, soit purement quantitatif (addition et multiplication), soit profondément incorporé à la structure du support *(blouse asymétrique)* : la connexion n'est pas explicite au niveau de la matrice ; et surtout, la connexion proprement dite a une valeur structurale particulière : on a vu que le rapport qui unit les éléments de la matrice (O)(S)(V) était de double implication, ou, comme on dit aussi, de solidarité : c'est un rapport évidemment syntagmatique ; au contraire, le rapport introduit entre deux supports par un connectif est un rapport systématique, puisqu'il varie selon un jeu virtuel d'oppositions ou paradigme. Cependant solidarité et connexion sont des notions très proches, et il est certain qu'au niveau des variants de connexion, il se produit une confusion particulière du système et du syntagme ; on pourrait même être tenté de définir les connectifs comme de simples variations rhétoriques de la solidarité matricielle. Ce qui s'y oppose, c'est, d'une part, qu'il y a diversité réelle des modes d'associations *(flottant sur, assorti à, égayé par)*, et d'autre part, que toute matrice à deux

1. \ Blouse flottant sur la jupe /
OS1 V S2
\ Toque assortie au manteau /
OS1 V S2
\ Twin-set égayé d'un foulard /
OS1 V S2

éléments *(un tailleur et sa toque*[1]*)* serait incomplète et par conséquent insignifiante si l'on ne pouvait situer le sens vestimentaire dans l'association même de ces deux éléments *(et)*. Il faut ici rappeler la loi du dernier sens[2] : si la matrice dispose d'un variant singulaire *(cardigan • col • ouvert)*, c'est ce variant *(ouvert)* qui détient le sens, et dans ce cas l'association du cardigan et du col peut n'être que syntagmatique sans que l'énoncé cesse d'être signifiant ; mais si ce variant fait défaut *(un cardigan et son col*[3]*)*, il faut bien que le sens se renverse en quelque sorte sur les éléments qui subsistent : le rapport syntagmatique qui les unit se double alors d'un rapport systématique, c'est-à-dire proprement signifiant puisqu'il fait partie d'un paradigme *(assorti à/dissonant)* : déporté là dans l'ouverture du col, le sens est ici reporté sur l'association du col et du cardigan : c'est l'abstraction même de la connexion qui produit le sens, ce n'est pas la matérialité des éléments associés. Les connectifs sont donc en définitive des faits systématiques de plein statut. Bien plus : c'est parce qu'en eux la fusion du syntagme et du système est très forte que la signification est très fine ; on le voit bien dans la langue, où des faits systématiques étendus à toute la phrase (rythme, intonation) recueillent un sens précieux : il y a une sorte de maturité sémantique propre aux ensembles à signifiants supra-segmentaux, comme on dit en linguistique. On vient de le voir, la formule canonique de la connexion manifeste dans la matrice au moins deux supports explicites O • S1 • V • S2 *(blouse flottant sur la jupe)*. On peut évidemment trouver des matrices à trois supports *(ensemble, canotier et cache-peigne assortis*[4]*)*. Dans tous ces cas, l'objet visé par la signifi-

1. \ Un tailleur et sa toque /
\ S1 V S2 /
O

2. Cf. *supra*, 6, 10.

3. \ Un cardigan et son col /
\ S1 V S2 /
O

4. \ Ensemble, canotier et cache-peigne assortis /
\ S1 S2 S3 V /
O

cation est constitué soit par le premier support, celui sur lequel la langue attire l'attention *(des gants assortis au manteau*[1]*)*, soit par l'ensemble des deux supports, subsumés implicitement sous la notion de *tenue (ensemble, canotier et cache-peigne)* ; mais il peut arriver que l'objet visé soit explicite et les supports implicites : dans *couleurs assorties*, l'objet est bien toutes les couleurs en cause, et les supports sont constitués par chacune de ces couleurs assorties aux autres[2] ; cette ellipse vigoureuse est très proche des traits à variant de distribution *(deux poches)*, dont on a vu le caractère implicitement connectif.

10.7. Variant d'émergence (XXVIII).

Le variant d'émergence rend compte de la façon dont deux éléments contigus se situent l'un par rapport à l'autre. La contiguïté peut être verticale *(une blouse et une jupe)* ou transversale *(un manteau et sa doublure, une jupe et un jupon)*. Le premier terme du variant *(par-dessus, par-dessous)* correspond au mouvement qui fait que, des deux éléments engagés à titre de supports dans le trait, l'un recouvre l'autre ; comme les deux supports ont un rapport exactement complémentaire, il y a fatalement indifférence sémantique entre les termes, pourtant terminologiquement opposés, du mouvement, si la blouse est *par-dessus* la jupe, c'est que la jupe est *par-dessous* la blouse : cette lapalissade n'est pas ici inutile, car elle rend compte du fait que seul le phénomène d'émergence est signifiant ; l'ordre dans lequel il s'exerce ne l'est pas, puisque l'on peut transformer la terminologie sans modifier le sens vestimentaire (on a vu la même ambiguïté pour *marqué-marquant* et *voilé-voilant*) ; tout ce qui importe au code, c'est qu'entre les deux supports *il y a* de l'émergence ; on rangera donc sous un seul et même terme toutes les expressions du dépassement, de quelque façon que les supports engagés soient effectivement situés *(par-dessus, par-*

1. \ Gants assortis au manteau /
   OS1 V S2
2. \ Couleurs assorties /
   OS1, OS2... V

dessous, *sur*, *dans*, *sous*, *flottant sur*, *rentrant dans*, etc.) ; une pièce peut même en recouvrir complètement une autre : l'une est apparente et l'autre est cachée, le rapport complémentaire ne change pas. À ce premier terme, de terminologie abondante et variée, on ne peut opposer qu'un degré négatif : c'est le *au-ras-de*, expression de tous les cas d'émergence nulle, où les deux supports sont exactement contigus sans que l'un ne dépasse ni ne recouvre l'autre. On obtient ainsi le tableau suivant de l'opposition :

par-dessus, par-dessous	au ras de
apparent, caché, chevauchant, dans, flottant sur, inséré dans, intérieur, ouvert sur, rentrant dans, rentré dans, sur, surgissant de	

C'est le variant d'émergence qui rend compte d'un fait vestimentaire important, relativement à l'histoire et à la psychologie du costume : l'apparence des « dessous ». C'est peut-être une loi historique que les pièces du vêtement soient animées, au cours du temps, d'une sorte de force centrifuge : l'interne est sans cesse poussé vers l'externe et tend à se montrer, soit partiellement, au col, aux poignets, sur le devant du buste, au bas de la jupe, soit complètement, lorsqu'une pièce, d'abord interne, prend la place d'une pièce externe (le sweater, par exemple) ; ce second cas est sans doute moins intéressant que le premier ; car ce qui vaut esthétiquement ou érotiquement, c'est ce mixte suspendu d'apparent et de caché que le variant d'émergence a précisément à charge de faire signifier. En somme l'émergence aurait pour fonction de faire voir le caché, sans cependant détruire son caractère secret : ainsi se trouve préservée l'ambivalence fondamentale du vêtement, chargé d'afficher une nudité au moment même où il la cache ; c'est du moins l'interprétation psychanalytique que certains auteurs en donnent [1] ; le vêtement aurait au fond l'ambiguïté même d'une névrose : on a

1. Cf. J. C. Flügel, *op. cit.*

pu le comparer à la rougeur pudique qui envahit le visage, comme signe paradoxal du secret.

10.8. Variant d'association (XXIX).

Deux éléments vestimentaires peuvent être déclarés *affinitaires*, *dissonants*, ou, d'une façon neutre, simplement *associés* ; ce sont là les trois termes du variant d'association.

1	2	neutre
assorti à /	dissonant de /	associé à
allié à identique à jumelé marié à	coupé de duel de	accompagnant et sur

Le premier terme *(assorti à)* est de beaucoup le plus fréquent ; il implique une harmonie véritable *(alliance)* entre les supports qu'il unit ; cette harmonie peut aller jusqu'à l'identité, si, par exemple, les deux supports sont de même tissu. Lorsque l'assortiment est donné absolument, c'est que le second support (implicite) est, ou bien la tenue en général, ou bien le premier support lui-même, dédoublé à travers une structure réflexive *(des couleurs assorties)*. L'assortiment provoque des métaphores nombreuses, toutes celles de l'affinité et notamment du couple *(Pois et tissus légers sont faits l'un pour l'autre* [1]*)*. Le second terme *(dissonance, duel)* est évidemment rare : la Mode, on le sait, est euphémique ; elle n'admet la contrariété que sous couvert du piquant. Le terme neutre est beaucoup plus fréquent ; il correspond à une corrélation pure, signifiante en soi, quelle qu'en puisse être la valeur ; sans doute la Mode est si constamment euphémique que la simple expression d'un rapport tend à faire de

1. \ Pois et tissus légers sont faits l'un pour l'autre /
\ OS V /
\ S1 S2 / V
O

ce rapport une affinité : *clip sur poche* ne peut être disharmonieux ; mais cette affinité reste inexprimée : le sens naît d'une simple rencontre entre le clip et la poche ; cette sorte de nudité de la relation passe dans la discrétion de la terminologie : c'est souvent une simple préposition *(sur)* ou une simple conjonction *(et)* ; et si l'énoncé des traits d'association est souvent complexe, ce n'est pas au variant qu'il le doit, c'est à la chaîne des matrices, souvent fort longue, lorsque chacun des deux *relata* est à lui tout seul au moins une matrice.

10.9. Variant de régulation (XXX).

On a vu que le variant d'équilibre réglait la distribution d'éléments identiques et répétés (des poches, des boutons). Le variant de régulation, lui, donne un sens à l'équilibre d'éléments disparates *(une blouse et un foulard)* : il saisit des ensembles pour dire comment la diversité, et souvent même la contrariété de leurs éléments, produit cependant une unité, et que cette unité a un sens ; et comme il porte en général sur presque tout l'espace vestimentaire, c'est-à-dire sur la tenue, son action, lointaine et cependant impérieuse, ressemble assez à celle d'une machine subtile : la Mode *surveille* la toilette ; ici, elle accroît, accentue, développe ; là, elle diminue ou compense. Ce variant comprend donc deux termes opposés : l'un d'accroissement de ce qui est déjà donné, l'autre de restriction ; ces deux mouvements contraires correspondent à deux types d'équilibre (accumulation, opposition) ; et comme l'équilibre d'un ensemble, dès lors qu'il n'est plus mécanique, ne peut en quelque sorte exister qu'au niveau d'un langage (qui est la description du journal), ce variant, comme la marque, a surtout une existence rhétorique : plus on *parle* le vêtement, plus il est facile de le régler. Le premier terme (majoration, accroissement) est assez rare, parce que l'emphase est le plus souvent prise en charge par le variant de marque ; les deux termes *marqué* et *accusé* sont très proches ; la différence, c'est que *marqué* a pour variation une dénégation *(non-marqué)* tandis que *accusé* renvoie à un contraire assertif *(adouci)* ; c'est aussi et surtout que la marque porte sur des supports simples et l'accent sur des supports doubles ; dans le premier cas, le support est marqué absolument, dans le second il y a syntaxe développée, un support accuse l'autre : *une étole élargira vos épaules*[1]. Le terme de compensation, beaucoup plus fréquent, comporte des métaphores nombreuses : *adoucir, éclairer, réchauffer, égayer, amuser, tempérer*[2] ; il s'agit toujours de balancer une tendance par une dose allopathique de son contraire ; aussi il suffit souvent à la Mode de conjoindre deux signifiés opposés dans un seul énoncé pour produire une régulation des signifiants : *ce sont des chemises fantasques, cosmopolites... portez-les avec des pantalons classiques*[3]. En somme, dans ces cas, la régulation se produit toute seule, par le jeu en quelque sorte endogène des contraires, comme le dit bien cet exemple : *les bijoux marquants découlent de la sobriété des robes.* Tous ces faits de régulation, pour volontaires qu'ils soient puisque la Mode est un système intentionnel, n'en rappellent pas moins les mécanismes de réfection d'un objet naturel par une correction culturelle ; tout se passe comme si, dans un premier temps, le modèle s'édifiait tout seul et que, dans un second temps, la Mode intervienne consciemment pour corriger les excès de l'ébauche spontanée ; le support 2, d'où émane en général la rectification, est d'ailleurs presque toujours de volume inférieur au support 1 (confondu avec l'objet visé), qui la reçoit : ce qui est subtil et menu agit fortement : c'est un « rien » *(une rose, une écharpe, un accessoire, une petite cravate)* qui règle les grands ensembles *(un twin-set, un tissu, un tailleur, une robe)*, comme le cerveau commande à tout le corps : disproportion capitale dans le système de la Mode, comme on le verra à

1. Une étole élargira vos épaules
OS1 V S2

2. Par exemple :
Tailleur en tweed noir et blanc éclairé d'une petite cravate bleue
O SV1 SV2 — O SV
O SV — V OS
OS1 V S2

3. Chemises fantasques avec des pantalons classiques
Sé Sé
OS1 V S2

propos du « détail ». Le tableau du variant de régulation peut s'établir de la façon suivante :

majoré par /	compensé par
accusant	adouci
accusé par	ajoutant une note
élargi	amusé de
	éclairé par
	égayé par
	habillant
	réchauffé par
	tempéré par

IV. *Le variant des variants*

10.10. Variant de degré.

Pour en terminer avec l'inventaire des variants, il faut rappeler que le système de la Mode dispose d'un variant particulier, qu'on a appelé *intensif* ou plus généralement *variant de degré*, car il correspond terminologiquement à des adverbes d'intégrité *(à demi, complètement)* ou d'intensité *(peu, très)*, et dont la caractéristique est de ne pouvoir s'appliquer qu'à un autre variant, et non tantôt à un genre, tantôt à un variant, comme les variants normaux : c'est, si l'on veut, le variant des variants[1]. Du variant, il a les caractères fondamentaux (oppositions simples, mémorables, de substance immatérielle) mais son inventaire syntagmatique ne pourrait suivre la liste des genres, seulement celle des autres variants. Sa constitution particulière fait que l'intensif occupe toujours la pointe extrême du sens : on ne peut rien lui ajouter ; il couronne l'énoncé et n'en est pas moins, substantiellement, l'élément le plus vide, bien que le plus signifiant ; dans *basques légèrement arrondies*[2], il y a une commutation indiscutable du sens vestimentaire entre *basques (pleinement) arrondies* et *basques légèrement arrondies* ; les unes peuvent

1. C'est un auxiliaire pur.
2. \ Basques légèrement arrondies /
OS V2 V1

être à la Mode et les autres démodées : c'est donc bien la variation du degré qui emporte le sens final et cependant cette variation est structuralement tributaire du variant de forme *(arrondi)*. La variation de degré peut porter sur l'intensité du variant tuteur *(très souple, légèrement transparent)* ou sur l'intégrité du support (c'est-à-dire de l'espèce) auquel il s'applique *(col à moitié ouvert)* ; il est rare qu'un variant puisse supporter à la fois une variation d'intensité et une variation d'intégrité ; cela arrive essentiellement pour la forme (*semi-arrondi* et *légèrement arrondi*) ; on peut donc prévoir deux séries d'oppositions, deux variants, si l'on veut, que par économie de présentation on groupera dans un seul tableau :

Intégrité	pas du tout /	à moitié /	aux 3/4 /	presque /	tout à fait
		semi- demi-		complè- tement	
Intensité	un peu /	pas trop /	très /	aux limites du possible	
	discret, légèrement mesuré, vaguement				
	moins /	plus			

L'intégrité fixe le sens sur la proportion d'espace assignée au variant qu'elle modifie ; elle ne peut donc s'appliquer qu'à des variants liés par nature à la qualité étendue du support : espaces en forme, lignes de division, de clôture, de fixation, de flexion, zones de position et d'émergence ; le variant de degré indique ici la quantité d'espace prélevé sur le support par le variant tuteur pour le faire signifier ; les variations sont donc, dans le cas de l'intégrité, à paliers fermés, mesurés : les seuils sont plus marqués que pour l'intensité. La variation d'intensité est en effet plus indéfinie ; bien que les termes, par la nature même de la langue qui les prend en relais, en soient discontinus, elle implique que son tuteur peut varier continûment ; le caractère progressif de ses oppositions est manifeste dans l'emploi du comparatif : *une robe plus ou moins longue selon la saison, selon l'heure*. C'est qu'ici le sens s'organise approximativement autour de deux pôles, l'un réduit *(un peu)*, l'autre emphatique *(très)*. Le pôle réduit dispose de métaphores nombreuses, dont l'emploi dépend du variant tuteur (*écharpe négligemment nouée*, *ceinture mollement attachée*, *ampleur discrète et mesurée*, etc), parce que la Mode s'efforce toujours de faire valoir la discrétion. Le variant de degré ne comporte que trois cas d'impossibilité syntagmatique : l'assertion d'existence, l'addition et la multiplication : pour ces trois variants tuteurs, la progression est en effet exclue : leur commutation est radicalement alternative : *porter une veste ou ne pas la porter, une poche ou deux*.

11. Le système

Voici la toile, légère ou de poids[1].

I. Le sens, liberté surveillée

11.1. Contraintes systématiques et contraintes syntagmatiques.

La production du sens est soumise à certaines contraintes ; cela veut dire que les contraintes ne limitent pas le sens, mais au contraire le constituent ; le sens ne peut naître là où la liberté est totale ou nulle : le régime du sens est celui d'une liberté surveillée. À vrai dire, plus on entre profondément dans une structure sémantique, plus il apparaît que c'est le front des contraintes, et non celui des libertés, qui définit le mieux cette structure. Dans le vêtement écrit, ces contraintes peuvent être de deux sortes ; elles peuvent porter sur les termes du variant, indépendamment du support qu'il affecte (l'assertion d'existence, par exemple, ne peut comporter que l'alternative pure de l'être et du non-être) : ce sont alors des contraintes systématiques ; elles peuvent, d'autre part, porter sur l'association des genres et des variants : ce sont alors des contraintes syntagmatiques. Cette distinction est utile si l'on veut saisir dans son ensemble la structure du signifiant ; il faut donc reprendre le problème des contraintes, d'abord au niveau du système, ensuite au niveau du syntagme.

1. $\frac{\text{Toile (légère ou de poids)}}{\text{OSV (espèce)}}$

II. Le rendement systématique

11.2. Principe figuré des oppositions : les « spots ».

Le principe de toute opposition systématique [1] tient à la nature du signe : le signe est une différence [2] ; on pourrait donc comparer un jeu d'oppositions à un éventail de « spots » parcouru par une aiguille ; l'éventail, c'est le paradigme lui-même ou variant ; chaque spot correspond à un terme du variant ; et l'aiguille, c'est l'énoncé, et par conséquent la Mode ou le monde, puisqu'en notant le trait, le monde ou la Mode actualisent un terme du variant au détriment des autres. Les spots qui ne sont pas touchés par l'aiguille de l'énoncé, c'est-à-dire les termes du variant qui ne sont pas actualisés, forment évidemment la réserve du sens ; si la théorie de l'information appelle cette réserve une *mémoire* (il est vrai en appliquant ce mot à l'ensemble des signes, et non à un simple paradigme), c'est qu'effectivement, pour être active, une opposition à tout intérêt à être mémorable : mieux cette réserve est organisée, plus l'appel du signe est facile. Le nombre des termes d'un variant, et peut-être plus encore, comme on le verra, leur organisation interne, ont donc une incidence directe sur le procès du sens, indépendamment des associations auxquelles ce variant peut ou non s'offrir : c'est ce que l'on pourrait appeler le rendement systématique d'un variant. En reprenant les trente variants analysés, il est possible de distinguer trois groupes d'oppositions, correspondant à trois types de rendement systématique [3].

1. Il est difficile d'éviter au mot *système* (et *systématique*) une certaine ambivalence ; le système est au sens restreint le plan des paradigmes opposé au plan des syntagmes, et au sens large un ensemble d'unités, de fonctions et de contraintes (système de la langue, système de la Mode).

2. Saussure, *Cours de linguistique...*, p. 168 : *« Ce qui distingue un signe, voilà tout ce qui le constitue. »* La nature différentielle du signe n'est pas sans poser des difficultés (cf. R. Godel, *Sources*, p. 196) qui n'altèrent pas cependant la fécondité de la définition.

3. La notion de *rendement* systématique, si approximative soit-elle encore, a commandé le classement qui suit, bien qu'il soit beaucoup plus grossier que le classement des oppositions imaginé par J. Cantineau (« Les oppositions significatives », *Cahiers F. de Saussure*, n° 10, p. 11-40).

11.3. Oppositions alternatives.

Dans le premier groupe, il faut ranger toutes les oppositions proprement alternatives, du type *oui/non* (*avec/sans*, *naturel/ artificiel*, *marqué/non-marqué*, etc.) [1]. Ces oppositions ne comportent jamais que deux termes, non seulement en fait (on a vu qu'ailleurs, dans certaines oppositions, il pouvait y avoir un terme défectif), mais aussi en droit : par la nature même de la différence qui constitue ici le signe, l'opposition ne peut recevoir aucune médiation qui soit consacrée par la langue ; une robe se porte *avec ou sans ceinture*, et entre la présence et l'absence de ceinture, aucun état intermédiaire n'est possible. Sans doute de telles variations peuvent s'offrir au variant de degré : un côté peut être *à moitié fendu*, une taille peut être *légèrement marquée* ; mais dans ce sens, la variation d'intégrité ou d'intensité n'affecte jamais qu'un seul terme de l'opposition et n'y introduit aucun terme qualitativement nouveau : ce qui est *légèrement marqué*, fût-il à la limite de la perception, est tout entier du côté de la marque. C'est qu'en effet dans toute opposition alternative, conformément au principe des oppositions phonologiques, la différence des deux termes tient à la présence ou à l'absence d'un caractère (que l'on appelle précisément *trait pertinent*) : ce caractère (existence, marque, fente) est ou n'est pas : le rapport des deux termes est de négation, non de contraste, et la négation ne peut se monnayer [2].

1. L'opposition alternative se retrouve dans les variants suivants :
   I. *Assertion d'espèce* (a / (A-a)). (L'assertion d'espèce doit être traitée formellement comme une opposition binaire et substantiellement comme le dépôt de variants implicites, cf. *infra*, 19, 10).
   II. *Assertion d'existence* (avec/sans)
   III. *Artifice* (naturel/artificiel)
   IV. *Marque* (marqué/non-marqué)
   XVI. *Division* (fendu/non-fendu)
   XVII. *Mobilité* (fixe/amovible)
   XXVI. *Multiplication* (un/multiple)
   XXVIII. *Émergence* (dépassant/au ras de)
   XXX. *Régulation* (majoré par/compensé par).
2. On appelle ici *opposition alternative*, ce qui serait en linguistique une *opposition privative*, définie par la présence ou l'absence d'une marque.

11.4. Oppositions polaires.

Le second groupe comprend les oppositions polaires composées[1]. Chaque variant comprend d'abord deux termes placés en opposition équipollente *(ceci/cela)*, ensuite un terme neutre qui exclut l'un et l'autre des deux termes *(ni ceci/ni cela)* (on a vu que, comme système éthique, la Mode faisait presque toujours coïncider le neutre et le normal, et que, comme système esthétique, elle s'abstenait de le noter : le terme neutre est donc souvent défectif), enfin un terme complexe *(à la fois ceci et cela)* ; ce terme est lui aussi fatalement défectif lorsque les termes polaires impliquent une qualité (le poids, la souplesse, la longueur) étendue à un espace du vêtement tel que la qualité ne puisse s'appliquer qu'ici et non là (un support ne peut être partiellement souple) ; et lorsque ce terme complexe est attesté, il peut représenter soit une juxtaposition de caractères contraires, le compromis se faisant au niveau du support entier (un chapeau cabossé est formé de saillants et de creux), soit une indifférence à noter un terme plutôt que l'autre (*replié* correspond à *indifféremment redressé ou rabattu*). L'opposition des termes polaires paraît ordinairement de nature contrastive, du moins au niveau de la terminologie ; en fait (mais qui sait ce qu'est exactement un contraire ?[2]) l'opposition polaire n'est

1. Voici les variants de ce groupe :
VII. *Mouvement* (montant/descendant/projeté/basculé)
VIII. *Poids* (lourd/léger/ [normal] / ....)
IX. *Souplesse* (souple/raide/ [normal] /....)
X. *Relief* (saillant/creux/lisse/cabossé)
XII. *Longueur* (absolue) (long/court/ [normal] / ....)
XIII. *Largeur* (large/étroit/ [normal] / ....)
XIV. *Volume* (volumineux/mince/ [normal] / ....)
XV. *Grandeur* (grand/petit/ [normal] / ....)
XX. *Flexion* (redressé/rabattu/ [droit] / replié)
XXI. *Position horizontale* (droit/gauche/au milieu/en large)
XXII. *Position verticale* (haut/bas/à mi-hauteur/tout le long)
XXIII. *Position transversale* (avant/arrière/par côté/tout autour)
XXIV. *Orientation* (horizontal/vertical/oblique/ ....)
XXIX. *Association* (assorti/dissonant de/associé à / ....).

2. Il est facile de repérer l'axe affinitaire de deux contraires, ou encore, leurs sèmes communs, mais ce n'est que reculer le problème : comment définir des sèmes « contrastifs » ?

nullement définie par la présence ou la carence d'une marque, comme dans l'opposition alternative, mais par une échelle implicite d'accumulation, dont la langue note en quelque sorte les termes d'arrivée et de départ : du *léger* au *lourd*, il y a différence quantitative du poids, mais le poids est toujours présent : ce n'est donc pas lui qui constitue le caractère pertinent, c'est sa quantité, ou, si l'on veut, son dosage. Le rendement très fort de la marque dans les oppositions repérées par la linguistique (du moins celles de la seconde articulation) correspond sans doute à un pouvoir de la dissymétrie (ou irréversibilité), et c'est dans la mesure même où les oppositions équipollentes sont symétriques, réversibles, qu'elles correspondent à une économie plus complexe de la signification ; pour être encore efficace, la structure a ici besoin, plus que jamais, de la langue : la langue, en effet, parvient à organiser une variation cumulative en variation polaire et cette variation en variation signifiante parce qu'il s'agit ici de qualités (le *lourd*) que l'humanité a essentialisées en couples de contraires absolus *(lourd/léger)* depuis fort longtemps.

11.5. Oppositions sérielles.

Le troisième groupe d'oppositions est fort proche du second ; il comprend toutes les oppositions franchement sérielles, accumulatives comme les précédentes, mais que la langue, cette fois-ci, n'organise pas en fonctions immédiatement contrastives[1]. Il est sans doute possible de distinguer dans une opposition sérielle deux pôles d'attraction, par exemple *serré/lâche* dans la série du variant d'ajustement ; mais la langue n'isole pas absolument ces termes contrastifs, et d'autre part, elle ne normalise pas les degrés de la série ; il s'ensuit que la série reste ouverte et qu'on peut toujours y insérer un degré nouveau (cela se voit bien dans la longueur

1. Voici les variants à oppositions sérielles :
VI. *Ajustement* (collant/serré/lâché/bouffant)
XI. *Transparence* (opaque/ajouré/transparent/invisible)
XXII. *Longueur* (proportionnelle) (1/3, 1/2, 2/3, etc.)
XVIII. *Clôture* (ouvert/bord-à-bord/fermé/croisé/etc.).

proportionnelle) ; dans ce dernier groupe d'oppositions, la série échappe toujours d'une certaine façon à la saturation.

11.6. Oppositions combinées et anomiques.

Tels sont les trois groupes principaux d'oppositions. Il faut y ajouter quelques variants de structure complexe, ou plus exactement, combinés [1]. Dans le variant de forme, tel du moins qu'on a cru pouvoir l'organiser, une opposition-mère, de type polaire *(droit/arrondi)* donne naissance à des oppositions subsidiaires, selon que l'on fait intervenir des critères spatiaux (plan, volume) ou linéaires (convergence, divergence, complexité). Dans le variant d'équilibre, un terme de l'opposition alternative *(symétrique/dissymétrique)* comporte un intensif d'expression originale *(en contraste = doublement symétrique)*. Dans le variant d'addition, on a assigné aux nombres 1 et 2 des fonctions polaires, au nombre 3 une fonction neutre, et au nombre 4 une fonction intensive par rapport à 2. Enfin dans le variant de fixation, une opposition binaire simple (terme plein/terme neutre) est en quelque sorte profondément déstructurée par le développement d'une large opposition subsidiaire intérieure au terme plein (*fixé/monté/noué/boutonné*, etc.) ; il ne s'agit pas ici d'une opposition sérielle (accumulative) puisque les termes servent à noter des modes et non des degrés, mais d'une opposition anomique : on ne peut ni la former ni l'ordonner.

11.7. Le rendement systématique : le problème du binarisme.

Ce qui ressort immédiatement de cet inventaire, c'est qu'on ne peut réduire le système de la Mode à un procès d'oppositions binaires. Ce ne peut être le lieu ici, où l'on procède à une

1. Les variants de ce groupe sont les suivants :
V. *Forme* (droit/arrondi...)
XXVII. *Équilibre* (symétrique/dissymétrique/en contraste)
XXV. *Addition* (1/2/3/4)
XIX. *Fixation* (fixe/posé...)

description purement immanente d'un système particulier, de discuter la théorie générale du binarisme. On se contentera de s'interroger sur le rendement systématique des différents types d'oppositions vestimentaires et sur le sens possible de leur diversité. Si l'on se réfère au système de la Mode, ce qui importe, semble-t-il, pour qu'une opposition ait un rendement sûr, ce n'est pas tellement qu'elle soit binaire, c'est plus largement qu'elle soit *fermée*, c'est-à-dire constituée par des termes cardinaux qui délimitent tout l'espace possible de la variation, en sorte que cet espace puisse être raisonnablement saturé par un petit nombre de termes : c'est le cas des oppositions polaires à quatre termes (groupe II) ; fermées comme les oppositions alternatives, elles sont cependant plus riches qu'elles, édifiées à la fois à partir d'une cellule (termes polaires) et d'une ébauche de combinatoire (terme neutre et terme complexe) ; à ce titre, les trois variants de position donnent peut-être les meilleures oppositions qu'on puisse imaginer ; le variant (par exemple : *droit/gauche/au milieu/en large*) est ici entièrement saturé, c'est-à-dire que sa structure (dans un état mental donné) exclut l'invention d'un nouveau terme (ce qui ne serait pas le cas pour les oppositions sérielles) ; le code vestimentaire est ici absolument sûr, sauf à changer le système même de la langue, c'est-à-dire le découpage du réel (par exemple, bouleverser les notions de *droite* et *gauche*). On peut donc risquer que l'excellence d'une opposition tient moins au nombre de ses termes constituants (pourvu que ce nombre soit réduit, c'est-à-dire en définitive mémorable) qu'à la perfection de sa structure. C'est pour cela que les oppositions sérielles ont un rendement systématique moins satisfaisant que les autres ; la série est un objet instructuré, c'est peut-être même une antistructure ; et si les oppositions sérielles du code vestimentaire ont néanmoins une efficacité sémantique, c'est qu'ici, en fait, la série coïncide toujours avec une certaine polarisation des termes *(serré/lâche)* ; si cette polarisation est impossible, la série devient tout à fait anomique (*fixé/cousu/noué/boutonné*, etc.) : il est évident que ce qui menace – et parfois entame – la solidité structurale des systèmes d'oppositions, c'est la prolifération des espèces – c'est-à-dire en définitive la langue ; une série anomique comme celle du variant de fixation est très proche d'une simple liste d'espèces ; il ne pourrait donc y avoir ici d'autre structuration rigoureuse que celle du lexique : l'analyse structurale du code vestimentaire est alors en défaut, dans la mesure même où la sémantique structurale se cherche encore [1]. On atteint ici à l'extrême ambiguïté des systèmes translinguistiques, c'est-à-dire des systèmes dont la signification passe par le relais de la langue ; cette ambiguïté reproduit la duplicité du système linguistique : la langue est bien un système digital (à forte dominance binaire) au niveau des unités distinctives (phonèmes), mais ce binarisme n'est plus constitutif au niveau des unités significatives (monèmes), ce qui a rendu difficile, jusqu'à présent, la structuration du lexique ; de la même façon, le code vestimentaire semble partagé entre des oppositions binaires (même si elles sont composées) et des paradigmes sériels ; mais alors que dans la langue ce conflit est résolu par le dédoublement de l'articulation qui permet de décrocher, pour ainsi dire, le distinctif du combinatoire, il reste ouvert dans le code vestimentaire, dont les oppositions binaires sont ici et là concurrencées par des nomenclatures (sérielles) venues de la langue. Dans l'état actuel des inventaires sémiologiques, il est difficile de dire si cette défection (partielle) du binarisme met en cause fondamentalement l'universalité (supposée par certains) du digitalisme [2], ou si elle renvoie seulement à un certain moment de l'histoire des formes (le nôtre) : le binarisme est peut-être une propriété historique des sociétés archaïques ; dans les sociétés modernes – où d'ailleurs le sens tend toujours à disparaître sous la « raison » et la forme sous le contenu – il tendrait au contraire à se masquer et à se laisser déborder par le langage.

1. L. Hjelmslev, *Essais linguistiques*, p. 96 s.

2. Sur les fondements physiologiques du binarisme, voir V. Bélévitch, *op. cit.*, p. 74.

III. La neutralisation du signifiant

11.8. Conditions de la neutralisation.

Les oppositions systématiques sont-elles inaltérables ? L'opposition du *lourd* et du *léger*, par exemple, est-elle toujours signifiante ? Nullement. On sait qu'en phonologie même, certaines oppositions peuvent perdre leur caractère pertinent, selon la place des phonèmes dans la chaîne parlée[1] ; en allemand, par exemple, l'opposition distinctive d/t *(Daube/Taube)* cesse d'être pertinente en fin de mot *(Rad = Rat)* : on dit qu'elle est *neutralisée*. De même en Mode ; dans un énoncé comme *voici la toile, légère ou de poids*, on voit bien qu'une opposition d'ordinaire signifiante *(lourd/léger)* est rendue explicitement insignifiante. Comment ? Par soumission des deux termes de l'opposition à un seul signifié ; car il est bien évident que dans : *cardigan à col ouvert ou fermé selon qu'il est sport ou habillé*, l'opposition de l'*ouvert* et du *fermé* échappe à la neutralisation, parce qu'il y a deux signifiés *(sport/habillé)* ; dans le premier cas, la disjonction *(ou)* est inclusive, dans le second cas elle est exclusive.

11.9. Rôle de l'archi-vestème.

Pour en revenir une fois de plus au modèle phonologique, on sait que les deux termes d'une opposition pertinente mais neutralisable se confondent, lors de la neutralisation, dans ce qu'on appelle un archi-phonème ; ainsi, dans l'opposition o/ọ *(botté/beauté)*, neutralisée d'ordinaire, en fin de mot, au profit de ọ *(pot/peau)*[2], ọ devient l'archi-phonème de l'opposition. D'une

1. A. Martinet décrit ainsi la neutralisation (*Trav. de l'Inst. de linguistique*, Paris, Klincksieck, 1957, II, p. 7-8) : « *On parle en phonologie de neutralisation, lorsque, dans un contexte défini en termes de phonèmes, de traits prosodiques (supra-segmentaux) et de limites entre éléments signifiants (jonctures) se révèle inutilisable la distinction entre deux ou plusieurs phonèmes qui sont seuls à posséder certaines caractéristiques phoniques.* »

2. Pour 67 % des Français. Cf. A. Martinet, *La Prononciation du français contemporain*, Paris, Droz, 1945.

façon semblable, une opposition vestimentaire ne peut être neutralisée qu'au profit, si l'on peut dire, d'un archi-vestème ; pour *léger/lourd*, l'archi-vestème est le poids *(voici la toile, quel qu'en soit le poids)*; mais ici le phénomène vestimentaire s'éloigne du modèle phonologique; une opposition phonologique est en effet définie par une différence de marque : un terme est marqué d'un certain caractère (trait pertinent) et l'autre ne l'est pas; la neutralisation ne se fait pas au profit du terme libre, mais au profit d'un terme générique ; or toutes les oppositions vestimentaires ne se plient pas à cette structure; les oppositions polaires, en particulier, sont de structure accumulative : de *lourd* à *léger*, il y a toujours « du poids »; autrement dit, l'opposition une fois neutralisée, le poids garde encore une certaine existence conceptuelle. Ceci explique que, d'où qu'il provienne (d'oppositions alternatives, polaires ou sérielles), l'archi-vestème remplit une certaine fonction : la neutralisation n'est pas indifférente : elle constitue une redondance (puisque la toile a de toutes manières un certain poids), mais cette redondance n'est pas sans conséquence pour l'intelligibilité du message : l'insignifiance finale du trait *(léger ou de poids)* reporte en quelque sorte l'effet du sens sur l'élément qui le précède; dans *voici la toile, légère ou de poids*, c'est la toile qui signifie, le variant effectif est l'assertion d'espèce [1]; mais cette assertion est, si l'on peut dire, accentuée du fait qu'elle est suivie d'un énoncé d'indifférenciation : quel que soit son poids, c'est la toile qui signifie ; l'archi-vestème a en somme pour fonction de nouer plus fortement l'énoncé par le contraste d'un variant plein (l'assertion d'espèce) et d'un variant postiche, à la fois énoncé et esquivé; c'est là sans doute un phénomène d'ordre rhétorique, mais on voit qu'il a dans le code vestimentaire même une valeur structurale; l'expression de la neutralisation donne une emphase particulière au reste de l'énoncé; dans *ce manteau de voyage se porte avec ou sans ceinture* [2], la neutralisation du

1. \ La toile (légère ou de poids) /
OSV neutr.

2. \ Ce manteau avec ou sans ceinture ≡ voyage /
OSV neutr.

variant d'existence *(avec ou sans)* renforce visiblement l'apodictisme du signifiant (*ce* manteau), au-delà de la matrice elle-même *(manteau)*, le shifter *(ce)* reverse un sens accru sur l'image à laquelle il renvoie.

IV. *La réduction systématique de l'espèce : vers le vêtement réel*

11.10. Au-delà de la règle terminologique : les variants investis.

On a vu à plusieurs reprises combien la langue, en relayant le code vestimentaire à travers des nomenclatures ouvertes d'espèces, embarrassait la structuration du vêtement écrit ; cet embarras n'est certes pas insignifiant puisqu'il désigne une tension constitutive des sociétés humaines, déchirées entre le réel et le langage ; c'est même pour respecter cette tension, qu'on a cru devoir jusqu'ici mener l'inventaire du vêtement de Mode sans jamais s'évader de la règle terminologique, c'est-à-dire sans aller chercher derrière le mot les traits réels dont l'objet nommé peut être composé. Cependant l'inventaire des variants permet d'aborder une analyse nouvelle des espèces, puisque l'on peut désormais espérer réduire systématiquement chaque espèce à un support pourvu d'un ou de plusieurs variants implicites[1] : une jupette, par exemple, n'est rien d'autre qu'une jupe pourvue constitutivement du variant de longueur *(jupe • courte*[2]*)*. Cette analyse, sans doute, ne peut être que marginale au système de la Mode écrite puisqu'elle exige de transgresser la règle terminologique en décomposant l'objet nommé en traits innomés ; l'intérêt de cette analyse est cependant évident et il faut ici l'esquisser à titre indicatif, parce que si l'on essaye de procéder à une réduction systématique des espèces (en décelant les variants qui sont investis dans chaque espèce), on ouvre le passage même du vête-

1. Variants implicites ou investis.

2. On a déjà vu que souvent l'espèce *(une veste trois-quarts, une chemise-sport)* est constituée par la solidification d'un ancien variant (la longueur) ou d'un ancien signifié (le sport), en quelque sorte fossilisés dans le nom de l'espèce.

ment écrit au vêtement réel : c'est donc l'analyse structurale du vêtement réel qui est en cause. Pour cette esquisse on choisira deux genres particulièrement riches en espèces (donc apparemment rebelles à la structuration), le matériau et la couleur, et l'on tentera d'ordonner la masse de leurs espèces en termes signifiants.

11.11. Classement sémantique des espèces de matériaux.

Comment classer, *du point de vue du sens vestimentaire*, les espèces de matériaux ? On proposera ici l'itinéraire opératoire suivant. La première démarche consiste à reconstituer des groupes synonymiques d'espèces, au niveau du corpus dans son entier, en mettant dans un même groupe tous les signifiants qui renvoient à un seul et même signifié ; on aura par exemple :

Groupe I : *Habillé ≡ mousseline, soie, shantung.*
Groupe II : *Hiver ≡ fourrure, lainage.*
Groupe III : *Printemps ≡ crêpe de Chine, petit lainage, jersey.*
Groupe IV : *Été ≡ popeline, tussor, soie, toile, coton.*
etc.

La seconde démarche prend appui sur la constatation suivante : la sémantique de Mode est si fluide qu'il arrive couramment que le signifiant d'un groupe appartienne aussi à un autre groupe : *soie*, par exemple, fait partie du groupe I et du groupe IV ; sans doute, pour suivre la comparaison linguistique, le signifiant commun à plusieurs groupes n'a peut-être pas la même *valeur* ici et là, tout comme deux synonymes de la langue ; formellement, on est cependant fondé à réunir dans une sorte d'aire unique tous les groupes qui communiquent ensemble au moins par un signifiant commun ; ils forment un réseau d'espèces voisines, à l'intérieur duquel circulent des sens, sinon identiques, du moins affinitaires : il y a démonstration réciproque d'une affinité des signifiants entre eux et des signifiés entre eux. Or non seulement ces aires sont très vastes, mais dans le cas du matériau, toutes les espèces recensées peuvent se répartir dans deux grandes aires affinitaires, liées par un rapport d'opposition binaire, puisque le partage des aires se produit quand elles ne communiquent plus, c'est-à-dire quand le sens ne passe plus de l'une à l'autre ; toutes les espèces de matériaux se rangent donc sous une opposition unique ; du côté des signifiés, la pertinence (c'est-à-dire le sens) oppose un champ où dominent les concepts d'*habillé* et d'*été* à un autre champ où dominent ceux de *voyage* et d'*hiver* ; du côté des signifiants l'opposition passe entre les *toiles, cotons, soies, organzas, mousselines*, etc. et les *popelines, draps, tweeds, velours, peaux*, etc. Est-ce tout ? Ne peut-on réduire l'opposition qu'on vient de découvrir, ou tout au moins la ramener à une opposition connue (car pour le moment on n'y décèle aucun des variants recensés) ? C'est ici une fois de plus l'épreuve de commutation qui doit guider ; elle impose de reconnaître *le plus petit élément* dont la variation entraîne le passage d'une aire à l'autre, c'est-à-dire d'un sens à l'autre. Or, les deux aires tendent manifestement l'une vers l'autre au niveau d'une certaine espèce, le *lainage*, qui est commune aux deux aires, *à une différence près* ; et c'est cette différence, la plus petite que l'on puisse repérer, qui va faire toute l'opposition de sens : dans l'aire I, le lainage est *fin*, dans l'aire II, il est *gros*. Il s'ensuit que d'un point de vue signifiant, toutes les espèces de matériaux finissent par se ranger sous une opposition du type *fin/gros*, ou, pour être plus exact, puisqu'il s'agit de tissus et non de formes, *léger/lourd* : cette opposition est bien connue, c'est celle du variant de poids. On est donc conduit à reconnaître que dans les espèces de matériaux, si nombreuses soient-elles, le système investit essentiellement un seul variant : le poids ; si l'on dépasse donc la règle terminologique, c'est le poids qui signifie, ce n'est pas l'espèce. Dès qu'on accepte de recenser l'implicite, il faut donc admettre que l'espèce n'est pas la dernière unité signifiante ; une même espèce, par exemple, peut être divisée par le variant : le sens passe *à l'intérieur* de l'espèce *lainage* [1]. De plus, puisqu'il s'agit d'une alternance, il n'est pas exclu qu'on en

1. On a de même : *coton (I) / coton ciré (II). Ciré*, rare, semble impliquer un variant de relief (lisse, sans relief) et il induirait à penser, en dernière analyse, que le poids lui-même renvoie à une idée de *fermeture* ou d'*ouverture* du matériau, notions ambivalentes, puisqu'elles conviennent également à la satisfaction de besoins cénesthésiques (chaleur) et de valeurs érotiques (transparence).

trouve parfois attesté le terme neutre (ni fin, ni gros, ni léger, ni lourd) : c'est ici le *jersey*, signifiant amorphe, mobile, qui peut circuler d'une aire à l'autre ; il renvoie naturellement à un signifié « pansémique » *(tout-aller)*.

11.12. Classement sémantique des espèces de couleurs.

De même pour la couleur. Les espèces (en apparence fort nombreuses) s'y rangent aussi dans deux aires opposées, que l'on peut reconstituer selon le même itinéraire méthodique que pour le matériau, en rassemblant de proche en proche les espèces synonymiques. Et ici encore, le sens sépare, non pas deux couleurs-types, comme on pourrait l'imaginer (par exemple le blanc et le noir) mais deux qualités ; sans tenir compte de la nature physique des couleurs, il met d'un côté de l'opposition les couleurs *vives*, *claires*, *franches*, *brillantes*, et de l'autre les couleurs *foncées*, *sombres*, *sourdes*, *neutres*, *passées* ; autrement dit, la couleur signifie, non par son espèce, mais seulement pour autant qu'elle est marquée ou ne l'est pas ; c'est donc ici encore un variant connu qui s'investit dans les espèces de couleurs pour les départager sémantiquement : la marque [1]. On sait déjà que *de couleur* ou *coloré* dénote, non pas la présence de la couleur, mais d'une façon emphatique sa marque ; aussi, de même que le poids peut diviser une même espèce de tissu (le lainage), de même la marque peut diviser une même espèce de couleur : le *gris* peut être clair ou foncé, et cette opposition est signifiante, non le gris en soi. L'opposition sémantique peut donc parfaitement contredire ou oublier les contraires de couleurs posés par le sens commun : en Mode, *noir* est une couleur pleine, marquée, en un mot, c'est une couleur *colorée* (associée naturellement à l'*habillé*) ; il ne peut donc s'opposer sémantiquement au *blanc*, qui est dans la même aire du marqué [2].

1. Ces observations semblent rejoindre celles de l'ethnologie (cf. Cl. Lévi-Strauss, *La Pensée sauvage*, p. 79).

2. On sait qu'au Moyen Âge, les couleurs vives (et non telle ou telle couleur) valaient très cher, servaient de bien d'échange ou de don (G. Duby et R. Mandrou, *Histoire de la civilisation française*, Armand Colin, 1959, 2 vol., 360-383 p.).

11.13. Les supports implicites : espèces réductibles et espèces simples.

Il n'est pas dit que l'on puisse ramener tous les genres au jeu d'un variant singulier aussi facilement que le matériau et la couleur. Du moins est-on assuré qu'une espèce peut toujours se définir par la combinaison d'un support simple et de quelques variants implicites. Autrement dit, l'espèce n'est jamais que le raccourci nominal qui économise l'énoncé d'une matrice complète. Qu'est-ce qu'un support simple ? C'est une espèce que l'on ne peut décomposer à l'aide des variants connus ; on pourrait donner à ces espèces irréductibles le nom d'espèces éponymes, car ce sont elles, en général, qui servent à désigner le genre dont elles font partie : *blouses*, *vestes*, *gilets*, *manteaux*, etc. ; ces espèces génériques s'offrent volontiers à des variants explicites *(une blouse légère, une veste cintrée)*, et il suffit de donner un nom nouveau à ces syntagmes pour créer de nouvelles espèces : une jupe courte sera une *jupette*, une coiffure sans calotte et sans bords, si elle est souple, sera un *bandeau*, etc. ; ainsi, plus l'espèce est particulière, plus elle est réductible ; plus elle est générale, moins on peut la décomposer, mais plus aussi on peut la retrouver à titre de support implicite dans les espèces réductibles.

12. *Le syntagme*

Chemises style Californie, à grand col,
à col dégagé, à petit col, à col officier.

I. Le trait de mode

12.1. Relation syntaxique et association syntagmatique.

En Mode, la syntaxe qui unit les unités signifiantes est une forme libre : c'est le rapport de simple combinaison qui enchaîne un certain nombre de matrices dans un seul énoncé ; dans *robe en coton, à damiers rouges et blancs* [1], six matrices sont unies entre elles par un rapport qui n'a pas d'équivalent dans la syntaxe verbale, et dont on a dit le caractère homographique [2]. À l'intérieur de la matrice, au contraire, la relation syntagmatique est contrainte ; c'est une relation de solidarité ou de double implication qui unit l'objet, le support et le variant. Étant libre et infiniment combinatoire, la syntaxe de Mode échappe à tout inventaire ; la matrice, elle, est un syntagme fini, stable et numérable ; et comme la répartition de la substance vestimentaire entre ses éléments est régulière, puisque les supports et les objets sont remplis par les genres, le variant restant immatériel, il s'ensuit que le trait de Mode (union du genre et du variant) a une importance à la fois méthodique et pratique, ce pour quoi on entendra ici par association syntagmatique, non la syntaxe des matrices, mais l'union du genre et du variant ; le trait s'offre en effet à

1. Robe en coton à damiers rouges et (à damiers) blancs
O SV — O SV — O SV
OS1 V S2
O V S

2. Cf. *supra*, 6, 11.

l'inventaire, il constitue une unité d'analyse dont le maniement permet de dominer la masse des énoncés du journal et de postuler une recension régulière des phénomènes de Mode ; et d'autre part, étant empli de substance, le trait rencontre des contraintes qui ne sont plus logiques, mais qui proviennent du réel même, qu'il soit physique, historique, éthique ou esthétique : en somme, au niveau du trait, la relation syntagmatique communique avec des données sociales et techniques ; elle est le lieu du système général de la Mode par où le monde s'investit dans le sens, parce que c'est le réel qui, à travers le trait, dicte les chances d'apparaître du sens. La relation systématique renvoie, semble-t-il (même si la discussion sur le binarisme reste encore ouverte), à une mémoire, en tout cas à une anthropologie ; la relation syntagmatique, elle, renvoie assurément à une « praxis » : c'est dire son importance.

12.2. Les impossibilités d'association.

Certains traits sont possibles, d'autres ne le sont pas, en vertu de certaines déterminations de fait, car c'est ici la substance seule (celle des genres et celle des variants) et non la loi de Mode, qui règle les possibilités d'apparition du trait. Quelles sont donc, en général, les impossibilités d'association du genre et du variant, telles du moins qu'on peut les affirmer dans une civilisation comme la nôtre[1] ? Il y a d'abord les impossibilités d'ordre matériel : un élément trop ténu ou par nature filiforme (une bretelle, une couture) ne peut recevoir le variant de forme ; un élément circulaire ne peut être long ; et d'une manière plus générale, pour tous les éléments qui sont entièrement parasites d'un autre élément *(doublures, côtés, taille, jupons)* ou du corps lui-même *(collants, bas)*, l'association du genre et de certains variants est en quelque sorte inutile et se refuse à la variation du *noté* : un *dos* ne peut avoir de poids indépendamment de la pièce dont il fait partie, des *bas* ne peuvent avoir une forme en propre. Il y a ensuite des impossibilités morales ou esthétiques : un cer-

1. Sur la relativité historique des impossibilités, cf. *infra*, 12, 4.

tain nombre de pièces ou d'empiècements *(blouses, pantalons, devants)* ne peuvent être soumis au variant d'existence, puisqu'il n'est pas encore admis de dénuder la poitrine ou le tronc ; un dos ne peut être saillant, un vêtement ne peut être « sans ligne », en raison des interdits esthétiques venus de la civilisation elle-même (et non seulement de la Mode), ou même de certains interdits « psychologiques » : des bas ne peuvent être « tombants », car ils passeraient pour un indice de mollesse et de négligence [1]. Il y a enfin des impossibilités institutionnelles ; c'est alors le statut du genre qui lui interdit certaines associations (une veste, protectrice par fonction, ne peut être transparente, un accessoire se refuse à la variation de mobilité, puisqu'il est toujours mobile, une pièce principale ne peut être orientée, puisqu'elle est champ d'orientation), ou mieux encore sa définition : un cardigan n'a pas la liberté d'être fendu ou de ne l'être pas, puisque c'est précisément sa fente médiane qui le définit (par opposition au sweater) ; on a vu [2] que les éléments qui n'étaient ni divisés ni mobiles n'avaient pas à être fixés ; dans tous ces cas, nombreux, l'association est impossible parce qu'elle serait en quelque sorte pléonastique ; c'est donc l'économie même de l'information qui exclut certaines associations. Et comme la définition de la pièce est en somme impliquée dans son nom, c'est finalement la langue qui très souvent règle les impossibilités d'apparition du trait ; la contrainte syntagmatique ne pourrait alors céder que si la langue modifiait elle-même ses nomenclatures [3].

12.3. La liberté d'alternative.

On l'a vu souvent, le sens ne peut naître que d'une variation. Les impossibilités d'association conduisent toutes à enlever au

1. Cependant, bien entendu, un engouement – c'est-à-dire, à la lettre, une « mode » – peut donner à un fait d'habillement tel que la négligence, la valeur institutionnelle d'un signe (par exemple dans le costume des adolescents).

2. Cf. *supra*, 9, 20.

3. La linguistique connaît naturellement le problème des associations impossibles ; on trouvera une analyse d'incompatibilité syntagmatique dans : H. Mitterand, « Observations sur les prédéterminants du nom », in *Études de linguistique appliquée*, n° 2 (Didier), p. 128 s.

variant sa possibilité de variation et par là même à détruire le sens. C'est donc en définitive le syntagme qui règle le pouvoir du système, et le rendement systématique d'un variant[1] dépend de la zone de liberté qui lui est octroyée par l'association syntagmatique, c'est-à-dire par le trait : c'est pourquoi l'on a pu dire (ici même) que le sens était toujours le produit d'une liberté surveillée. Il y a donc pour chaque trait une marge optima de liberté ; par exemple, pour qu'une pièce s'offre au variant d'artifice (c'est-à-dire puisse être « imitée »), il faut que sa définition ne soit pas trop vague ni sa fonction trop contraignante : l'accessoire est trop imprécis et les chaussures sont trop nécessaires pour que l'un et les autres aient la liberté d'être « faux ». L'optimum se situe donc toujours aussi loin d'une liberté totale que d'une liberté nulle : une pièce informe (liberté totale) et une pièce absolument formée (liberté nulle) ne peuvent s'offrir au variant de forme. En fait, la meilleure chance qu'un genre puisse avoir de s'associer à un variant, c'est de détenir ce variant, à titre implicite, mais seulement d'une façon en quelque sorte embryonnaire : une jupe s'offre volontiers aux variations de forme parce qu'elle a déjà, en soi, une certaine forme, mais que cette forme n'est pas encore institutionnelle. Le sens, pour naître, exploite ainsi certaines virtualités de la substance ; il peut donc se définir comme la capture d'une situation fragile, car si la virtualité de la substance s'accomplit prématurément, elle forme tout de suite une espèce nommée et le variant se dérobe ; si la mobilité s'investit en quelque sorte trop tôt dans l'assemblage de deux pièces, on obtient une espèce nommée *deux-pièces*, qui n'a plus la liberté de s'offrir au variant de mobilité parce qu'elle est mobile par statut.

12.4. Réserve de Mode et réserve d'histoire.

La substance détermine donc deux grandes classes d'associations du genre et du variant : possibles et impossibles ; ces deux classes correspondent à deux réserves de traits. La réserve des

1. Cf. *supra*, 11, 7.

traits possibles constitue la réserve de Mode proprement dite, car c'est dans cette réserve que la Mode puise les associations dont elle fait le signe même de Mode ; il ne s'agit cependant que d'une réserve : le variant comportant plusieurs termes, la Mode n'en actualise qu'un seul par année ; les autres, tout en participant *au possible*, sont *interdits*, car ils désignent le *démodé*. On voit par là que l'interdit est par définition possible : ce qui est impossible (on dira exclu) ne peut être interdit. Pour changer, la Mode fait donc alterner les termes d'un même variant, dans les limites mêmes des associations possibles ; elle fait par exemple succéder les *jupes longues* aux *jupes courtes*, la *ligne évasée* à la *ligne droite*, l'association de ces genres et de ces variants étant, en tout état de cause, possible ; un inventaire permanent de la Mode devrait donc porter seulement sur les traits possibles, la rotation des formes de Mode ne concernant jamais que les termes du variant et non les variants eux-mêmes. Cependant les traits exclus de l'inventaire de Mode, et qui correspondent aux syntagmes impossibles, ne sont pas pour autant irrécupérables, car les impossibilités d'association, si elles sont impératives à l'échelle d'une civilisation donnée, ne le sont plus à une échelle plus vaste : aucune, sans doute, n'est universelle, ni éternelle ; une autre civilisation que la nôtre pourrait accepter que les blouses soient transparentes et les dos saillants, et une autre langue pourrait décider que les cardigans ne soient plus par définition des pièces fendues ; autrement dit, le temps peut rendre possibles des associations aujourd'hui exclues, le temps peut rouvrir des sens fermés depuis longtemps, ou même depuis toujours ; la classe des traits impossibles forme donc une réserve, mais cette réserve n'est plus la réserve de Mode, c'est, si l'on veut, la réserve d'histoire. On conçoit que pour puiser dans cette réserve, c'est-à-dire pour rendre possible une association impossible, il faille une autre force que celle de la Mode, puisqu'il ne s'agit plus d'opérer le passage d'un terme à un autre à l'intérieur d'un même variant, mais la subversion de tabous et de définitions dont la civilisation a fait une véritable nature. L'observation des traits vestimentaires permet ainsi de distinguer et de définir structuralement trois temps : la Mode actuelle, la Mode virtuelle et l'histoire. Ces trois temps dessinent une certaine logique du vêtement ; le trait actualisé par la Mode de l'année est toujours noté, et l'on sait qu'en Mode le *noté* est *obligatoire*, sous peine d'encourir la condamnation attachée au démodé ; les traits virtuels qui participent à la réserve de Mode ne sont pas notés (la Mode ne parlant pour ainsi dire jamais le *démodé*), ils forment la catégorie de l'*interdit* ; enfin, les traits impossibles (dont on a vu qu'ils étaient en fait historiques) sont *exclus*, déportés hors du système de la Mode ; on retrouve ici une structure connue de la linguistique : la marque (le noté), l'absence de marque (l'interdit) et ce qui est situé hors de la pertinence (l'exclu), mais la structure du vêtement – et c'est là son originalité – a une consistance diachronique ; elle oppose l'actualité (la Mode) à une diachronie relativement courte (la réserve de Mode) et laisse hors du système la longue durée :

Structure du trait	*Exemple*	*Diachronie*	*Durée*	*Catégorie logique*
1. Genre + un terme d'un variant possible	Cette année, triomphe de la ligne évasée	Mode actuelle	une année	Obligatoire
2. Genre + tous les termes d'un variant possible	Ligne : droite / ronde / cube, etc.	Réserve de mode	durée courte	Interdit
3. Genre + un variant impossible	Manches fendues	Réserve d'histoire [1]	longue durée	Exclu

II. Le rendement syntagmatique

12.5. Définition syntagmatique d'un élément : les « valences ».

Genres et variants peuvent – ou ne peuvent pas – s'accrocher entre eux, selon des règles issues du monde (c'est-à-dire, en

1. On sait que le Moyen Âge a connu des manches fendues.

définitive, de l'histoire) ; dès lors on peut considérer chaque genre d'une part et chaque variant d'autre part comme doté d'un certain pouvoir associatif, que l'on mesurera par le nombre d'éléments adverses auxquels il peut s'accrocher pour produire un trait signifiant ; on appellera les rapports d'association d'un élément des *valences* (au sens chimique du terme) ; si l'association est possible, la valence sera positive, si l'association est exclue, la valence sera négative. Chaque élément (genre ou variant) est structuralement défini par un certain nombre de valences : ainsi le genre *couleur* comporte 10 valences positives et 20 valences négatives et le variant de souplesse 34 valences positives et 26 valences négatives [1]. Tout genre, comme tout variant, est donc d'une certaine façon défini par le nombre de ses valences, car ce nombre mesure en quelque sorte son degré d'exposition au sens ; en reconstituant, pour chaque genre et pour chaque variant, la carte de ses liaisons syntagmatiques, c'est une véritable fiche sémantique que l'on établit, d'un pouvoir définitionnel aussi sûr qu'une rubrique lexicographique, bien que cette fiche ne comporte aucune allusion au « sens » de l'élément. Parallèlement à un lexique ordinaire de la Mode *(tussor ≡ été)*, on peut donc imaginer un véritable lexique syntagmatique, qui donnerait pour chaque élément le détail de ses associations possibles et exclues. On obtiendrait ainsi des « cartes » d'affinités combinatoires qui auraient valeur définitionnelle :

ACCESSOIRE : *Possible :* Existence, Marque, Poids, etc.
Exclu : Forme, Ajustement, Mouvement, etc.

ARTIFICE : *Possible :* Accessoire, Attache, Basque, etc.
Exclu : Bas, Bracelet, etc.

Un tel lexique, que l'on pourrait appeler lexique structural, aurait au moins autant d'importance que son voisin lexicographique, car c'est en lui que la Mode prélève son sens, c'est-à-dire son être, bien plus que dans une table de signifiés arbitraires,

1. On rappellera que le corpus étudié a mis au jour 60 genres et 30 variants.

contingents, et souvent d'existence rhétorique. Il faut le répéter, c'est au niveau de ces paradigmes syntagmatiques, que le monde, le réel, l'histoire s'investissent dans le système signifiant : avant de changer de sens, les signes changent d'entours, ou plutôt, c'est en modifiant leurs relations syntagmatiques qu'ils changent de sens. L'histoire, le réel, la praxis ne peuvent agir directement sur un signe (pour autant que ce signe, tout en étant immotivé, n'est pas arbitraire), mais essentiellement sur ses liaisons. Or pour la Mode écrite, ce lexique syntagmatique est à portée (puisque le nombre des genres et des variants est raisonnablement fini) : c'est évidemment lui qui doit servir de base à cet inventaire perpétuel de la Mode, sans lequel la diffusion des modèles de Mode dans la société réelle (objet de la sociologie de la Mode) échappera à toute analyse.

12.6. Principe du rendement syntagmatique.

Confronter toutes les cartes syntagmatiques fournies par l'inventaire, c'est comparer le pouvoir sémantique des genres et des variants les uns par rapport aux autres ; car il est évident qu'un genre qui est pourvu d'un nombre élevé de valences positives (le *bord*, par exemple) a plus de chances de signifier qu'un genre pour lequel ce nombre est faible (le *clip*, par exemple). On appellera ici *rendement syntagmatique* le degré d'exposition de l'élément au sens, pour autant qu'il est mesuré par le nombre de ses valences ; on dira par exemple que l'opposition *long/court* a un rendement fort, parce qu'elle peut s'appliquer à un grand nombre de genres. Il faut bien souligner qu'il s'agit ici d'une évaluation, si l'on peut dire, structurale, et non à proprement parler statistique, bien qu'elle mette en jeu des nombres (à vrai dire fort simples : tout au plus s'agit-il d'une comptabilité) ; ce que l'on compte, ce n'est nullement le nombre d'occurrences réelles d'une relation syntagmatique dans le corpus étudié, ce sont des rencontres principielles, statutaires ; peu importe (du moins pour le moment) de trouver cent fois dans les journaux de Mode un trait comme *une blouse légère* ; si le poids est un variant riche, ce n'est pas à cette répétition tout empirique qu'il le doit[1], mais au nombre élevé des genres que ce variant peut affecter.

12.7. Richesse et pauvreté des éléments.

La richesse d'un élément, c'est-à-dire le nombre élevé de ses valences positives, traduit par définition l'état même de la réserve de Mode, puisque la Mode puise le changement de ses traits dans les variants et dans les genres qui peuvent s'associer. Pour les variants, le possible de Mode est riche, principalement au niveau de l'assertion d'espèce, de la marque, de l'artifice, de l'assertion d'existence, de l'association, de la grandeur et du poids, et pour les genres, au niveau des bords, des plis, des attaches, de la coiffure, des cols, des ornements et des poches. Ce sont donc les variants d'identité qui détiennent les plus grandes possibilités de sens ; comme ces variants, étant surtout qualificatifs, sont les moins techniques de tous (comparés par exemple aux variants de mesure ou de continuité), on peut dire que le développement « littéraire » de la Mode est bien soutenu structuralement : la Mode tend à « réciter » le vêtement plus qu'à le fabriquer. Quant aux genres le plus largement offerts au sens, on voit que ce sont essentiellement, non des pièces principales, mais des empiècements (cols ou poches) ou des éléments accessoires (plis, attaches, ornements) ; ainsi s'explique l'importance donnée par la Mode au « détail » dans la production du sens[2]. La pauvreté d'un élément (ou nombre élevé de ses valences négatives), au contraire, correspond à la réserve d'histoire, puisqu'elle renvoie aux associations les moins probables, qui ne pourraient s'accomplir sans un bouleversement mental ou linguistique. Les variants les plus pauvres sont les variants de position et de distribution : il y a une certaine immobilité topologique du vêtement, et c'est dans l'orientation des éléments que la révo-

1. Le nombre des occurrences réelles n'est pas indifférent, mais il doit être interprété du point de vue rhétorique : comme toute obsession, il renvoie à l'usager du langage, non au système lui-même : il renseigne sur le journal, par exemple, non sur la Mode.

2. Cf. *infra*, 17, 8.

lution du vêtement serait le plus sensible. Dans les genres les plus pauvres, on trouve des éléments secondaires, comme le côté, le dos ou les bas, mais aussi des éléments importants aux yeux de la Mode, comme le matériau ou la couleur ; ce paradoxe apparent amène à bien distinguer entre la force du sens et son étendue.

12.8. Étendue ou force du sens ?

Force et « étendue » du sens sont en effet dans un rapport inverse puisque l'étendue de l'éventail combinatoire d'un élément, en le banalisant, affaiblit son pouvoir d'information. On retrouve le même rapport inverse en passant du rendement systématique au rendement syntagmatique. Lorsque l'association des genres et des variants est limitée en extension par suite de leur pauvreté, la variation de sens semble se déporter intensivement sur le plan systématique, c'est-à-dire là où il existe une forte liberté de choix ; dans le cas du *style*, par exemple, la pauvreté syntagmatique du genre est en quelque sorte équilibrée par le rendement systématique des quelques variants auxquels ce genre peut s'associer : l'assertion d'espèce et la forme, notamment, fournissent au style une richesse de variations qui explique l'importance du genre dans la Mode. Ceci amène donc à bien distinguer l'extension du sens, de sa force ; la force du sens dépend de la perfection de la structure systématique[1], c'est-à-dire de la structuration et de la mémorabilité des termes associatifs ; l'étendue du sens dépend de son rendement syntagmatique ; et comme ce rendement, on l'a vu, est en définitive historique, culturel, l'extension du sens traduit le pouvoir de l'histoire sur le sens ; pour emprunter un exemple à la langue, le paradigme associatif du mot « industrie » peut être responsable de la « précision » du terme, de son éclat sémantique ; mais l'association syntagmatique *« Commerce et Industrie »*, participant à l'extension du sens, renvoie à une histoire (la fortune de l'expression date de la première moitié du XIXe siècle). Changer la Mode implique

1. Cf. *supra*, 11, 7.

donc de vaincre des résistances très différentes selon que l'on s'attaque à l'ordre systématique ou à l'ordre syntagmatique ; si l'on s'en tient au plan systématique, il n'y a aucune difficulté à passer d'un terme paradigmatique à un autre, et c'est là l'opération privilégiée de la Mode, au sens restreint du mot (*jupe longue/courte*, selon l'année) ; mais modifier le rendement syntagmatique d'un élément, en créant une nouvelle association (par exemple, *dos saillant*), c'est fatalement en appeler à des instances culturelles et historiques.

III. L'inventaire permanent de la Mode

12.9. L'association typique.

On a vu que l'analyse du système pouvait conduire à une structuration du vêtement réel[1] ; de même l'analyse du syntagme peut fournir des éléments pour une étude de la Mode réelle (ou « portée ») ; ces éléments sont les traits de Mode que l'on appellera des *associations typiques*. L'association typique est un trait (genre • variant) dont l'importance est désignée par le nombre élevé de ses occurrences réelles dans le corpus, c'est-à-dire en somme par la banalité de l'information qu'il transmet[2] : *avec/sans ceinture*, *taille marquée ou non*, *col rond ou en pointe*, *jupe longue ou courte*, *épaules larges ou normales*, *col ouvert ou fermé*, etc. Toutes ces expressions, on le sait, forment des stéréotypes qui reviennent sans cesse dans l'inventaire que la Mode fait elle-même du vêtement qu'elle choisit. L'association typique exprime une double économie : d'une part, elle est le résultat d'une sélection représentative : la Mode choisit, parmi des traits extrêmement nombreux, ce que l'on pourrait appeler les points sensibles du sens : l'association typique est l'étape d'une conceptualisation, elle permet de définir en peu de traits une essence de la Mode : elle est un sens concentré ; et d'autre part, puisque le trait typique renferme toujours un variant dont le

1. Cf. *supra*, 11, IV.

2. On peut dire que toute répétition insistante d'un trait constitue une association typique : c'est l'impression de stéréotype qui est déterminante.

jeu paradigmatique reste parfaitement libre, il désigne avec force le lieu où se développe l'opposition du *à-la-mode* et du *démodé*, c'est-à-dire la variation diachronique de la Mode : la *jupe longue* est choisie, d'une part, comme trait global contre d'autres traits moins importants (*jupe large* ou *sweater long*), et d'autre part, contre le terme adverse de son variant *(jupe courte)* : dans l'association typique, le choix de Mode est ainsi à la fois réduit et plein. Ce sont donc les associations typiques qu'il faut observer si l'on veut atteindre, d'une part, un certain être de la Mode (ce que l'on pourrait appeler ses traits obsessionnels) et, d'autre part, la liberté et partant les limites de ses variations (puisque dans la signification, toute liberté est surveillée). L'association typique n'a pas une valeur structurale, car sa détermination est statistique mais elle a une valeur pratique, et c'est en cela qu'elle prépare un passage de la Mode écrite à la Mode réelle.

12.10. La Mode fondamentale.

Le corps des associations typiques n'est accessible qu'à travers une certaine analyse. La Mode peut cependant procéder elle-même d'une façon immédiate à un résumé de ses traits et le donner à lire à ses consommatrices ; cette formule est comme le *digest* de la Mode triomphante (qui est en général la Mode annoncée), la définition raccourcie de la synchronie, c'est ce que l'on pourrait appeler la Mode fondamentale. La Mode fondamentale comprend, sous le nom de *grandes lignes* ou de *tendances*, un très petit nombre de traits, car il est essentiel que la formule soit mémorable ; ainsi la Mode 195... est définie tout entière par le *digest* suivant : *blousants souples, vestes longues, dos obliques*. Le passage d'une Mode fondamentale à une autre (l'année suivante) peut se faire de deux façons : soit en gardant la même formule, mais en permutant les termes des variants qui y sont engagés (*vestes longues* deviendra *vestes courtes*), soit en faisant disparaître certains traits et en en notant de nouveaux (*vestes longues* peut être remplacé par *ceinture haut placée*) ; le changement de la formule peut d'ailleurs n'être que partiel *(la longueur des jupes demeure inchangée par rapport à la saison passée).* Les traits engagés dans une Mode fondamentale sont très souvent appelés *constantes* de la Mode ; c'est dire que le rapport de la formule et du reste de l'inventaire est à peu près celui d'un thème et de ses variations ; la Mode fondamentale est donnée comme une contrainte absolument générale ; c'est, si l'on veut, la *forme* de la Mode ; les variations, constituées par l'ensemble des énoncés du journal, correspondent, non pas à une parole individuelle (ceci serait le cas d'une Mode « portée », c'est-à-dire « appliquée »), mais à une parole qui reste entièrement institutionnelle, comme un formulaire très large dans lequel l'usager peut rêver de prélever une « conversation » toute faite. On retrouve dans cette organisation thématique le modèle du vêtement réel saisi dans sa dimension historique la plus large (par exemple, le vêtement « occidental » peut être aussi résumé en quelques traits), comme si la Mode reproduisait dans un miroir rétrécissant, « en abyme », les rapports de l'inspiration fondamentale ou type permanent *(basic pattern)* postulée par Kroeber à propos des époques du vêtement[1].

12.11. Inventaire permanent de la Mode.

La Mode opère donc elle-même une sélection parmi ses traits synchroniques, soit d'une façon mécanique au niveau des associations typiques, soit d'une façon réflexive au niveau de chaque mode fondamentale. Cette sélection est empirique (quoiqu'elle soit tributaire du système dans son entier), elle introduit donc naturellement à un inventaire réel (et non plus principiel) de la Mode. Cet inventaire devrait être double : portant sur le corpus écrit d'une part et sur le vêtement réel (porté) d'autre part. L'inventaire du vêtement écrit consisterait à enregistrer et à surveiller chaque année les associations typiques et les formules de la Mode fondamentale, pour observer les variations qu'elles présentent d'une année à l'autre ; on pourrait avoir ainsi, au bout de quelques années, une idée précise de la diachronie de Mode et le

1. A. L. Kroeber cité par J. Stoetzel (*Psychologie sociale*, p. 247), cf. aussi Cl. Lévi-Strauss, *La Pensée sauvage*, p. 119.

système diachronique serait enfin à portée[1]. Dans une autre direction, chaque inventaire de la Mode écrite devrait être confronté avec un inventaire portant sur le vêtement réel, en recherchant si les traits affirmés dans les associations typiques et la formule fondamentale se retrouvent dans le vêtement que les femmes portent réellement, selon quelles adaptations, quels oublis et quelles contraventions ; la confrontation des deux inventaires devrait permettre de saisir la vitesse de diffusion des modèles de Mode d'une façon extrêmement fine, pour peu que l'inventaire réel soit mené dans des régions et des milieux différents.

IV. Conclusion

12.12. Classement structural des genres et des variants.

Il faut, pour terminer cet inventaire du signifiant vestimentaire, revenir à l'importance méthodique du syntagme. On a vu que le classement des genres et des variants qui a été adopté jusqu'à présent n'était pas fondé structuralement, puisqu'il s'agissait d'un classement alphabétique, dans le cas des genres, et d'un classement notionnel, dans le cas des variants[2]. Les cartes syntagmatiques établies pour chaque genre et chaque variant devraient permettre d'aborder un classement structural des éléments qui était jusqu'à présent prématuré. On peut maintenant envisager trois principes de classement, d'utilité différente. Le premier consiste à classer l'ensemble des genres du point de vue d'un seul variant et réciproquement ; on groupera par exemple dans une première classe (positive) tous les genres qui s'associent positivement au variant d'existence, et dans une seconde classe (négative) ceux qui ne peuvent s'y associer ; il s'agit en somme d'un classement intérieur à chaque carte syntagmatique et tel qu'il résulte d'une simple lecture de ces cartes ;

1. La formule fondamentale rappelle évidemment les traits essentiels du vêtement féminin maniés par Kroeber dans son étude diachronique ; l'inventaire qui est suggéré ici porte sur des Modes de faible diachronie.

2. Cf. *supra*, 8, 7 et 9, 1.

quoique parcellaire puisqu'il doit se renouveler à chaque carte, un tel classement peut être utile si l'on entend un jour étudier d'une façon exhaustive (sous forme de monographie) le champ diachronique d'un genre ou d'un variant, par exemple la transparence du vêtement ou la structure historique de la blouse[1]. Le second principe de classement, fondé sur le rendement fonctionnel proprement dit, consiste à considérer comme participant à une même classe tous les éléments qui ont le même nombre de valences d'une même sorte (positives ou négatives) ; on mettrait ainsi à jour des zones isométriques de rendement syntagmatique, utiles si l'on voulait entreprendre une histoire structurale du vêtement puisque l'on pourrait alors suivre le long du temps la stabilité ou la labilité de chacune de ces zones. Enfin, s'agissant des genres et à supposer que l'on garde l'ordre des variants adopté ici, en isolant de carte à carte les paquets de genres affectés des mêmes valences, on obtiendrait des groupes de genres extrêmement cohérents, puisqu'il s'agirait des genres qui s'offrent de la même façon à un certain groupe de variants ; soit le groupe division-mobilité-clôture-fixation (dont on a dit le caractère particulièrement structuré[2]) ; au regard de ce groupe, les genres *Bas*, *Calotte*, *Clip*, *Couture*, *Cravate* (entre autres) participent à une même classe, puisque aucun d'eux ne peut s'associer à aucun des 4 variants : à l'affinité des variants entre eux correspond, pour ce groupe de genres, une communauté de refus. Un tel classement aurait l'avantage de présenter un tableau ordonné des possibilités et des impossibilités d'association ; et en spécifiant dans leur finesse les raisons contingentes (venues de contraintes physiques, morales ou esthétiques) de ces impossibilités et de ces possibilités, on pourrait retrouver des affinités culturelles entre genres d'un même groupe[3].

1. Ceci suppose une translation du vêtement écrit au vêtement réel qui a été esquissée à 11, IV, à moins qu'on ne se contente de faire porter l'étude sur la « poétique » du vêtement (cf. *infra*, chap. 17).

2. Cf. *supra*, 9, 20.

3. Par exemple : genres « parasites », genres « limites », genres « filiformes », etc.

I. Le code vestimentaire

2. Structure du Signifié

13. Les unités sémantiques

Sweater pour les fraîches soirées d'automne pendant un week-end à la campagne.

I. Signifié mondain et signifié de Mode

13.1. Différence des ensembles A et B : l'isologie.

Avant d'étudier le signifié du code vestimentaire, il faut rappeler[1] que les énoncés de la signification sont de deux sortes : ceux dans lesquels le signifiant renvoie à un signifié explicite et mondain (ensembles A : *tussor* ≡ *été*), et ceux dans lesquels le signifiant renvoie d'une façon globale à un signifié implicite, qui est la Mode de la synchronie étudiée (ensembles B : *un boléro court, taille à la taille* ≡ [*Mode*]). La différence des deux ensembles tient au mode d'apparition du signifié (on a vu que la structure du signifiant était la même dans les deux cas : c'est toujours le vêtement écrit) ; dans les ensembles A, contrairement à ce qui se passe dans la langue, le signifié dispose d'une expression propre *(été, week-end, promenade)* ; cette expression est sans doute formée de la même substance que celle du signifiant, puisqu'il s'agit ici et là de mots ; mais ces mots ne sont pas les mêmes ; ils participent au lexique du vêtement dans le cas du signifiant et au lexique du « monde » dans le cas du signifié, on peut donc traiter ici librement le signifié à part du signifiant et le soumettre à un essai de structuration, puisqu'il est relayé par la langue ; au contraire, dans les ensembles B, le signifié (la Mode) est donné en même temps que le signifiant ; il ne dispose en général d'aucune expression propre ; dans ses ensembles B, la Mode écrite rejoint donc le modèle linguistique, qui, lui aussi, ne

1. Cf. *supra*, 2, 3 et 4.

donne jamais ses signifiés que « sous » ses signifiants ; on pourrait dire que dans de tels systèmes, le signifiant et le signifié sont isologues, puisqu'on les « parle » en même temps ; l'isologie rend d'ordinaire très difficile la structuration des signifiés, puisqu'on ne peut les « décoller » de leurs signifiants (sauf si l'on recourt à un métalangage), comme le prouvent sans doute les difficultés de la sémantique structurale[1] ; mais même dans le cas des ensembles B, le système de la Mode n'est pas celui de la langue ; dans la langue, il y a pluralité de signifiés ; dans la Mode, chaque fois qu'il y a isologie, c'est toujours du même signifié qu'il s'agit : la Mode de l'année, et tous les signifiants des ensembles B (traits vestimentaires) ne sont en somme que des formes métaphoriques. Il s'ensuit que le signifié des ensembles B échappe à toute structuration. Ce n'est que le signifié des ensembles A (signifiés mondains et explicites) qu'on doit essayer de structurer.

II. Les unités sémantiques

13.2. Unités sémantiques et unités lexicales.

Pour structurer les signifiés des ensembles A (les seuls dont il sera désormais question), il faut évidemment les découper en unités irréductibles. D'une part, ces unités seront *sémantiques*[2] puisqu'elles proviendront d'un découpage du contenu ; mais d'autre part – comme pour le signifiant – on ne pourra les atteindre qu'à travers un système, la langue, qui a lui-même son expression et son contenu : *week-end à la campagne* est bien le signifié d'un signe vestimentaire dont le signifiant est donné plus loin *(sweater en grosse laine)*, mais c'est aussi le signifiant (phrase) d'une *proposition* linguistique. Les unités sémantiques seront donc verbales,

1. Difficultés soulignées par toutes les synthèses sur la question (Hjelmslev, Guiraud, Mounin, Pottier, Prieto).

1. Selon la distinction de A.-J. Greimas que l'on adoptera désormais ici (« Problèmes de la description... », *Cahiers de lexicologie*, 1, p. 48) *sémantique* sera réservé au plan du contenu et *sémiologie* au plan de l'expression ; la distinction est ici, non seulement valide, mais nécessaire puisque dans les ensembles A il y a absence d'isologie.

mais rien n'oblige à ce qu'elles aient toujours la dimension du mot (ou du monème) : en droit, elles n'ont pas à coïncider avec les unités lexicales. Et comme c'est leur valeur vestimentaire qui intéresse le système de la Mode, et non leur valeur lexicale, on n'a pas, à la limite, à s'inquiéter de leur sens terminologique : *week-end* a certes un sens (c'est la portion finale et oisive de la semaine), mais on peut faire abstraction de ce sens pour ne voir en lui que le signifié de *sweater*. Cette distinction est importante, car elle laisse prévoir qu'il faudra récuser tout classement idéologique des unités sémantiques (par affinités conceptuelles [1]), à moins que ce classement ne coïncide avec un classement structural issu de l'analyse du code vestimentaire lui-même.

13.3. Unités signifiantes et unités sémantiques.

Dans la langue, certaines unités du signifié sont parfaitement liées à certaines unités du signifiant, puisqu'il y a isologie : en découpant un énoncé du signifiant en unités minima (unités significatives), on définit par là même des unités de signifiés concomitantes [2]. Mais en Mode, le contrôle du signifiant ne peut être aussi déterminant ; il est en effet fréquent que des combinaisons de matrices (et non une seule matrice) recouvrent un seul signifié terminologiquement indécomposable (réduit à un seul mot) : l'unité du signifiant (la matrice OSV) ne peut désigner à coup sûr l'unité sémantique. En fait, dans le système de la Mode, c'est l'unité de la relation (c'est-à-dire de la signification) qui est contraignante : à un signifiant total correspond un signifié total [3] ; dans : *sweater en grosse laine ≡ week-end d'automne à la campagne*, il n'y a pas de correspondance codée, entre les composants du signifiant et ceux du signifié : le sweater ne renvoie pas particulièrement au week-end, la laine à l'automne et sa grosseur à la campagne, car même s'il y a une certaine affinité entre la

1. Par exemple le classement de Von Wartburg et Hallig, déjà cité.
2. Ces unités de signifiés ne sont pas cependant obligatoirement minimales, puisqu'on peut décomposer la plupart des lexèmes en sèmes.
3. C'est un peu ce qui se passe dans la langue pour la phrase (Cf. Martinet, « Réflexions sur la phrase », in *Langage et Société*, p. 113-118).

fraîcheur de l'automne campagnard et la chaleur de la laine, cette affinité reste globale, et d'ailleurs révocable, puisque le lexique de la Mode change chaque année : *laine* peut ailleurs signifier *printemps sur la Riviera*[1]. On ne peut donc faire correspondre entre elles d'une façon stable des unités minimales de signifiant et des unités minimales de signifié ; le sens ne peut présider à la détermination des unités sémantiques qu'au niveau de la signification globale : l'énoncé du signifié doit être découpé sous le contrôle du signifiant général (énoncé du signifiant), non sous celui de ses unités parcellaires. Ce contrôle général serait inopérant si l'on ne rencontrait jamais en Mode que des signifiés intégralement nouveaux ou intégralement répétés : comment découper ce qui serait à chaque fois unique ou identique ? Mais ce n'est pas le cas : la plupart des énoncés du signifié mêlent des éléments qui sont déjà connus parce qu'on les a rencontrés, diversement combinés, dans d'autres énoncés ; des énoncés comme *week-end à la campagne*, *vacances campagnardes*, *week-end mondain*, *vacances mondaines*, sont tous réductibles, parce qu'ils comportent des éléments communs, et par conséquent mobiles : c'est parce que *week-end*, *mondain*, *vacances*, *campagne*, se retrouvent dans des énoncés (partiellement) différents que l'on est en droit de constituer ces expressions en unités sémantiques, propres à former une véritable combinatoire ; car en changeant d'énoncé, chacune de ces unités change de signifiant global, et c'est bien la commutation du signe qui permet de les repérer ; il suffit donc de soumettre les énoncés du signifié à cette nouvelle épreuve de commutation, pour établir un inventaire des unités sémantiques dans les limites du corpus étudié.

13.4. Unités usuelles et unités originales.

Cependant, les unités mobiles (c'est-à-dire répétées) n'épuisent pas la totalité des énoncés du signifié ; certains énoncés ou certains fragments d'énoncés sont constitués par des notations uniques, du moins à l'échelle du corpus ; ce sont si l'on veut des

1. Cf. *infra* sur le signe (15, 6).

hapax legomena ; ces hapax sont eux aussi des unités sémantiques, car ils sont attachés à un signifiant global et participent au sens. On aura donc deux sortes d'unités sémantiques, les unes mobiles et répétées (on les appellera des unités usuelles), les autres constituées par des énoncés ou des résidus d'énoncés qui ne s'offrent pas à la répétition (on les appellera des unités originales). On peut distinguer quatre modes de rencontre des unités usuelles et des unités originales : 1. une unité usuelle peut constituer à elle toute seule un énoncé *(pour l'été)* ; 2. un énoncé peut être formé uniquement d'unités usuelles *(soirées d'été à la campagne)* ; 3. l'énoncé peut combiner des unités usuelles et une unité originale *(vacances – d'hiver – à Tahiti)* ; 4. l'énoncé peut être constitué dans son entier par une unité originale (elle ne peut par définition se décomposer), quelle que soit son ampleur rhétorique *(pour une entrée spectaculaire dans le petit bistrot où vous allez d'habitude)*. On ne peut assurer à cette distinction un contenu stable, puisqu'il suffirait d'élargir le corpus pour transformer peut-être une unité originale en unité usuelle, dès lors qu'on la trouverait combinée ; de plus elle n'a aucune influence sur la structure des énoncés : les modes de combinaison sont les mêmes pour toutes les unités : elle est cependant nécessaire parce que les unités usuelles ne viennent pas du même « monde » que les unités originales.

13.5. Unités usuelles.

Les unités usuelles (*après-midi*, *soir*, *printemps*, *cocktail*, *shopping*, etc.) recouvrent des notions et des usages qui appartiennent au monde social réel : les saisons, le timing, les fêtes, le travail : même si ces réalités sont souvent données sous un aspect trop luxueux pour ne pas être quelque peu irréel, elles fondent des institutions, des protocoles, des lois même (dans la notion de fête légale), qui relèvent d'une véritable praxis sociale. On peut donc présumer que les unités sémantiques usuelles du vêtement écrit désignent pour l'essentiel les fonctions mêmes du vêtement réel (porté) ; par ses unités usuelles la Mode communique avec le réel, même si ce réel est frappé par la rhétorique de Mode d'une marque constamment festive, euphorique ; l'ensemble des unités usuelles du vêtement écrit serait en somme la version photogénique des fonctions réelles du vêtement porté. L'origine toute pratique des unités usuelles explique que ces unités correspondent sans peine pour la plupart à des unités lexicales *(week-end, shopping, théâtre)*, bien que structuralement elles n'y soient pas obligées : le mot, au sens courant du terme, est en effet la condensation forte d'un usage social[1] : sa nature stéréotypique correspond au caractère institutionnel des circonstances qu'il résume.

13.6. Unités originales.

Les unités originales *(pour accompagner les enfants à l'école)* appartiennent d'ordinaire en propre au vêtement écrit et elles ont peu de chances d'avoir des garants dans la réalité sociale, du moins sous sa forme institutionnelle ; ce n'est pas cependant un statut fixe et rien n'interdit à une unité originale de devenir une unité usuelle ; dans *vacances à Tahiti*, Tahiti est un hapax, mais il suffirait que la vogue, les agences de voyage et surtout l'élévation du niveau de vie fassent de Tahiti une villégiature aussi institutionnalisée que la Côte, pour que ce nom de lieu devienne un signifié vestimentaire usuel. Jusque-là, l'unité originale est d'ordinaire indice d'utopie ; elle renvoie à un monde de rêve, qui a la précision tout onirique des contingences complexes, savoureuse, rares, inoubliables *(promenade à deux sur les docks de Calais)* ; étroitement tributaires de la parole du journal, les unités originales participent volontiers au système rhétorique de l'énoncé ; elles correspondent rarement à de simples unités lexicales mais demandent au contraire un développement phraséologique[2] ; c'est qu'en réalité ces unités sont rarement concep-

1. On sait que le mot est une notion qui a été mise en cause par beaucoup de linguistes, et cette problématique est sans doute justifiée sur le plan structural ; mais le mot a aussi une réalité sociologique ; il est un effet et un pouvoir social ; c'est d'ailleurs souvent à ce moment-là qu'il devient connoté.

2. *Tahiti*, par exemple, est développé rhétoriquement en *amour et rêve à Tahiti*.

tuelles : elles tendent, comme tout rêve, à rejoindre la structure d'un véritable récit (*habitant à 20 km d'une grande ville, je dois prendre le train trois fois par semaine*, etc.). Chacune étant par définition « hapax », les unités originales contiennent une information plus forte que les unités usuelles [1] ; en dépit de leur originalité (c'est-à-dire, en termes informationnels, de leur caractère absolument inattendu), elles sont parfaitement intelligibles puisqu'elles sont transmises à travers le relais de la langue et que le *hapax* est au niveau du code vestimentaire, non à celui du code linguistique. On ne peut néanmoins les relever en ordre, en raison de leur nature ordinairement phraséologique (il serait plus facile de les classer par leur signifié rhétorique).

III. Structure de l'unité sémantique

13.7. Le problème des « primitifs ».

Rien n'interdit en principe d'examiner s'il est possible de décomposer l'unité usuelle en éléments plus petits (pourvu qu'ils soient vestimentairement signifiants) ; cela reviendrait évidemment à aller au-delà du mot (car les unités usuelles ont facilement la dimension du mot) et à distinguer plusieurs parties interchangeables dans le signifié que ce mot représente ; cette tentative de décomposition du signifié-mot est connue de la linguistique : c'est le problème des « primitifs » (la notion se trouve déjà dans Leibniz), qui a été notamment posé par Hjelmslev, Sörensen, Prieto [2], Pottier et Greimas ; le mot *jument* quoique constituant lui-même un signifiant minimum et indécomposable (sauf à passer à la seconde articulation) recouvre deux unités de sens : *« cheval »* et *« femelle »*, dont la mobilité est attestée par l'épreuve de commutation *(« porc » • « femelle » ≡ /truie/)*. De la même façon, on pourrait définir */déjeuner/* comme un combinat sémantique d'acte *(« manger »)* et de temporalité *(« au milieu de la journée »)* ; mais ce serait là une analyse purement linguis-

1. A. Martinet, *Éléments*, 6, 10.

2. Cf. G. Mounin, « Les analyses sémantiques », in *Cahiers de l'Inst. de science économique appliquée*, mars 1962.

tique ; la commutation vestimentaire, elle, ne permet pas d'en dire autant ; certes, elle atteste un primitif temporel *(midi)*, parce qu'il peut y avoir un vêtement pour ce moment ; mais l'autre primitif suggéré par l'analyse linguistique *(manger)* n'a aucune sanction vestimentaire : il n'y a nulle part aucun vêtement pour *manger* et la décomposition de *déjeuner* ne peut être entièrement fondée : *déjeuner* est donc la dernière unité que l'on puisse atteindre, on ne peut descendre au-delà : les unités usuelles sont bien les plus petites unités sémantiques offertes à l'analyse du signifié mondain ; c'est normal : le système de la Mode est fatalement plus grossier que celui de la langue, la combinatoire en est moins déliée, et c'est l'une des fonctions de l'analyse sémiologique telle qu'on l'a fondée, « entre les choses et les mots », au niveau du code terminologique ou pseudo-réel, que de suggérer qu'il existe des systèmes de sens intérieurs à la langue, mais disposant d'unités plus larges et d'une combinatoire moins souple.

13.8. La relation AUT.

Ces unités admises, on peut toutefois tenter de les constituer en listes d'oppositions pertinentes. On s'aidera ici, une fois de plus, des paradigmes que le journal fournit lui-même, chaque fois qu'il énonce ce qu'on a déjà appelé à propos du signifiant (car il s'agit évidemment des mêmes exemples) une double variation concomitante[1] ; dans *flanelle rayée ou twill à pois selon le matin ou le soir*, il est attesté, par la variation même du signifiant, qu'il y a entre *« soir »* et *« matin »* une opposition pertinente et que ces deux termes font partie du même paradigme sémantique ; ils constituent, si l'on veut, un fragment de système étendu sur le plan syntagmatique ; sur ce plan, la relation qui les unit est celle de la disjonction exclusive : on appellera cette relation très particulière (puisqu'elle réunit syntagmatiquement les termes d'un même système) la relation AUT[2]. Par

1. Cf. *supra*, 5, 3.

2. Par opposition à la relation VEL (cf. chap. suivant) ; on est obligé de recourir à des vocables latins, puisqu'en français OU est à la fois inclusif et exclusif.

sa nature alternative (ou bien... ou bien), AUT est, si l'on veut, la relation syntagmatique du système ou relation spécifique de la signification[1].

13.9. Le problème de la marque sémantique.

Reste à savoir si ces oppositions pertinentes de signifiés peuvent se réduire au couple du *marqué/non-marqué*, comme c'est le cas des oppositions phonologiques (mais non celui, on l'a vu, de toutes les oppositions vestimentaires[2]), c'est-à-dire si l'un des termes de l'opposition est affecté d'un caractère dont l'autre est privé. Pour que cette réduction soit possible, il faudrait qu'il y ait une correspondance rigoureuse entre la structure du signifiant vestimentaire et celle du signifié mondain ; par exemple pour qu'« *habillé* » soit marqué par rapport à « *sport* », il faudrait que le vêtement habillé possédât lui-même une marque, précisément absente du vêtement de sport : ce n'est évidemment pas le cas : le vêtement « habillé » peut être tantôt plus « chargé », tantôt moins, que le vêtement de sport. Les oppositions de signifiés, lorsque le journal permet de les repérer, restent donc des oppositions équipollentes ; il est impossible d'en formaliser le contenu, c'est-à-dire de transformer la relation contradictoire en relation différentielle[3]. Ainsi l'analyse distinctive apparaît impuissante à déterminer un classement *a minimo* des unités sémantiques, sous la seule sanction du code vestimentaire : les unités usuelles restent entières, et c'est désormais du côté de leur groupement qu'il faut poursuivre l'analyse du signifié.

1. Voici quelques couples de termes alternatifs fournis par le corpus étudié : *sport/habillé* ; *jour/nuit* ; *soir/matin* ; *sauvage/civilisé* ; *classique/fantaisie* ; *pratique/sophistiqué* ; *sévère/léger* ; *sage/gai* ; *discret/joyeux* ; *Iles/Océan* : cette opposition recouvre le contraste climatique de la chaleur méditerranéenne *(« Iles »)* et de la fraîcheur atlantique *(« Océan »)*.

2. Cf. *supra*, 11, II.

3. En linguistique, la décomposition du signifié en éléments marqués et non marqués reste problématique. Cf. cependant, sur le masculin et le féminin, A. Martinet, « Linguistique structurale et grammaire comparée », in *Travaux de l'Institut linguistique*, Paris, Klincksieck, 1956, I, p. 10.

14. Combinaisons et neutralisations

Coquette sans coquetterie.

I. La combinaison des signifiés

14.1. Syntaxe des unités sémantiques.

L'unité sémantique usuelle (c'est d'elle qu'il s'agira désormais) est non seulement mobile (on peut la retrouver insérée dans des énoncés différents), mais aussi suffisante : elle peut former à elle seule un énoncé du signifié *(tussor ≡ été)*. Cela veut dire que la syntaxe des unités sémantiques n'est jamais qu'une combinaison[1] : jamais un signifié n'oblige à un autre signifié, il s'agit toujours d'une simple parataxe ; la forme linguistique de cette parataxe ne doit pas faire illusion : les mots peuvent être unis par des éléments syntaxiques (et non parataxiques) sur le plan du langage (prépositions, conjonctions), mais les unités sémantiques qu'ils relaient sont purement combinatoires *(soirées • automne • week-end • campagne ≡ pour les soirées d'automne pendant un week-end à la campagne)*. Le rapport de combinaison peut être rempli cependant de deux façons différentes, soit que l'on accumule des unités dont le sens est complémentaire *(cette robe en tussor pour Paris l'été)*, soit que l'on énumère les signifiés possibles d'un même signifiant *(sweater pour la ville ou la campagne)* ; toutes les combinaisons d'unités sémantiques réunies dans un seul énoncé se ramènent à l'un de ces deux cas ; on appellera le premier type de combinaison, relation ET, et le second, relation VEL.

1. Les unités originales peuvent être aussi soumises à la combinaison (avec des unités usuelles) ; mais leur singularité empêche d'en poursuivre l'analyse comme on le fait pour les unités usuelles : on peut les reconnaître non les classer.

14.2. La relation ET.

La relation ET est cumulative ; elle établit un rapport de complémentarité réelle (et non pas formelle, comme dans le cas de VEL) entre un certain nombre de signifiés qu'elle amalgame dans une situation unique, actuelle, contingente et vécue *(à Paris, l'été)*. La phraséologie de cette relation est variée, constituée par toutes les formes syntaxiques de la détermination : adjectifs épithètes *(vacances printanières)*, substantifs en complément *(nuit d'été)*, déterminants circonstanciels *(Paris, l'été ; promenade sur la digue*[1]*)*. Jusqu'où peut s'étendre le pouvoir de la relation ET ? Son champ d'extension est très vaste ; on pourrait croire à première vue qu'elle ne peut unir que des signifiés affinitaires, ou du moins non contradictoires, puisqu'ils doivent renvoyer à des situations ou à des états qu'il soit possible d'actualiser en même temps : le week-end est normalement compatible avec le printemps, et il est vrai que l'affinité est le régime commun de la relation ET[2] ; la relation peut cependant juxtaposer aussi des unités de sens apparemment contradictoires *(audacieux et discret)* ; il faut simplement rappeler ici que la validité de telles relations ne dépend pas de critères rationnels, mais seulement de conditions formelles : il suffit que ces unités sémantiques soient régies par un seul signifiant ; c'est pourquoi il n'y a pas à s'étonner que le champ d'application de la relation ET soit pratiquement total, et qu'il aille de la redondance pure *(sobre et simple)* au paradoxe caractérisé *(audacieux et discret)*. ET est la relation de l'actualité ; elle permet de tirer d'une réserve

1. La variation est terminologique quand on ne peut linguistiquement la réduire davantage *(Paris l'été)* ; elle est rhétorique lorsqu'elle donne l'unité sous une forme littéraire et métaphorique (c'est-à-dire comportant une certaine connotation) : *printanier* est, si l'on peut dire, plus *« printemps »* que *printemps* ; la *digue* est une métaphore de la *mer*, unité usuelle citée généralement sous les espèces de trois lieux-climats : *plage* (≡ soleil), *digue* (≡ vent), *port* (≡ pluie).

2. Autres signifiés affinitaires : *classique et facile à porter, jeune et dégagée, gai et pratique, jeune et féminin, simple et pratique, nonchalant et aisé, distingué et parisien, souple et désinvolte*, etc.

générale de fonctions usuelles la notation d'une contingence particulière ; par le simple jeu combinatoire, la Mode peut produire des signifiés rares, d'apparence riche et personnelle, à partir d'éléments cependant pauvres et communs ; elle approche ainsi d'une sorte de *hic et nunc* de la personne et du monde et paraît proposer un vêtement pour des circonstances complexes et des tempéraments originaux ; de plus lorsque la combinatoire saisit des unités originales, ET permet la représentation d'un monde utopique où tout est possible, le *week-end à Tahiti*, aussi bien qu'*une souplesse rigoureuse* : grâce à ET, les sens du vêtement peuvent surgir d'horizons inimaginables et désigner des emplois uniques, irréversibles ; le vêtement devient ainsi un événement pur : soustrait à toute généralisation et à toute répétition (même à partir d'éléments répétés), le signifié vestimentaire suggère alors la rencontre d'un moment si riche, qu'il ne peut être dit que par l'accumulation d'unités dont aucune ne détruit l'autre, si contradictoires soient-elles. C'est pourquoi l'on pourrait dire que ET est la relation du vécu, fût-il imaginaire.

14.3. La relation VEL.

La relation VEL est à la fois disjonctive et inclusive (par opposition à AUT, qui est disjonctif et exclusif) : disjonctive parce que les unités qu'elle relie ne peuvent être actualisées en même temps, inclusive parce qu'elles appartiennent à une même classe, qui leur est extensive et qui est implicitement le véritable signifié global du vêtement : dans *sweater pour la ville ou la campagne*, il y a une alternative d'actualité entre la ville et la campagne, car on ne peut être à la fois dans l'un et l'autre lieu ; le sweater vaut cependant, intemporellement, ou du moins successivement pour l'un et pour l'autre et renvoie par conséquent à une classe unique, qui inclut à la fois la ville et la campagne (même si cette classe n'est pas nommée par la langue). Bien entendu, la relation est ici inclusive, non pour des raisons inhérentes au sens de ses termes, mais uniquement parce qu'elle s'établit, si l'on peut dire, sous le regard d'un seul signifiant vestimentaire : la ville et la campagne sont dans un rapport d'équivalence, ou mieux encore, d'indifférence, *du point de vue du sweater*[1] ; si, en effet, les deux unités sémantiques étaient régies, non plus par un, mais par deux signifiants, la relation, d'inclusive, deviendrait exclusive, elle passerait de VEL à AUT *(sweater ou chemisier selon la campagne ou la ville)* : on aurait ici *deux* signes. Quelle est la fonction psychologique de VEL ? On l'a vu, la relation ET actualise des possibles, si distants qu'ils puissent paraître l'un de l'autre *(audacieux et discret)* ; c'est dire précisément qu'elle fait cesser le possible et le convertit en réel, et c'est en cela qu'elle est bien la relation du vécu, fût-il utopique. La relation VEL, au contraire, n'actualise rien et laisse aux termes souvent contradictoires qu'elle unit leur caractère de possibles ; le vêtement auquel elle renvoie est assez général, non pour satisfaire une fonction rare et intense, mais pour saturer successivement plusieurs fonctions, dont chacune reste ainsi frappée de virtualité ; par là même, contrairement à ET, qui implique un vêtement de l'instant, VEL suppose une durée, pendant laquelle le vêtement pourra parcourir un certain nombre de sens, sans jamais manquer à la singularité du signe ; on assiste alors à un curieux chassé-croisé : le vêtement auquel renvoie la relation ET tend à l'utopie dans la mesure même où son signifié a toutes les apparences du réel (il est vrai rare) : c'est proprement le vêtement de Mode, d'autant plus imaginaire qu'il semble détaillé[2] : il est aussi naturel de rêver à un sweater *pour les soirées d'automne, le week-end à la campagne, si vous êtes nonchalante et rigoureuse*, qu'il est difficile d'en disposer réellement, c'est-à-dire économiquement ; à l'inverse, VEL implique un vêtement réel dans la mesure même où son signifié n'est que possible ; chaque fois que le journal use de la relation VEL, on peut être assuré qu'il tempère son utopie et vise une lectrice réelle : un vêtement

1. C'est pourquoi VEL peut fort bien s'exprimer à travers la conjonction *et* : *sweater pour la mer et la montagne*. Sur *et/ou*, cf. R. Jakobson, *Essais*, p. 82.

2. Le « détail » est un élément fondamental de l'imagination ; combien d'esthétiques qui sont fabuleuses parce qu'elles sont précises.

pour la mer ou la montagne (VEL) est plus probable qu'un *vêtement pour le week-end à la mer* (ET). Et comme il est impossible d'égaler des fonctions éloignées *(ville et campagne, mer et montagne)* sans se hausser jusqu'à un concept général qui en abolisse les différences, VEL implique une certaine intellectualisation du monde : on ne peut porter indifféremment la même tenue au théâtre et au cabaret, sans se référer implicitement à l'idée plus abstraite de sortie nocturne : face à ET, qui est la relation du vécu imaginaire, VEL est la relation de l'intelligible réel [1].

II. La neutralisation du signifié

14.4. La neutralisation.

Puisque toutes les unités sémantiques peuvent être unies soit par ET soit par VEL, sans égard à la résistance logique de certains paradoxes *(coquette sans coquetterie)* ou de certains pléonasmes *(sobre et discret)*, pourvu qu'elles soient placées sous la sanction d'un seul signifiant, il serait vain de chercher à établir pour le signifié des cartes syntagmatiques [2], c'est-à-dire à énumérer pour chaque unité les unités complémentaires auxquelles elle peut s'unir : en principe aucune association n'est exclue. Mais comme le développement syntagmatique de termes ordinairement situés en opposition pertinente *(« week-end »/« semaine »)* entraîne fatalement un effacement de cette pertinence *(vêtement aussi bien pour la semaine que pour le week-end)*, les combinaisons d'unités sémantiques sous le regard d'un seul signifiant correspondent au phénomène de neutralisation que l'on a déjà décrit à propos du signifiant [3], et c'est par la neutralisation qu'il faut poursuivre l'analyse des unités sémantiques. On a vu que la relation AUT *(flanelle*

1. Il va de soi que ET et VEL peuvent se trouver dans le même énoncé :

\ ce sweater ≡ week-end sportif ou mondain /

1 ET (2 VEL 3)

2. Cf. *supra*, 12, II.
3. Cf. *supra*, 11, III.

rayée ou twill à pois pour le matin ou le soir) était la relation de la distinction pertinente ou de la signification ; dans de tels énoncés, *« matin »* et *« soir »* sont les deux termes alternatifs d'un même système ; pour que cette opposition soit neutralisée, il suffit que les deux termes soient régis non plus par deux signifiants *(flanelle rayée/twill à pois)*, mais par un seul (par exemple : *flanelle rayée pour le matin ou le soir*) ; autrement dit, tout passage de AUT à ET ou à VEL constitue la neutralisation d'une opposition pertinente dont les termes, en quelque sorte fossilisés, se retrouvent dans l'énoncé du signifié à titre d'unités sémantiques simplement combinées : on voit qu'ici ce qu'on appelle en linguistique le contexte neutralisant (ou dominance) est formé par la singularité même du signifiant vestimentaire [1].

14.5. Archi-sémantèmes, fonctifs et fonctions.

Ainsi des unités opposées ailleurs d'une façon distinctive *(soir/matin, sportif/mondain)* sont parfois soumises, sous la dominance d'un signifiant unique, à une neutralisation qui les fond (ET) ou les égalise (VEL) ; mais en se confondant ou en s'indifférenciant, ces unités engendrent fatalement une seconde classe sémantique qui les comprend : c'est ici une circonstance d'emploi assez générale pour recouvrir à la fois le sportif et le mondain, là une unité temporelle extensive au soir et au matin (la journée, par exemple) ; cette classe nouvelle, ou ce signifié syncrétique, c'est, *mutatis mutandis*, l'équivalent de l'archi-phonème produit par la neutralisation phonologique ou de l'archi-vestème produit par la neutralisation vestimentaire [2] ; on pourrait l'appeler un *archi-sémantème* ; on se contentera du terme de *fonction* qui rend mieux compte du mouvement convergent de la neutralisation, puisque les termes que la fonction « coiffe » sont des fonctifs ; souvent l'on dispose d'un nom général pour cette

1. Sur l'extension de la neutralisation au lexique et à la morphologie, cf. l'enquête provoquée par A. Martinet (*Trav. Inst. ling.*, II).
2. Cf. *supra*, 11, 9.

fonction ou réunion de fonctifs ; ainsi *matin et après-midi* sont les fonctifs de la fonction *journée* : mais parfois aussi, la fonction n'est sanctionnée par aucun vocable de la langue ; il n'y a aucun mot en français pour désigner un concept extensif au *sportif* et au *mondain* ; la fonction est alors défective sur le plan terminologique, cela ne l'empêche pas d'être pleine au niveau du code vestimentaire, puisqu'elle tient sa validité, non de la langue, mais de la singularité du signifiant [1] ; aussi, que la fonction soit nommée ou non, on peut toujours dégager d'un énoncé neutralisé une cellule fonctionnelle composée d'une fonction et de ses fonctifs :

(journée) — (matin) (après-midi)

(o) — (sportif) (mondain)

14.6. Parcours de sens.

Une fois constituée par la neutralisation de ses termes ou fonctifs, toute fonction tire évidemment son sens de son opposition à un nouveau terme, virtuel, qui appartient lui aussi au système (même s'il n'est pas nommé par la langue), car tout sens s'engendre à partir d'une opposition ; pour que la *journée* détienne un sens vestimentaire, il faut qu'elle soit elle-même le simple fonctif d'une fonction virtuelle, qu'elle fasse partie d'un paradigme nouveau, par exemple, celui de : *journée/nuit.* Et comme chaque fonction peut devenir fonctif [2], il se construit ainsi à travers l'ensemble des signifiés de Mode un système de neutralisation assez semblable à une pyramide dont la base serait for-

1. Les fonctions terminologiquement défectives concernent surtout les signifiés caractériels, psychologiques, esthétiques, bref, un ordre idéologique soumis à la notion de contraires.

2. Certains ensembles du lexique général d'une langue peuvent être décrits en termes de fonctifs et de fonctions :

famille — enfants (fils, fille) — parents (père, mère)

mée d'un grand nombre d'oppositions pertinentes (*matin/après-midi* ; *été/hiver/printemps/automne* ; *ville/campagne/montagne* ; *sportif/mondain* ; *audacieux/discret*[1] ; etc.), tandis qu'au sommet on ne trouverait plus à peine que quelques oppositions *(journée/soir ; sortie/intérieur)* ; entre la base et le sommet, toute une échelle de neutralisations progressives, ou, si l'on préfère, de cellules intermédiaires, fonctifs ici, fonctions là, selon qu'il y a sanction d'un signifiant double ou simple. Tous les passages de AUT à VEL ou ET ne sont en somme que les moments d'un mouvement constant qui pousse les unités sémantiques de la Mode à anéantir leur distinction dans un état supérieur, à perdre des sens particuliers dans un sens de plus en plus général. Naturellement, au niveau des énoncés eux-mêmes ce mouvement est parfaitement réversible : d'une part, attirées par la fonction, les paires (ou les groupes) de fonctifs ne sont plus que des oppositions fossiles, dévitalisées, douées seulement d'une sorte d'existence rhétorique, dans la mesure où il s'agit d'afficher une certaine intention littéraire à travers un jeu d'antithèses *(le textile des villes comme des campagnes)* ; et d'autre part, la Mode peut toujours reconvertir VEL ou ET en AUT, revenir de la *journée* à l'opposition de l'*après-midi* et du *matin*, en dédoublant le signifiant. Toute fonction est donc une confusion (ET) ou une indifférenciation (VEL) instable, réversible, jalonnée par des termes-témoins ; on pourrait appeler parcours du sens toute série homogène de neutralisations, des oppositions particulières de base jusqu'à la fonction genérale dans laquelle elles s'absorbent toutes. En Mode, le mouvement de neutralisation est si puissant qu'il ne laisse subsister que quelques parcours rares, c'est-à-dire quelques sens globaux. Ces parcours correspondent en général à des catégories connues : la temporalité, le lieu, le climat; pour la temporalité, par exemple, le parcours comprend des fonctifs intermédiaires comme *« matin »*, *« soir »*, *« après-midi »*, *« nuit »*, absorbés dans une fonction finale : *« à toute heure »*[2]; de même pour le lieu *(« où que vous alliez »)* ou le climat *(« pantalons tous climats »)*.

1. On voit que les oppositions de signifiés sont loin d'être toutes binaires.
2. *« La cape à toute heure. »*

14.7. Le vêtement universel.

On pourrait penser qu'il y a un moment où ces différents parcours s'arrêtent : lorsque leurs fonctions terminales entrent une dernière fois en opposition les unes avec les autres : *« à toute heure » / « où que vous alliez » / « tous climats » / « tout faire »*. Cependant, même au sommet de la pyramide, des neutralisations de fonctions sont possibles. On peut déjà donner un seul et même signifiant vestimentaire aux unités sémantiques de la *journée* et à celles de l'*année* : *la petite robe de jersey qui se porte tout le long de l'année du matin au soir*. On peut encore combiner les fonctifs particuliers d'un parcours et la fonction terminale d'un autre parcours *(pour le week-end, pour les vacances et pour toute la famille, le vichy)* ou les fonctions terminales de plusieurs parcours *(pour tous les âges, pour toutes les occasions et pour tous les goûts)*. Bien plus, le journal peut même neutraliser ces fonctions ultimes et produire un parcours total qui comprend alors tous les sens possibles du vêtement : un vêtement *tout-aller*, un vêtement *passe-partout*. L'unité du signifiant *(ce vêtement)* renvoie alors à un signifié universel : le vêtement signifie *tout*, à la fois. Cette ultime neutralisation n'est pas sans poser un double paradoxe. D'abord un paradoxe de fond : il peut paraître surprenant de voir la Mode manier un vêtement universel, qu'on ne connaît d'ordinaire que dans les sociétés les plus déshéritées, là où l'homme, à force de pauvreté, n'a plus qu'un seul vêtement ; mais entre le vêtement de la misère et celui de la Mode, il y a, pour ne parler ici qu'en termes de structure, une différence fondamentale : le premier n'est qu'un indice, celui de la misère absolue ; le second est un signe, celui d'une domination souveraine de *tous* les usages ; pour la Mode, rassembler sous un seul vêtement la totalité de ses fonctions possibles, ce n'est nullement effacer des différences, mais au contraire affirmer que le vêtement unique s'adapte miraculeusement à chacun de ses usages pour le signifier au moindre appel ; l'universel est ici, non point suppression, mais addition de particularités ; il est le champ d'une liberté infinie ; les fonctions antérieures à la neutralisation finale restent ainsi implicitement présentes comme autant de « rôles » que peut prendre un vêtement unique : une tenue passe-partout ne renvoie pas, à proprement parler, à une indifférence d'emplois, mais à leur équivalence, c'est-à-dire, subrepticement, à leur distinction. Ceci amène au second paradoxe (celui-là formel) du vêtement universel. S'il n'y a jamais de sens possible qu'au sein d'une différence, il faut bien, pour signifier, que l'universel s'oppose à quelque autre fonction, ce qui est, semble-t-il, une contradiction dans les termes, puisque l'universel absorbe tous les usages possibles du vêtement. Mais c'est qu'en fait, du point de vue de la Mode, l'universel reste un sens parmi d'autres (de même que dans la réalité un vêtement passe-partout côtoie dans la même garde-robe d'autres vêtements à usages définis) ; parvenu à la ligne supérieure des dernières oppositions, l'universel s'y intègre, il ne la domine pas ; il est l'une des fonctions terminales, au même titre que le temps, le lieu, l'occupation ; formellement, il ne ferme pas le système général des oppositions sémantiques, il le complète, comme un degré zéro (ou mixte) complète un paradigme polaire[1]. Autrement dit, il y a ici distorsion entre le contenu du signifié universel et sa forme : formellement, l'universel n'est qu'un fonctif, au même titre et sur la même ligne que les dernières fonctions des principaux parcours ; au-delà de cette ligne, il n'y a plus d'oppositions, partant plus de sens : la signification s'arrête (c'est sans doute le cas du vêtement de misère) : la pyramide du sens est une pyramide tronquée[2].

1. On peut en effet répartir les principaux parcours dans un tableau d'oppositions régulièrement constituées :

1	2	mixte	neutre
chez soi travail ville sport journée	sortir fête nature classique année	tout-aller	jour sans projet
etc.			

2. Voici quelques têtes de parcours, tels qu'ils sont énoncés par le journal : *toute la famille ; toute la journée, même le soir ; villes et mers, montagne et campagne ; toutes les plages, même non méridionales ; tous âges ; pluie et soleil*, etc.

14.8. Pourquoi la neutralisation ?

La neutralisation incessante qui travaille son corps de signifiés rend illusoire tout lexique de la Mode ; aux signifiés *« matin »* et *« soir »* ne correspond aucun signe sûr, puisqu'ils peuvent avoir tantôt des signifiants distincts, tantôt un seul signifiant ; tout se passe comme si le lexique de la Mode était truqué, composé finalement d'une seule série de synonymes (ou, si l'on veut, d'une immense métaphore). Pourtant ce lexique semble exister, et c'est le paradoxe de la Mode. Au niveau de chaque énoncé, il y a une apparence de sens plein, la flanelle semble attachée de tout temps au matin, le twill au soir ; ce qui est lu, reçu, c'est un signe apparemment complet, doué de persistance et de discrétion ; ainsi, sur le plan de son syntagme, qui est celui de la lecture, la Mode écrite semble renvoyer à un corps organisé de signifiés, bref à un monde fortement institutionnalisé, sinon même naturalisé. Mais dès que l'on essaye d'inférer du syntagme au système des signifiés, ce système s'échappe : le twill ne signifie plus rien, et c'est la flanelle qui se met à signifier le soir *(dans flanelle pour le soir et le matin)*, c'est-à-dire, pour parler substantiellement, le contraire de ce qu'elle signifiait tout à l'heure. Du syntagme au système, les signifiés de Mode semblent ainsi l'objet d'un tour de passe-passe, dont il faut voir maintenant l'enjeu. Dans toute structure signifiante, le système est une réserve ordonnée de signes et implique par là même la mobilisation d'un certain temps : le système est une *mémoire* ; passer du syntagme au système, c'est remettre des fragments de substance à une permanence, à une durée ; inversement, passer du système au syntagme, c'est, si l'on peut dire, actualiser un souvenir. Or, on l'a vu, le système des signifiés de Mode, sous l'effet des neutralisations qui en déplacent sans cesse la structure interne, est un système instable. En passant d'un syntagme fort à un système faible, ce que la Mode perd, c'est donc la mémoire de ses signes. Tout se passe comme si la Mode préparait, au niveau de ses énoncés, des signes forts, nombreux, nets et durables, mais, en les confiant à une mémoire versatile, les oubliait aussitôt. Tout le paradoxe de la Mode tient ici : forte au niveau de l'instant, la signification tend à se défaire au niveau de la durée ; elle ne se défait pas complètement néanmoins : elle recule. Cela veut dire que la Mode dispose en fait d'un double régime de signifiés : des signifiés variés, particuliers, un monde riche, plein de temps, de lieux, de circonstances et de caractères, distincts au niveau du syntagme ; quelques signifiés rares, marqués par une forte globalité, au niveau du système. Le syncrétisme des signifiés de Mode apparaît donc comme un mouvement dialectique ; ce mouvement permet à la Mode de représenter (mais non de signifier vraiment) un monde apparemment riche à travers un système simple. Mais surtout, si la Mode admet si facilement la neutralisation de ses signifiés, au risque de faire perdre à son lexique toute rigueur, c'est que sans doute le sens final de l'énoncé n'est pas au niveau du code vestimentaire (même sous sa version terminologique), mais au niveau du système rhétorique ; or, même dans le cas des ensembles A (dont on vient d'analyser les signifiés), le premier des deux systèmes rhétoriques que ces ensembles comportent [1] a pour signifié global la Mode elle-même : peu importe finalement que la flanelle signifie indifféremment le soir ou le matin, puisque le signe ainsi constitué a la Mode pour signifié véritable.

1. Cf. *supra*, 3, 7.

I. Le code vestimentaire
3. Structure du Signe

15. Le signe vestimentaire

Le fameux petit tailleur qui ressemble à un tailleur.

I. Définition

15.1. Caractère syntaxique du signe vestimentaire.

Le signe est l'union du signifiant et du signifié. Cette union, comme il est classique en linguistique, doit être examinée du point de vue de son arbitraire et de sa motivation, c'est-à-dire de son double fondement, social et naturel. Mais auparavant, il faut rappeler que l'unité du signe vestimentaire (c'est-à-dire du signe du code vestimentaire, débarrassé de son appareil rhétorique) est définie par la singularité de la relation signifiante, non par la singularité du signifiant ou celle du signifié[1]; autrement dit, le signe vestimentaire, quoique réduit à l'unité, peut comprendre plusieurs fragments de signifiants (combinaisons de matrices et éléments de la matrice elle-même) et plusieurs fragments de signifiés (combinaisons d'unités sémantiques). Il ne faut donc pas chercher à faire correspondre telle parcelle du signifiant à telle autre du signifié ; on peut certes présumer que dans *cardigan à col ouvert ≡ sport*, c'est l'ouverture (du col) qui a quelque affinité avec le sport[2]; l'objet et le support participent cependant étroitement au sens : ce n'est pas n'importe quelle « ouverture » qui fait sport ; de même dans les chaînes de matrices *(robe en coton à damiers rouges et blancs)* : bien que la

1. Cf. *supra*, 4, V.
2. Ceci est prouvé formellement par la double variation concomitante : *cardigan à col ouvert ou fermé ≡ sport ou habillé.*

matrice terminale[1], et par conséquent son variant (ici l'existence des damiers), détienne la pointe du sens, elle n'en recueille pas moins, comme un filtre absorbant, la force signifiante des matrices intermédiaires ; quant au signifié, on a dit qu'il devait son unité, non à lui-même, mais à celle du signifiant, sous le regard duquel il se lit[2]. C'est donc dans toute son étendue que la relation du signifiant et du signifié doit être observée : le signe vestimentaire est un syntagme complet, formé par une syntaxe d'éléments.

15.2. Absence de « valeur ».

Cette nature syntaxique du signe donne à la Mode un lexique qui n'est pas simple : on ne peut la réduire à une nomenclature qui fournirait des équivalences bilatérales (et permanentes) entre un signifiant et un signifié, tous deux irréductibles. Certes, la langue non plus n'est pas une simple nomenclature ; elle tient ce caractère complexe de ce que son signe ne peut se réduire à une relation entre un signifiant et un signifié, mais est aussi, et plus encore peut-être, une « valeur » : le signe linguistique n'est complètement défini, au-delà de sa signification, que lorsqu'on a pu le comparer à des signes similaires : */mutton/* et */sheep/*, selon l'exemple de Saussure, ont même signification, mais non même valeur[3]. Or le signe de Mode apparaît défini en dehors de toute « valeur » : car si le signifié est explicite (mondain), il ne comporte jamais une variation de valeur analogue à celle qui oppose *« mutton »* et *« sheep »* ; l'énoncé de Mode ne tire jamais aucun sens de son contexte ; et si le signifié est implicite, il est alors unique (c'est la Mode elle-même), ce qui exclut tout autre paradigme de signifié autre que celui du *à-la-mode/démodé*. La

1. \ Robe en coton à damiers rouges et (à damiers) blancs /
\ O SV / \ O SV / \ O SV /
\ OS1 V S2 /
O V S

2. Cf. *supra*, 13, 3.

3. Voir Saussure, *Cours de linguistique*, p. 154 s., et R. Godel, *Sources*, p. 69, 90, 230 s.

« valeur » est un facteur de complexité ; la Mode ne le possède pas, ce qui ne l'empêche pas d'être un système complexe ; sa complexité tient à son instabilité : d'abord ce système est renouvelé chaque année et n'est valide qu'au niveau d'une synchronie courte ; ensuite ses oppositions sont soumises à un mouvement général de neutralisation incessante. C'est donc par rapport à cette instabilité qu'il faut examiner l'arbitraire et la motivation du signe vestimentaire.

II. L'arbitraire du signe

15.3. Institution du signe de Mode.

On sait que dans la langue, l'équivalence du signifiant et du signifié est (relativement) immotivée (on y reviendra), mais n'est pas arbitraire ; une fois cette équivalence établie *(/chat/ ≡ « chat »)*, nul ne peut s'y soustraire, s'il veut tirer son plein usage du système de la langue, et c'est en cela que l'on a pu dire, corrigeant Saussure, que le signe linguistique n'est pas arbitraire[1] : une loi générale limite étroitement le pouvoir des usagers du système : leur liberté est combinatoire, non inventive. Dans le système de la Mode, le signe est au contraire (relativement) arbitraire : il est élaboré chaque année, non par la masse de ses usagers (qui serait l'équivalent de la « masse parlante » qui fait la langue), mais par une instance étroite, qui est le *fashion-group*, ou même peut-être, dans le cas de la Mode écrite, la rédaction du journal[2] ; sans doute le signe de Mode, comme tout signe produit à l'intérieur de la culture dite de masse, est situé, si l'on peut dire, à la rencontre d'une conception singulière (ou oligarchique) et d'une image collective, il est à la fois imposé et demandé. Mais structuralement, le signe de Mode n'en est pas moins arbitraire : il n'est l'effet, ni d'une évolution progressive (dont aucune « génération » ne serait en propre responsable), ni d'un consensus collectif ; il naît brusquement et tout entier,

1. E. Benveniste, « Nature du signe linguistique », *Prb. de ling. géné.*, 1966.
2. La rédaction développe les thèmes fondamentaux de la Mode à travers des signes qui lui appartiennent.

chaque année, par décret *(cette année, les imprimés triompheront aux Courses)* ; ce qui dénonce l'arbitraire du signe de Mode, c'est précisément qu'il est soustrait au temps : la Mode n'évolue pas, elle change : son lexique est neuf chaque année, comme celui d'une langue qui garderait toujours le même système mais changerait brusquement et régulièrement la « monnaie » de ses mots. Au reste, système de la langue et système de la Mode n'ont pas le même ordre de sanctions : déroger au système de la langue, c'est risquer de manquer la communication, c'est s'exposer à une sanction immanente, pratique ; enfreindre la légalité (actuelle) de la Mode, ce n'est pas, à proprement parler, manquer la communication, puisque le *démodé* fait partie du système, c'est encourir une condamnation morale ; on pourrait dire que l'institution du signe linguistique est un acte contractuel (au niveau de la communauté entière et de l'histoire), tandis que l'institution du signe de Mode est un acte tyrannique : il y a des *erreurs* de langage et des *fautes* de Mode. C'est d'ailleurs à proportion de son arbitraire même que la Mode développe toute une rhétorique de la Loi et du Fait [1], d'autant plus impérative que l'arbitraire qu'elle doit rationnaliser ou naturaliser est sans frein.

III. La motivation du signe

15.4. La motivation.

Le signe est motivé lorsque son signifiant est dans un rapport naturel ou rationnel avec son signifié et que par conséquent le « contrat » (le mot est de Saussure) qui unit l'un à l'autre n'est plus nécessaire. Le ressort le plus commun de la motivation est l'analogie, mais il peut y avoir bien des degrés d'analogie, de la copie figurative de l'objet signifié (dans certains idéogrammes) au schématisme abstrait de certains signaux (dans le code routier, par exemple), de l'onomatopée pure et simple [2] aux analo-

1. Cf. *infra*, chap. 19.

2. Voir cependant les limites apportées à la motivation de l'onomatopée par A. Martinet, *Économie des changements phonétiques*, Berne, A. Francke, 1955, p. 157.

gies partielles (relatives) que connaît la langue lorsqu'elle construit une série de mots sur un même modèle (*pomme – pommier* ; *poire – poirier*, etc.). Mais on sait que pour l'essentiel, les signes linguistiques sont immotivés : il n'y a aucun rapport analogique entre le signifié « *chat* » et le signifiant */chat/*. Dans tous les systèmes de signification, la motivation est un phénomène important à observer ; d'abord parce que la perfection, ou du moins la maturité d'un système, semble dépendre en grande partie de l'immotivation de ses signes, dans la mesure où les systèmes à fonctionnement digital (c'est-à-dire non analogiques) semblent plus efficaces ; ensuite parce que dans les systèmes motivés, l'analogie du signifiant et du signifié semble fonder le système en nature et le soustraire à la responsabilité des créations purement humaines : la motivation semble bien un facteur de « réification », elle développe des alibis d'ordre idéologique. Pour ces raisons, la motivation du signe doit être chaque fois replacée dans ses limites : d'une part, ce n'est pas la motivation qui fait le signe, c'est sa nature relationnelle, différentielle ; mais d'autre part, la motivation introduit à une éthique des systèmes de signification, puisqu'elle constitue le point d'articulation d'un système abstrait de formes et d'une nature. En Mode, l'enjeu du problème apparaîtra pleinement lorsque le niveau rhétorique aura été analysé, et qu'il faudra conclure sur l'économie générale du système [1]. Pour en rester au code vestimentaire, le problème de la motivation du signe se pose différemment selon que le signifié est mondain (ensembles A) ou de Mode (ensembles B).

15.5. Cas des ensembles A.

Lorsque le signifié est mondain (*les imprimés triomphent aux Courses* ; *l'accessoire fait le printemps* ; *pour l'été*, *tussor*, etc.), on peut distinguer, sous le rapport de la motivation, trois régimes de signes. Selon le premier régime, le signe est franchement motivé, sous couvert de la fonction ; dans *chaussures idéales pour la marche*, il y a conformité fonctionnelle entre la forme ou

1. Cf. *infra*, chap. 20.

la matière des chaussures et les exigences physiques de la marche ; la motivation n'est pas, ici, à proprement parler, analogique, elle est fonctionnelle : la nature signalétique du vêtement n'absorbe pas complètement son origine fonctionnelle : c'est la fonction qui fonde le signe, et c'est le témoignage de cette origine que le signe transmet ; on pourrait dire, en forçant à peine, que, plus le signe est motivé, plus sa fonction est présente et plus la nature sémiologique de la relation est faible : la motivation est bien un facteur, si l'on peut dire, de *dé-signification* ; par ses signes motivés, la Mode plonge dans le monde fonctionnel, pratique, qui est à peu près celui du vêtement réel [1]. Selon le second régime, la motivation du signe est beaucoup plus lâche ; si le journal affirme que *ce manteau de fourrure trouve son emploi lors d'un départ, sur les quais d'une gare*, on peut, bien entendu, déceler une trace fonctionnelle dans la conformité d'un matériau protecteur (la fourrure) et d'un espace ouvert et éventé (les quais d'une gare) ; mais le signe n'est ici motivé qu'à un niveau très général, dans la mesure, fort imprécise, où un milieu froid appelle un vêtement chaud ; au-delà de ce niveau, il n'y a plus de motivation : rien, dans la gare, n'oblige à la fourrure (plutôt qu'au tweed) et rien dans la fourrure n'oblige à la gare (plutôt qu'à la rue) ; tout se passe comme s'il y avait dans chaque énoncé un certain noyau de substance (ici la chaleur du vêtement, là le froid du monde) et que la motivation s'établit d'un noyau à l'autre, sans égard au détail des unités engagées dans chaque énoncé. Enfin, selon le troisième régime, le signe apparaît à première vue franchement immotivé ; il n'y a, semble-t-il, aucun « motif » à ce que la *jupe plissée* entre dans un rapport d'équivalence avec l'âge des dames mûres *(jupe plissée pour les dames mûres)*, ou que le *décolleté-bateau* convienne, en nature ou en raison, au *thé dansant à Juan-les-Pins* ; la rencontre du signifiant et du signifié semble ici absolument gracieuse ; cependant, à y regarder de plus près, on peut

1. Encore faut-il préciser que ce qui nous apparaît comme impérieusement fonctionnel, c'est-à-dire naturel, n'est pourtant parfois que culturel : combien de vêtements d'autres peuples, dont nous ne comprenons pas le « naturel ». S'il y avait une loi fonctionnelle générale, il n'y aurait jamais eu qu'un seul type de vêtement (cf. F. Kiener, *Kleidung, Mode und Mensche*, Munich, 1956).

encore reconnaître dans ce troisième régime de signes une certaine correspondance substantielle, mais diffuse, entre l'aire du signifiant et celle du signifié : dans la mesure où le *lisse* et le *galbé*, modelant les formes, en font ressortir la jeunesse, par antinomie, la plissure peut se trouver « réservée » à l'âge mûr ; quant au *décolleté-bateau*, son accord au *thé dansant à Juan-les-Pins*, s'établit par rapport aux signes usuels de la soirée dansante : le décolleté par analogie et la forme-bateau par contrariété (il ne s'agit que d'un thé) ; on le voit, dans ces deux exemples, la motivation finalement existe, mais elle est encore plus diffuse que dans le cas de la *fourrure à la gare*, et surtout elle s'établit par rapport à des normes franchement culturelles ; ce qui la fonde, ici, n'est ni une analogie physique ni une convenance fonctionnelle, c'est un recours à des usages de civilisation, sans doute relatifs, mais en tout cas bien plus larges, bien plus durables que la Mode qui les actualise (comme par exemple l'accord du « déshabillé » et du festif) : c'est cet *au-delà* de la Mode, si historique soit-il, qui fonde ici la relation signifiante. On voit par là que les trois régimes de signes dont on vient de parler ne correspondent en fait qu'à des degrés de motivation : le signe de Mode (dans les ensembles A) est toujours motivé ; mais sa motivation a deux caractères propres : d'une part, elle est floue, diffuse, ne concerne le plus souvent que le « noyau » substantiel des deux combinats d'unités (signifiantes et signifiées) ; et d'autre part, elle n'est pas analogique, mais simplement « affinitaire » : il faut entendre par là que le motif du rapport de signification est ou bien une fonction utilitaire ou bien l'imitation d'un modèle esthétique ou culturel.

15.6. Le vêtement signifié : jeux, effets.

Il faut examiner ici un cas particulier de motivation : lorsque le signifié est le vêtement lui-même ; dans *une veste qui se déguise en manteau*, le signifiant *veste* renvoie à un archétype formel qui est le manteau et qui tient, par conséquent, dans l'énoncé global de la signification, la fonction ordinaire du signifié ; ce signifié est, il est vrai, vestimentaire, et non plus, à proprement parler, mondain ; il ne s'agit pas cependant d'un objet matériel, mais d'une simple image de référence ; la cohérence des ensembles A (à signifiés mondains) est ici préservée, dans la mesure où le manteau n'est en l'occurrence rien d'autre qu'une certaine idée culturelle, venue d'un monde de modèles formels ; il y a donc bien rapport entier de signification : la veste-objet signifie le manteau-idée. Entre le signifiant-veste et le signifié-manteau, il y a évidemment un rapport fondamental d'analogie, puisque l'une imite l'autre. Cette analogie contient d'ordinaire une trace de temporalité ; le vêtement actuel peut signifier un vêtement passé : c'est l'*évocation (les manteaux évoquent capes et toges)* ; ou bien encore, la pièce joue son origine, c'est-à-dire la signale (bien entendu sans la respecter tout à fait) ; dans *manteau taillé dans une couverture de mohair*, ou *jupe dans un plaid, franges apparentes*, le manteau et la jupe servent de signifiant au mohair, au plaid ; le plaid et le mohair sont plus qu'utilisés, ils sont signifiés, c'est-à-dire que c'est moins leur substance que leur concept qui est manifesté : le plaid est présent non par sa fonction, qui est de réchauffer, mais par son identité, qui peut très bien être un trait extérieur à sa matière : les franges [1]. La nature analogique de ces signifiants-signifiés a une portée psychologique qui apparaît bien si l'on se réfère au signifié rhétorique de ces énoncés ; ce signifié est l'idée de *jeu* [2] : en jouant au vêtement, le vêtement lui-même prend le relais de la personne, il affiche une personnalité suffisamment riche pour changer souvent de rôle [3] ; à la limite, en transformant son vêtement, on transforme son âme ; il y a en effet dans ce dédoublement (analogique) du vêtement en signifiant et en signifié, à la fois respect d'un système de signification et tendance à en sortir, car le signe est ici pénétré d'un rêve d'action (de

1. Il faut analyser ainsi :

\ jupe • franges apparentes ≡ plaid /
OS1 S2 V Sé

2. Le signifié *jeu* apparaît bien à travers des signifiants rhétoriques du genre de : *jouer avec la blouse en jouant avec des cravates et des ceintures* ; *une jupe et le tour est joué*, etc. (cf. les termes : *un air, un petit air, des détours, des pièges*, etc.).

3. Cf. *infra*, 18, 9. Un thème ludique par excellence, c'est celui de Janus ; telle pièce est *au dos une robe étroite à martingale plongeante et devant un deux-pièces souple coupé à hauteur de la taille*.

fabrication), comme si la motivation qui le fonde était à la fois analogique et causale, le signifié produisant le signifiant dans le moment même où le signifiant ne fait jamais que manifester le signifié ; c'est ce qu'exprime bien la notion ambiguë d'*effet* : l'effet est à la fois terme causal et terme sémiologique ; dans *un double boutonnage creuse le manteau*, le boutonnage a pour effet le creux, mais aussi il le signifie : ce qui est transmis par le boutonnage, c'est une idée de creux, quelle qu'en soit la réalité [1]. La nature ludique de ces énoncés apparaît bien lorsqu'ils prennent une forme en quelque sorte extrême, qui, par son excès, dénonce la limite même du système, c'est-à-dire de la signification ; dans *le fameux petit tailleur qui ressemble à un tailleur* (ou encore *un tailleur très tailleur*), la signification accomplit son propre paradoxe, elle devient réflexive : le signifiant se signifie lui-même.

15.7. Cas des ensembles B.

Ces remarques valent pour les ensembles A (à signifiés explicites et mondains). Dans les ensembles B, le signe est évidemment immotivé, puisqu'il n'existe pas une substance de la Mode, à laquelle le vêtement pourrait se conformer par analogie ou affinité [2]. Sans doute la tendance qui semble pousser tout système de signes (dès lors qu'il n'est pas purement artificiel) à rejoindre une certaine motivation (relative), ou du moins à insérer « de la motivation » dans le contrat sémantique (c'est le cas de la langue), comme si un « bon » système était le résultat d'une tension (ou d'un équilibre) entre une immotivation originelle et une motivation dérivée, cette tendance existe dans la Mode : le modèle fondamental de l'année [3] est décrété *ex nihilo*, ses signes sont absolument immotivés ; mais la plupart des énoncés de Mode ne font que développer cette consigne annuelle sous forme de « variations », et ces variations sont évidemment dans un rap-

1. \ Manteau à double boutonnage ≡ creux /
O V S Sé

2. Le signe de Mode est « tautologique », puisque la Mode n'est jamais que le vêtement *à la mode*.

3. Cf. *supra*, 12, 10.

port de motivation avec le thème dont elles s'inspirent (il y aura, par exemple, accord entre la forme des poches et la « ligne » fondamentale). Cette motivation secondaire, dérivée de l'immotivation originelle, lui reste entièrement immanente, elle ne prend aucun appui dans « le monde ». C'est pourquoi l'on peut dire que dans les ensembles B, le signe de Mode est au moins aussi immotivé que celui de la langue. La différence des signes A (motivés) et des signes B (immotivés) sera d'une grande importance, lorsqu'il s'agira d'analyser ce que l'on pourrait appeler l'éthique du système général de la Mode [1].

1. Cf. *infra*, chap. 20.

II. Le système rhétorique

16. L'analyse du système rhétorique

> *Elle aime les études et les surprise-parties, Pascal, Mozart et le cool-jazz. Elle porte des talons plats, collectionne les petits foulards, adore les chandails nets du grand frère et les jupons bouffants et froufroutants.*

I. Points d'analyse du système rhétorique

16.1. Points d'analyse.

Avec le système rhétorique, on aborde le plan général de la connotation. On a vu que ce système recouvrait le code vestimentaire dans son entier[1] puisqu'il fait de l'énoncé de la signification le simple simplifiant d'un nouveau signifié. Mais comme cet énoncé, du moins dans le cas des ensembles A à signifiés explicites, est lui-même composé d'un signifiant (le vêtement), d'un signifié (le « monde ») et d'un signe (réunion des deux), le système rhétorique a ici un rapport autonome avec chaque élément du code vestimentaire, et non plus seulement avec son ensemble (comme ce serait le cas dans la langue). Dans la Rhétorique de Mode, il y a, si l'on veut, trois petits systèmes rhétoriques, distincts par leurs objets : une rhétorique du signifiant vestimentaire, qu'on appellera « poétique du vêtement » (chap. 17), une rhétorique du signifié mondain, qui est la représentation que la Mode donne du « monde » (chap. 18), et une rhétorique du signe de Mode, qu'on appellera la « raison » de Mode (chap. 19). Cependant, ces trois petits systèmes rhétoriques ont en commun un même type de signifiant et un même type de signifié ; on appellera l'un *l'écriture de Mode* et l'autre *l'idéologie de*

1. Cf. *supra*, chap. 3.

Mode, et l'on en traitera tout de suite, dans ce chapitre, avant de revenir à chacun des trois éléments du code vestimentaire[1] :

code vestimentaire	système rhétorique	
	Sa	*Sé*
Sa : le vêtement	« Poétique du vêtement »	
Sé : le « monde »	« Le monde de la Mode »	
Signe de Mode	« La raison de Mode »	
	Écriture de Mode	*Idéologie de Mode*

16.2. Un exemple.

Avant d'aborder ces différentes analyses, il faut indiquer sur un exemple les points par lesquels on peut « entrer » dans le système rhétorique de la Mode. Soit l'énoncé suivant : *elle aime les études et les surprise-parties, Pascal, Mozart et le cool-jazz ; elle porte des talons plats, collectionne les petits foulards, adore les chandails nets du grand frère et les jupons bouffants et froufroutants*. C'est un énoncé de la signification[2] ; il comporte donc, sur le plan du code vestimentaire, en premier lieu, un énoncé du

1. On ne traitera pas isolément du signe rhétorique (union du signifiant et du signifié), dans la mesure où l'écriture et l'idéologie de Mode en épuisent l'analyse.

2. Il n'y a qu'un énoncé de la signification, si l'on comprend que la jeune fille porte en même temps tous ces traits vestimentaires ; l'objet visé par la signification est alors implicite, c'est la tenue, le variant final est l'association, exprimé par une simple virgule :

talons plats, petit foulard, chandail net, jupon bouffant
OS V — V OS — OS V — OS V
S1 V S2 V S3 V S4
O

Mais on peut aussi comprendre qu'un seul de ces traits suffit à déterminer le signifié ; il y a alors autant de significations que de matrices de base. Cette ambiguïté n'a d'ailleurs pas d'incidence sur l'analyse rhétorique.

signifiant, qui est le vêtement lui-même *(talons plats, petits foulards, chandails nets du grand frère, jupons bouffants et froufroutants)* ; ce signifiant contient lui-même un certain nombre de marques phraséologiques *(petit, du grand frère, froufroutants)*, qui fonctionnent comme le signifiant rhétorique d'un signifié latent, d'ordre idéologique, ou si l'on veut, « mythologique » et qui est d'une façon globale la vision que le journal se donne et donne du vêtement, au-delà même de son sens vestimentaire. L'exemple contient, en second lieu, un énoncé du signifié mondain *(elle aime les études et les surprise-parties, Pascal, Mozart et le cool-jazz)* ; cet énoncé du signifié, puisqu'il est ici explicite, comprend lui aussi un signifiant rhétorique (succession rapide, en apparence désordonnée, d'unités hétérogènes), et un signifié rhétorique qui est la vision que le journal se donne et veut donner du type psychologique de la porteuse de vêtement. Enfin, en troisième lieu, l'ensemble de l'énoncé (ou énoncé de la signification) est pourvu d'une certaine forme (emploi du présent, parataxe de verbes : *aime*, *porte*, *collectionne*, *adore*), qui fonctionne comme le signifiant rhétorique d'un dernier signifié global, à savoir la façon toute événementielle dont le journal se représente et représente l'équivalence du vêtement et du monde, c'est-à-dire la Mode. Tels sont les trois objets rhétoriques de la Mode ; mais avant de les traiter en détail il faut dire un mot de méthode sur le signifiant et le signifié du système rhétorique en général[1].

II. Le signifiant rhétorique : l'écriture de Mode

16.3. Pour une stylistique de l'écriture.

Le signifiant rhétorique – qu'il concerne le signifiant, le signifié ou le signe vestimentaire – relève évidemment d'une analyse linguistique. Il faudrait toutefois disposer ici d'une analyse qui reconnaisse d'une part l'existence du phénomène de connotation, et distingue d'autre part l'écriture du style ; car si l'on réserve le

1. On voit qu'il faut distinguer entre *signifiant rhétorique et rhétorique du signifiant*, car dans ce dernier cas il s'agit du signifiant du code vestimentaire ; de même pour *signifié* et *signe*.

terme de *style* à une parole absolument singulière (celle d'un écrivain, par exemple), et celui d'*écriture* à une parole collective mais non nationale (celle d'un groupe défini de rédacteurs, par exemple), comme on a cru pouvoir le proposer ailleurs [1], il est évident que les énoncés de Mode relèvent entièrement, non d'un style, mais d'une écriture ; en décrivant un vêtement ou son usage, le rédacteur n'investit dans sa parole rien de lui-même, de sa psychologie profonde ; il se conforme simplement à un certain ton conventionnel et réglé (on pourrait dire un *ethos*), à quoi on reconnaît d'ailleurs tout de suite un journal de Mode ; on verra au reste que le signifié rhétorique des descriptions vestimentaires compose une vision collective articulée sur des modèles sociaux, et non sur une thématique individuelle ; c'est d'ailleurs parce qu'il est entièrement absorbé dans une simple écriture, que l'énoncé de Mode ne peut relever de la littérature, si bien « tourné » soit-il : il peut afficher la littérature (en en copiant le ton), mais précisément parce qu'il la signifie, il ne peut l'accomplir. C'est donc d'une stylistique de l'écriture, si l'on peut dire, que l'on aurait besoin pour rendre compte du signifiant rhétorique. Cette stylistique n'est pas élaborée ; on peut simplement en marquer la place dans le système général de la Mode et indiquer en passant les traits les plus communs du *ton* rhétorique.

16.4. Traits principaux de l'écriture de Mode.

On distinguera les traits segmentaux, formés par des unités lexicales discrètes, et les traits suprasegmentaux, extensifs à plusieurs unités ou même à l'énoncé dans son entier. Dans le premier groupe, il faut ranger d'une façon banale toutes les métaphores *(c'est un ballet blanc que dansent les accessoires)*, et d'une manière plus générale tous les traits qui relèvent de la « valeur » du mot ; un bon exemple est celui du mot *petit* ; comme on l'a vu et comme on y reviendra [2], par son sens dénoté,

1. *Le Degré zéro de l'écriture* [*Œuvres complètes*, t. I] et « Points Essais », 1972.

2. Cf *supra*, 4, 3 et *infra*, 17, 3.

petit appartient au niveau terminologique (variant de grandeur), mais par ses différentes valeurs, il appartient aussi au niveau rhétorique ; il emporte alors un sens plus diffus, fait de nuances économique *(pas cher)*, esthétique *(simple)* et caritative *(qu'on aime bien)* ; de même, un mot comme *froufroutant* (emprunté à l'exemple analysé plus haut), au-delà de son sens dénoté *(qui imite le bruit produit par un froissement de feuilles ou d'étoffes)* participe à un certain stéréotype de l'érotique féminin ; *grand frère*, dont le sens dénoté est simplement ici : *masculin* (unité sémantique usuelle) participe à un langage familial et enfantin, etc. D'une manière générale, c'est ce qu'on pourrait appeler la substance adjective (notion plus large que l'*adjectif* des grammaires) qui fournit l'essentiel de ces connotations segmentales. Quant aux traits suprasegmentaux, il faut y ranger, à l'échelon élémentaire (puisqu'ils portent encore sur des unités discrètes quoique associées par le son), tous les jeux de rime, dont certains journaux de Mode font grand usage : *à la page et à la plage* ; *six garde-robes utiles et futiles* ; *votre tête gracieuse, précieuse et joyeuse* ; puis certaines coupes de phrase, qui rapprochent l'énoncé d'un distique ou d'un proverbe *(Une petite ganse fait l'élégance)* ; enfin, toutes les variétés expressives de parataxes : par exemple la succession rapide et désordonnée des verbes *(elle aime... elle adore... elle porte...)* et des unités sémantiques, ici originales *(Pascal, Mozart, le cool-jazz)* fonctionne comme le signe d'une profusion de goûts et par conséquent d'une grande richesse de personnalité. Lorsqu'il s'agit du signifié mondain, outre ces faits proprement stylistiques, la simple sélection des unités suffit à constituer un signifiant de connotation : parler d'une *longue promenade en fin d'après-midi, à la campagne, pendant un week-end d'automne* (énoncé composé seulement d'unités usuelles), c'est renvoyer, à travers un simple concours de circonstances (niveau terminologique), à une « humeur » particulière, à une situation sociale et sentimentale complexe (niveau rhétorique). Le fait de composition est donc à lui seul l'une des principales formes du signifiant rhétorique, d'autant plus actif que dans l'énoncé de Mode, les unités engagées proviennent d'un code idéalement (sinon pratiquement) extérieur à la langue, ce qui accroît, si l'on peut dire, la force de connotation de la plus simple des paroles. Tous ces éléments, par leur caractère suprasegmental, jouent à peu près dans le système rhétorique le rôle que joue l'intonation dans la langue : l'intonation est d'ailleurs un excellent signifiant de connotation [1]. Puisqu'il s'agit d'un signifiant (fût-il rhétorique), les traits de l'écriture de Mode devraient être répartis en classes d'opposition ou paradigmes ; c'est certainement possible pour les traits segmentaux, plus difficile pour les traits suprasegmentaux (comme d'ailleurs pour l'intonation linguistique) ; il faut attendre ici les progrès de la stylistique structurale.

III. Le signifié rhétorique : l'idéologie de Mode

16.5. Implicite et latent.

À l'écriture de Mode correspond sur le plan rhétorique un signifié général, qui est l'idéologie de Mode. Le signifié rhétorique est soumis à des conditions particulières d'analyse, qu'il faut maintenant examiner ; ces conditions dépendent du caractère original du signifié rhétorique : ce signifié n'est ni explicite ni implicite, il est *latent*. Le signifié explicite, c'est, par exemple, celui du code vestimentaire dans les ensembles A : il est actualisé, en tant que signifié même, à travers une matière : le mot *(week-end, cocktail, soir)*. Le signifié implicite, c'est, par exemple, celui de la langue : dans ce système, signifiant et signifié sont frappés, comme on l'a dit, d'isologie [2] ; il est impossible d'objectiver le signifié en dehors de son signifiant (à moins de recourir au métalangage d'une définition), mais en même temps, isoler un signifiant, c'est immédiatement atteindre son signifié ; le signifié implicite est donc à la fois discret, invisible (en tant que signifié), et cependant parfaitement clair (en raison de la discontinuité de son signifiant) : pour déchiffrer un mot, il

1. Au point que dans un message verbal adressé à un animal, c'est la connotation (ton de colère, de caresse) qui est comprise, non la dénotation (sens littéral du mot).

2. Cf. *supra*, 13, 1.

n'est besoin d'aucun autre savoir que celui de la langue, c'est-à-dire du système dont il est une fonction ; dans le cas du signifié implicite, le rapport de signification est, si l'on peut dire, nécessaire et suffisant : la forme phonique */hiver/* a nécessairement un sens et ce sens suffit à épuiser la fonction signifiante du mot *hiver* ; le caractère « fermé » du rapport [1] tient ici à la nature du système linguistique, qui est un système dont la matière est immédiatement signifiante. Face au signifié implicite, le signifié *latent* (c'est le cas de tout signifié rhétorique) a des caractères originaux, qu'il tient de sa place dans l'ensemble du système : situé au terme d'un processus de connotation, il participe à sa duplicité constitutive ; la connotation en général consiste en effet à masquer la signification sous une apparence « naturelle », elle ne se donne jamais sous les espèces d'un système franc de signification ; elle n'appelle donc pas, phénoménologiquement, une opération déclarée de *lecture* ; consommer un système connoté (en l'occurrence le système rhétorique de la Mode), ce n'est pas consommer des signes, mais seulement des raisons, des fins, des images ; il s'ensuit que le signifié de connotation est, à la lettre, *caché* (et non plus implicite) ; pour le dévoiler – c'est-à-dire en définitive, pour le reconstituer –, il n'est plus possible de s'appuyer sur une évidence immédiate partagée par la masse des usagers du système, comme c'est le cas pour la « masse parlante » du système linguistique [2]. On peut dire que le signe de connotation n'est pas nécessaire, puisque, si l'on manque sa lecture, l'ensemble de l'énoncé, par sa dénotation même, reste valide ; et il n'est pas suffisant, puisqu'il n'y a pas ajustement exact entre un signifiant dont on a vu la nature étendue, suprasegmentale, et un signifié global, diffus, pénétré d'un savoir inégal (selon le degré de culture des consommateurs), immergé dans une zone mentale où les idées, les images et les valeurs restent comme suspendues dans la pénombre d'un langage incertain

1. Il s'agit ici des conditions structurales minima de constitution du signe linguistique, puisqu'on ne retient que la signification, sans tenir compte de la « valeur », pourtant essentielle dans le système de la langue.

2. Il va de soi que, même dans la langue, la connotation est un facteur d'ambiguïté : elle complique (pour le moins) la communication.

car il ne s'avoue pas lui-même système de signification. Ainsi, lorsque le journal parle des *chandails du grand frère* (et non de chandails masculins), ou de la jeune fille qui aime à la fois les *surprise-parties et Pascal, le cool-jazz et Mozart*, la « familiarité » un peu enfantine du premier énoncé et l'éclectisme du second sont des signifiés dont le statut même est discutable puisqu'ils sont perçus ici comme la simple expression d'une nature simple et là avec la distance d'un regard critique qui retrouve le signe derrière l'indice ; on peut présumer que pour la lectrice de Mode, il n'y a pas ici conscience d'une signification, mais que cependant elle reçoit de l'énoncé un message suffisamment structuré pour qu'elle s'en trouve modifiée (par exemple rassurée et confirmée dans une situation euphorique de familiarité ou dans le droit d'aimer des genres très différents et cependant subtilement affinitaires). Avec le signifié rhétorique ou signifié latent, on aborde donc le paradoxe essentiel de la signification connotée : c'est, si l'on veut, une signification qui est *reçue*, mais qui n'est pas *lue*[1].

16.6. « Nébulosité » du signifié rhétorique.

Avant d'examiner les incidences de ce paradoxe sur la conduite de l'analyse, il faut indiquer un autre caractère original du signifié rhétorique. Soit l'énoncé suivant : *coquette sans coquetterie* ; son signifiant rhétorique est la relation paradoxale qui unit deux contraires ; ce signifiant renvoie donc à l'idée que le monde visé par la Mode écrite ignore les contraires, qu'on peut y être pourvu de deux caractères originellement contradictoires, entre lesquels rien n'oblige à choisir ; autrement dit, le signifié est ici constitué par une vision à la fois syncrétique et euphorique du monde. Or ce signifié rhétorique est le même pour un grand

1. L'existence de messages latents semble être reconnue par la psychologie sociale, comme le montre la distinction entre *phénotypes* (ou comportements manifestes) et *génotypes* (ou comportements latents, hypothétiques, inférés), établie par C. Coombs et réponse par J. Stoetzel (« Les progrès méthodologiques récents en sociologie », in *Actes du IVe congrès mondial de sociologie*, II, Londres, AIS, p. 267).

nombre d'énoncés (*audace discrète, fantaisie sobre, rigueur désinvolte, Pascal et le cool-jazz*, etc.) ; il y a donc peu de signifiés rhétoriques pour beaucoup de signifiants ; et comme chacun de ces signifiés peu nombreux est une petite idéologie placée, en quelque sorte, en situation d'osmose avec une idéologie plus vaste (euphorie et syncrétisme renvoient nécessairement à une idée générale de la nature, du bonheur, du mal, etc.), on peut dire qu'il n'y a qu'un seul signifié rhétorique, formé par une masse indéfinie de concepts, et que l'on pourrait comparer à une grande nébuleuse, aux articulations et aux contours indécis. Cette « nébulosité » n'est pas un manque systématique : le signifié rhétorique est confus dans la mesure où il dépend étroitement de la situation des individus qui manient le message (c'est ce qu'on a déjà indiqué à propos du code routier enseigné [1]) : de leur savoir, de leurs sentiments, de leur morale, de leur conscience, de l'état historique de la culture dans laquelle ils vivent. L'imprécision massive du signifié rhétorique est donc en fait une ouverture au monde. Par son dernier signifié, la Mode atteint la limite de son système : c'est là que, touchant au monde total, ce système se défait. On comprend alors qu'en accédant au niveau rhétorique, l'analyse, emportée dans ce mouvement, soit amenée à abandonner ses prémisses formelles, et, se faisant elle-même idéologique, reconnaisse les limites que lui imposent à la fois le monde historique dans lequel elle s'énonce, et l'existence de celui qui l'énonce : l'analyste doit ici, par un double mouvement contraire, se détacher des usagers du système pour objectiver leur attitude, et cependant ressentir cette distance nécessaire, non comme l'expression d'une vérité positive, mais comme une situation historique particulière et relative : il doit être en même temps, pour reprendre des termes diversement usés, objectif et engagé.

16.7. Le problème de la « preuve » du signifié rhétorique.

L'objectivité consiste ici à définir le signifié rhétorique comme probable, mais non comme certain ; on ne peut « prou-

1. Cf. *supra*, 3, 3.

ver » le signifié rhétorique par un recours direct à la masse de ses usagers, puisque cette masse ne *lit* pas le message de connotation, mais le *reçoit*. Il n'y a pas « preuve » de ce signifié, mais seulement « probabilité ». Cette probabilité peut cependant être soumise à un double contrôle. D'abord un contrôle externe : on pourrait vérifier la lecture des énoncés de Mode (sous leur forme rhétorique) en soumettant des lectrices de Mode à des interviews non directifs (ce semble ici la meilleure technique, puisqu'il s'agit en somme de reconstituer une totalité idéologique) ; ensuite un contrôle interne, ou plus exactement, immanent à son objet : les signifiés rhétoriques repérés concourent à former une vision générale du monde, qui est celle de la société humaine constituée par le journal et ses lectrices : il faut, d'une part, que le monde de la Mode soit entièrement saturé par tous les signifiés rhétoriques et, d'autre part, qu'à l'intérieur de cet ensemble, les signifiés soient tous liés entre eux fonctionnellement ; autrement dit, si le signifié rhétorique, sous sa forme unitaire, ne peut être qu'une *construction*, il faut que cette construction soit cohérente [1] : la probabilité interne du signifié rhétorique est établie à proportion de sa cohérence. Face aux exigences d'une démonstration positive ou d'une expérimentation réelle, la simple cohérence peut paraître une « preuve » décevante ; on est cependant de plus en plus enclin à lui reconnaître un statut, sinon scientifique, du moins heuristique ; une part de la critique moderne vise à reconstituer des univers créatifs par la voie thématique (qui est la méthode propre à l'analyse immanente), et en linguistique, c'est la cohérence d'un système (et non son « emploi ») qui démontre sa réalité ; et sans prétendre sous-estimer leur importance pratique dans la vie historique du monde moderne, le contrôle de leurs « effets » est loin d'épuiser la théorie marxiste ou la théorie psychanalytique, qui doivent une part décisive de leur « probabilité » à leur cohérence systématique. Il y a donc, semble-t-il, dans l'épistémologie moderne une sorte de « glissement » de la preuve, inévitable lorsqu'on passe d'une probléma-

1. La cohérence interne doit être évidemment non-contradictoire avec la connaissance que l'on peut avoir de la société globale.

tique des déterminismes à une problématique des sens, ou, pour le dire d'une autre façon, lorsque la science sociale traite d'une réalité partiellement transformée en langage par la société elle-même : c'est d'ailleurs pourquoi toute sociologie des motivations, des symboles ou des communications, qui ne peut atteindre son objet qu'à travers la parole humaine, est appelée, semble-t-il, à collaborer avec l'analyse sémiologique ; bien plus : étant langage, elle ne peut se soustraire finalement elle-même à cette analyse ; il y a, il y aura fatalement une sémiologie des sémiologues. Ainsi, en accédant au signifié rhétorique, l'analyste touche au terme de sa tâche ; mais ce terme est le moment même où il rejoint le monde historique, et, dans ce monde, la place objective qu'il y occupe lui-même [1].

1. Cf. *infra*, chap. 20-13.

17. *Rhétorique du signifiant : la Poétique du vêtement*

Chaud, chaud les bottillons.

I. La « Poétique »

17.1. Matière et langage.

La description du vêtement (qui est le signifiant du code vestimentaire) peut être le lieu d'une connotation rhétorique. Cette rhétorique tient sa spécialité de la nature matérielle de l'objet qui est décrit, à savoir le vêtement ; elle est définie, si l'on veut, par la rencontre d'une matière et d'un langage : c'est cette situation que l'on qualifiera de *poétique*. Certes, il peut y avoir imposition d'un langage à un objet sans qu'il y ait « poésie » ; c'est au moins le cas de tous les énoncés de dénotation : on peut décrire techniquement une machine par simple nomenclature de ses éléments et de leurs fonctions, la dénotation est pure tant que la description reste fonctionnelle, produite en vue d'un usage réel (construire la machine ou s'en servir), mais si la description technique n'est en quelque sorte que le spectacle d'elle-même et se donne pour copie signalétique d'un genre (par exemple dans une parodie ou un roman), il y a connotation et amorce d'une « poétique » de la machine ; c'est peut-être, en effet, la transitivité du langage qui est le véritable critère de la dénotation ; et c'est son intransitivité (ou sa fausse transitivité, ou encore sa réflexivité) qui est la marque de la connotation ; il y a mutation poétique dès qu'on passe de la fonction réelle au spectacle, même lorsque ce spectacle se déguise sous les apparences d'une fonction. En somme toute description intransitive (improductive) fonde la possibilité d'une certaine poétique, même si cette poétique ne s'accomplit pas selon des valeurs esthétiques ; car en décrivant un objet matériel, si ce n'est pas pour le construire ou en user, on est induit à relier les qualités de sa matière à un sens second, à se signifier à travers le notable qu'on lui attribue : toute description intransitive implique un imaginaire. De quel ordre est l'imaginaire décrit par le journal de Mode ?

17.2. Une rhétorique rare et pauvre.

On peut attendre du vêtement qu'il constitue un excellent objet poétique ; d'abord parce qu'il mobilise avec beaucoup de variété toutes les qualités de la matière : substance, forme, couleur, tactilité, mouvement, tenue, luminosité ; ensuite, parce que, touchant au corps et fonctionnant à la fois comme son substitut et son masque, il est certainement l'objet d'un investissement très important ; cette disposition « poétique » est attestée par la fréquence et la qualité des descriptions vestimentaires dans la littérature. Or si l'on observe les énoncés que le journal consacre au vêtement, on constate tout de suite que la Mode n'honore pas le projet poétique que lui permet son objet ; qu'elle ne fournit aucun matériau à une psychanalyse des substances ; que la connotation ne renvoie pas ici à un exercice de l'imagination. D'abord, dans de nombreux cas, le signifiant du premier système (c'est-à-dire le vêtement) est donné sans aucune rhétorique ; le vêtement est décrit selon une nomenclature pure et simple, privée de toute connotation, entièrement absorbée par le plan de dénotation, c'est-à-dire par le code terminologique lui-même ; tous les termes descriptifs sont alors puisés dans l'inventaire des genres et des variants que l'on a établi précédemment ; dans un énoncé comme *chandails et cagoules : tenues de chalet*, le vêtement est réduit à l'assertion de deux espèces[1]. Ces cas défectifs témoignent d'un paradoxe intéressant : c'est en somme au niveau du vêtement lui-même que la Mode fait le moins de littérature, comme si, rencontrant sa propre réalité, elle tendait à devenir objective et réservait le luxe

1. Il peut rester néanmoins du « rhétorique » dans l'énoncé au niveau du signifié (le monde) ou de la signification ; ici, *chalet* (signifié) emporte une connotation sociale, oisive et luxueuse, et la parataxe, abrupte, renvoie à une sorte d'évidence péremptoire.

de la connotation au monde, c'est-à-dire à *l'ailleurs* du vêtement; il y a là le premier indice d'une contrainte de la dénotation sur le système de la Mode : la Mode tend à dénoter le vêtement parce que, si utopique soit-elle, elle n'abandonne pas le projet d'un certain *faire*, c'est-à-dire d'une certaine transitivité de son langage (elle doit engager à porter ce vêtement). Ensuite, lorsqu'il y a rhétorique du vêtement, cette rhétorique est toujours pauvre ; il faut entendre par là que les métaphores et tours de phrases qui constituent le signifiant rhétorique du vêtement, lorsqu'il s'en trouve, sont déterminés, non par une référence aux qualités rayonnantes de la matière, mais par des stéréotypes empruntés à une tradition littéraire vulgarisée, soit à des jeux de rime *(précieux, nuageux, vaporeux, les jupons)* soit à des comparaisons communes *(ceinture aussi fine qu'un lien)* ; il s'agit en somme d'une rhétorique banale, c'est-à-dire d'information faible. On peut dire que chaque fois que la Mode accepte de connoter le vêtement, entre la métaphore « poétique » (issue d'une qualité « inventée » de la matière) et la métaphore stéréotypée (issue d'automatismes littéraires), c'est la seconde qu'elle choisit : rien de plus propre à une connotation poétique que la sensation de chaleur : la Mode préfère cependant en aligner la connotation sur le cri du marchand de marrons *(Chaud, chaud les bottillons !)*, n'assumant ici rien de plus que la « poésie » la plus banale de l'hiver.

17.3. Dénotation et connotation : les termes mixtes.

Rareté et pauvreté du système rhétorique au niveau du signifiant s'expliquent par une pression constante de la dénotation sur la description du vêtement. Cette pression s'exerce avec évidence chaque fois que la Mode s'installe en quelque sorte entre le niveau terminologique et le niveau rhétorique, comme si elle ne pouvait choisir entre l'un et l'autre, comme si elle pénétrait sans cesse la notation rhétorique d'une sorte de regret, de tentation terminologique ; or ces cas sont très nombreux. L'imbrication des deux systèmes se fait en deux points, d'une part au niveau de certains variants, d'autre part au niveau de ce que l'on a déjà appelé des adjectifs mixtes [1]. On a vu en passant que certains variants, quoique appartenant au système dénoté, ou du moins classés dans l'inventaire du premier code (dans la mesure où ils sont liés à des variations du sens vestimentaire), avaient une certaine valeur rhétorique : l'existence de la *marque* ou de la *régulation*, par exemple, dépend en fait d'une expression purement terminologique, c'est-à-dire qu'on aurait du mal à les « traduire » spécifiquement en vêtement réel (et non plus écrit) : leur nature verbale les dispose à la rhétorique, sans qu'ils puissent cependant quitter le plan de la dénotation, puisqu'ils disposent d'un signifié appartenant au code vestimentaire. Quant aux adjectifs mixtes, ce sont tous les adjectifs qui ont dans le système de la langue une valeur à la fois matérielle et immatérielle, comme *petit*, *brillant*, *simple*, *strict*, *froufroutant*, etc. ; par leur valeur matérielle, ils appartiennent au niveau terminologique, et par leur valeur immatérielle au niveau rhétorique. Dans *petit* (qu'on a analysé ailleurs [2]), le partage des deux systèmes est simple, parce que la valeur dénotée du mot trouve directement sa place dans un paradigme qui appartient au code vestimentaire (variant de grandeur) ; mais des adjectifs comme *gentil*, *bon (le bon manteau de voyage)*, *strict*, n'appartiennent au plan dénoté que par approximation : *gentil* fait partie de l'aire de *petit*, *bon* de celle d'*épais*, *strict* et de celle de *net* (sans ornement).

17.4. Signifiés-signifiants.

La pression de la dénotation s'exerce sur un autre point du système. Certains termes peuvent être considérés à la fois comme des signifiés ou comme des signifiants ; dans *chandail masculin*, *masculin* est un signifié pour autant que le chandail signale une masculinité réelle (domaine mondain), mais aussi c'est un signifiant dans la mesure où l'usure mondaine du terme lui permet de définir purement et simplement un certain

1. Cf. *supra*, 4, 3.
2. Cf. *supra*, 3, 11 ; 4, 3.

état du vêtement. On retrouve ici un fait diachronique qu'on a eu à plusieurs reprises l'occasion de noter : certaines espèces de vêtement fonctionnent comme d'anciens signifiés « fossilisés » en signifiants *(chemise-sport, chaussures-Richelieu)* ; l'adjectif mixte représente souvent l'état initial de ce procès, le moment fragile où le signifié va « prendre », se solidifier en signifiant : masculin est un signifié tant que la masculinité est une valeur suffisamment aberrante du vêtement féminin ; mais si la masculinisation de ce vêtement s'institutionnalise (sans cependant devenir totale, car pour qu'il y ait un sens, il doit subsister la possibilité d'un choix entre le féminin et le masculin[1]), *masculin* deviendra une notation aussi « mate » que *sport* ; il définira, à titre de signifiant pur, une certaine espèce de vêtement : il y a une sorte de flottement diachronique entre l'origine signifiée du terme et son devenir signifiant[2]. Or, « fossiliser » un signifié en signifiant, c'est fatalement aller dans le sens d'une certaine dénotation, puisque c'est faire glisser un système de l'équivalence inerte (signifiant ≡ signifié) vers une nomenclature terminologique qui est dès lors prête à être utilisée à des fins transitives (construire le vêtement). En acceptant la pression de la dénotation sur la partie vestimentaire de son système (ou en préparant pour le moins un échange étroit entre les niveaux rhétorique et terminologique), la Mode se souvient qu'elle doit aider à construire un vêtement, fût-ce utopiquement. D'où la parcimonie et les ruses de son système rhétorique, dès qu'il touche au vêtement lui-même.

1. *Féminin* reste un terme connoté (fréquent dans le vocabulaire de Mode), bien que le vêtement de Mode soit littéralement tout entier féminin, parce qu'il subsiste une tension entre le masculin et le féminin ; l'existence du couple au niveau des styles permet la connotation de l'un et l'autre de ses termes.

2. Où classer ces signifiants-signifiés ? Si la matrice est déjà saturée par un variant, le terme mixte se trouve déporté dans le domaine mondain *(jupons bouffants tout froufroutants)* ; mais si l'adjectif mixte est directement affronté à l'espèce *(jupons froufroutants)*, il prend une valeur de variant (ajustement).

II. Le signifié rhétorique du vêtement : les modèles

17.5.Modèles cognitifs : la « culture ».

Quoique pauvre, le système rhétorique du vêtement n'en existe pas moins ici et là. Quel est son signifié [1] ? Ce n'est pas, puisque la Mode refuse une « poétique » du vêtement, une « imagination » des substances ; c'est un ensemble de modèles sociaux, que l'on peut répartir en trois grands champs sémantiques [2]. Le premier de ces champs est constitué par un réseau de modèles culturels, ou cognitifs. Le signifiant de cet ensemble est d'ordinaire constitué par une nomination métaphorique de l'espèce : *la robe que Manet aurait aimé peindre* ; *ce rose-poison aurait charmé Toulouse-Lautrec* ; un certain nombre d'objets ou de styles dignifiés par la culture donnent ainsi leur nom au vêtement ; ce sont, si l'on veut, les modèles formateurs du signe, étant bien entendu que le rapport analogique qui unit le thème éponyme à son incarnation du moment a une valeur essentiellement rhétorique : placer une robe sous le « signe » de Manet, c'est moins nommer une forme qu'afficher une certaine culture (cette duplicité est le propre de la connotation) ; la référence culturelle est si explicite qu'on parle alors d'*inspiration*, d'*évocation* [3]. Il y a quatre grand thèmes éponymes : la Nature (*robes-fleurs, robes-nuages, chapeaux en fleurs,* etc) ; la Géographie, culturalisée sous le thème exotique *(blouse à la Russe, parure tcherkesse, tunique de samouraï, manche pagode, régate de toréro, chemise de Californie, tons d'été grec)* ; l'Histoire, qui fournit surtout des modèles d'ensemble (des « lignes »), au contraire de la Géographie, inspiratrice de « détails » *(mode 1900, saveur 1916, ligne Empire)* ; l'Art enfin (peinture, sculp-

1. On parle d'un signifié singulier, puisque le signifié rhétorique est « nébuleux » (*supra*, 16, 6).

2. On se rappelle que dans la terminologie employée ici, *sémantique* renvoie au plan du contenu, non à celui de l'expression.

3. *« La Mode 59 n'a rien et elle a tout : elle évoque tour à tour Gigi, Manet, Vigny et George Sand. »* La notation est quelquefois plus directe : c'est l'*emprunt*, notion encore littéraire.

ture, littérature, cinéma), le plus riche des thèmes inspirateurs, marqué dans la rhétorique de Mode par un éclectisme total, pourvu que les références en soient connues *(la nouvelle ligne Tanagra, les déshabillés Watteau, les couleurs Picasso*[1]*)*. Naturellement – c'est le propre de la connotation –, le signifié de tous ces signifiants rhétoriques n'est pas à proprement parler le modèle, même si on le conçoit d'une façon générique (la Nature, l'Art, etc.) : c'est l'idée même de culture que l'on veut signifier, et par ses catégories mêmes, cette culture est une culture « mondaine », c'est-à-dire en définitive scolaire : Histoire, Géographie, Art, Histoire naturelle, c'est le découpage d'un savoir de grande élève ; les modèles que propose pêle-mêle la Mode sont empruntés au bagage intellectuel d'une jeune fille « sage et à la page » (comme dirait la Mode), qui suivrait les cours de l'École du Louvre, visiterait quelques expositions, des musées quand elle voyage et aurait lu quelques grands romans. Le modèle socioculturel ainsi constitué et signifié peut être d'ailleurs entièrement projectif : rien ne l'oblige à coïncider avec le statut réel des lectrices de Mode ; il est probable même qu'il représente simplement un degré de promotion raisonnable.

17.6. Modèles affectifs : le « caritatisme ».

Le second groupe de modèles engagés dans le signifié rhétorique comprend les modèles affectifs. Ici encore, il faut partir du signifiant. On constate très vite que, lorsque l'écriture de Mode n'est pas « culturelle », sublimée, elle est tout entière à l'opposé : familière, intime même, un peu infantile ; il s'agit d'un langage ménager, articulé sur l'opposition de deux termes principaux : le *bon* et le *petit* (ces deux mots s'entendent ici au sens connoté). *Bon (les bonnes tenues en gros lainage)* emporte une idée complexe de protection, de chaleur, de droiture, de simplicité, de santé, etc. ; *petit* (on l'a souvent rencontré) renvoie à des valeurs tout aussi heureuses (la Mode est toujours

1. La Haute Couture elle-même peut constituer un modèle culturel, les principaux couturiers étant des sortes de signifiés *(Style-Chanel, Chanel-look)*.

euphémique), mais le centre de la notion est une idée de séduction, plus que de protection (*joli, gentil* font partie de l'aire de *petit*). L'opposition *bon/petit* peut diviser un sens terminologiquement homogène (ce qui atteste la réalité et l'autonomie du plan rhétorique) : *gai* renvoie à *petit*, mais *joyeux* renvoie à *bon* ; sans doute ces deux pôles coïncident avec deux des motivations classiques du vêtement, la protection et la parure, le chaud et le gracieux ; mais la connotation qu'ils supportent est ailleurs : elle transmet un certain ton filial, le rapport complémentaire *bonne-mère/gentille-petite-fille* ; le vêtement est tantôt aimant, tantôt chéri : c'est ce que l'on pourrait appeler le « caritatisme » du vêtement. Ce qui est donc signifié ici, c'est le rôle à la fois maternel et enfantin dévolu au vêtement. Ce rôle est donné avec toutes ses résonances enfantines : le vêtement est volontiers traité sur un mode fabuleux *(robe-princesse, robe-miracle, le Roi Manteau Ier)* ; le caritatisme vestimentaire rejoint ici les contes royaux, dont on sait l'importance qu'ils ont, sous couvert d'actualité, dans la culture de masse aujourd'hui.

17.7. Le « sérieux » de Mode.

Bien qu'en apparence contradictoire, le modèle culturel et le modèle caritatif ont une visée commune, car la situation dans laquelle ils placent la lectrice de Mode est la même, à la fois éducative et enfantine ; en sorte que la simple analyse sémantique permet de fixer très exactement l'âge mental de cette lectrice modèle : c'est une jeune fille qui va au lycée mais joue encore à la poupée chez elle, même si ces poupées ne sont plus que des bibelots sur l'étagère de son cosy. La rhétorique vestimentaire participe en somme de l'ambiguïté même des rôles enfantins dans la société moderne : l'enfant est excessivement enfantin à la maison et excessivement sérieux à l'école ; il faut prendre cet excès à la lettre ; la Mode est à la fois *trop* sérieuse et *trop* futile, et c'est dans ce jeu savamment complémentaire d'excès qu'elle trouve une solution à une contradiction fondamentale qui risque sans cesse de détruire son prestige fragile : la Mode, en effet, ne peut être littéralement sérieuse car ce serait s'opposer au sens commun (dont elle est par principe respectueuse), qui tient facilement l'activité de Mode pour oiseuse ; à l'inverse, elle ne peut être ironique et mettre son être propre en question ; le vêtement doit rester, dans son langage, à la fois essentiel (il la fait vivre) et accessoire (le sens commun le pense ainsi) ; d'où une rhétorique tantôt sublime, donnant à la Mode la caution de toute une culture nominale, tantôt familière, déportant le vêtement dans un univers de « petites choses »[1]. Il est d'ailleurs probable que la juxtaposition de l'excessivement sérieux et de l'excessivement futile, qui fonde la rhétorique de Mode[2], ne fait que reproduire, au niveau du vêtement, la situation mythique de la Femme dans la civilisation occidentale : à la fois sublime et enfantine.

17.8. Modèle vitaliste : le « détail ».

Il y a un troisième modèle présent dans la rhétorique du vêtement et qui ne participe ni au sublime ni au futile de la Mode, parce qu'il correspond sans doute de très près à une condition réelle (économique) de la production de Mode. Son signifiant est constitué par toutes les variations métaphoriques du « détail » (qui est lui-même un terme mixte, connoté-dénoté, puisqu'il appartient aussi à l'inventaire des genres[3]). Le « détail » implique deux thèmes constants et complémentaires : la ténuité[4] et la créativité ; la métaphore exemplaire est ici le *grain*, être infime d'où sort une moisson : un « grain » de « rien », et voilà toute une tenue pénétrée du sens de Mode : *un petit rien qui change tout* ; *ces riens qui*

1. Un autre développement de ce langage « minimisant » (mais d'une autre portée éthique) est donné par le thème du « farfelu » (de plus en plus fréquent, mais réservé à la photographie de Mode) ; cf. appendice, II.

2. S'il s'agissait d'une dialectique du sérieux et du futile, c'est-à-dire si le futile de Mode était pris *immédiatement* pour absolument sérieux, on aurait alors l'une des formes les plus élevées de l'expérience littéraire : c'est le mouvement même de la dialectique mallarméenne à propos de la Mode elle-même *(La Dernière Mode).*

3. Exemples : *trouvailles, compléments, idées, raffinements, note, grain, accent, gag, brin, rien.*

4. On peut renchérir encore sur le « rien », le subtiliser jusqu'à l'ineffable (qui est la métaphore même de la vie) : *les petites robes ont des ceintures ou comme ci ou comme ça ; un certain col Claudine.*

feront tout ; *un détail va changer l'apparence* ; *les détails garants de votre personnalité*, etc. En donnant un grand pouvoir sémantique au *rien*, la Mode ne fait sans doute que suivre son propre système, dont les matrices et les chaînes ont précisément à charge d'irradier le sens à travers des matériaux inertes ; structuralement, le sens de Mode est un sens à distance ; et dans cette structure le « rien » est précisément le noyau irradiant : son importance n'est pas étendue mais énergétique, il y a une propagation du détail à l'ensemble, *rien* peut signifier *tout*. Mais cette imagination vitaliste n'est pas irresponsable ; la rhétorique du détail semble prendre une extension croissante et l'enjeu en est économique : en devenant valeur de masse (à travers ses journaux sinon à travers ses boutiques), la Mode doit élaborer des sens, dont la fabrication n'apparaisse pas coûteuse ; c'est le cas du « détail » : un « détail » suffit à transformer le hors-sens en sens, le démodé en Mode, et cependant un « détail » ne coûte pas cher ; par cette technique sémantique particulière, la Mode sort du luxueux et semble entrer dans une pratique du vêtement accessible aux petits budgets ; mais en même temps, sublimé sous le nom de *trouvaille*, ce même détail de faible prix participe à la dignité de l'idée : gratuit comme elle, glorieux comme elle, le détail consacre une démocratie des budgets tout en respectant une aristocratie des goûts.

III. Rhétorique et Société

17.9. Rhétorique et publics de Mode.

Le signifié rhétorique de la description ne se situe pas du côté d'une poétique des substances, mais seulement (quand il existe) du côté d'une psycho-sociologie des rôles. Par là, une certaine sociologie de la Mode devient possible, à partir de sa sémantique même : puisque la Mode est entièrement système de signes, les variations du signifié rhétorique correspondent sans doute à des variations de public[1]. Au niveau du corpus étudié, la présence ou l'absence de

1. Comme il ne s'agit pas ici d'établir une sociologie de la Mode, ces indications sont purement approximatives : il n'y aurait cependant aucune difficulté de méthode à définir sociologiquement le niveau de chaque journal de Mode.

rhétorique vestimentaire semblent bien renvoyer à des types de journaux différents. Une rhétorique pauvre, c'est-à-dire une dénotation forte, correspond, semble-t-il, à un public socialement plus élevé [1] ; au contraire, une rhétorique forte, développant largement le signifié culturel et caritatif, correspond à un public plus populaire [2]. Cette opposition s'explique : on pourrait dire que plus le niveau de vie est élevé, plus le vêtement proposé (par écrit) a de chances d'être réalisé, et la dénotation (dont on a dit le caractère transitif) reprend ici ses droits ; à l'inverse, si le niveau de vie est plus bas, le vêtement est irréalisable, la dénotation devient vaine, et il est alors nécessaire de compenser son inutilité par un système fort de connotation, dont le propre est de permettre l'investissement utopique : il est plus facile de rêver *la robe que Manet aurait aimé peindre* que de la construire. Cette loi ne semble cependant pas infinie : l'investissement culturel, par exemple, n'est possible que si son image est tout de même à portée du groupe à qui elle est offerte : la connotation est donc forte là où il y a tension (et équilibre) entre deux statuts contigus, l'un réel et l'autre rêvé : il faut que le rêve, quoique utopique, soit proche ; mais si l'on descend encore d'un niveau dans l'échelle socioprofessionnelle, l'image culturelle s'appauvrit, le système tend de nouveau à la dénotation [3] ; on aurait affaire en somme à une courbe en cloche : au sommet, le système à forte connotation et les publics à statut moyen ; aux deux extrémités, les systèmes à forte dénotation et les publics à statut soit inférieur soit supérieur ; mais dans ces deux derniers cas, la dénotation n'est pas la même ; la dénotation des journaux luxueux implique un vêtement riche, aux variations nombreuses, même s'il est décrit exactement, c'est-à-dire sans rhétorique ; la dénotation du journal populaire est pauvre, car elle saisit un vêtement bon marché qu'elle tient pour réalisable : l'utopie occupe, comme de juste, une position intermédiaire entre la praxis du pauvre et celle du riche [4].

1. Journaux du type : *Jardin des Modes, Vogue*.
2. Journaux du type : *Elle*.
3. Journaux du type : *Écho de la Mode* (récemment encore : *Petit Écho de la Mode*).
4. Le phénomène se retrouve dans l'analyse de la rhétorique du signifié (chap. suivant).

18. Rhétorique du signifié : le monde de la Mode

Secrétaire, j'aime être impeccable.

I. La représentation du monde

18.1. Métaphore et parataxe : le roman de Mode.

Lorsque son signifié est explicite [1], le code vestimentaire découpe le monde en unités sémantiques dont la rhétorique va s'emparer pour les « habiller », les ordonner et construire à partir d'elles une véritable vision du monde : *soir*, *week-end*, *promenade*, *printemps*, sont des unités erratiques, venues du monde mais qui n'impliquent aucun « monde » particulier, aucune idéologie définie, ce pourquoi, au niveau du code vestimentaire, on s'est refusé à les classer [2]. Cette construction rhétorique d'un monde, que l'on pourrait comparer à une véritable cosmogonie, se fait par deux voies principales (qu'on a déjà indiquées à propos du signifiant rhétorique [3]) : la métaphore et la parataxe. La métaphore mondaine a pour rôle ordinaire de transformer une unité sémantique usuelle (donc conceptuelle) en contingence apparemment originale (même si cette contingence renvoie rhétoriquement à un stéréotype) ; ainsi, dans : *pour vos promenades à la campagne, les visites à la ferme, vos robes seront colorées*, la redondance métaphorique *(visites à la ferme)* ajoute aux éléments du premier code *(promenade • campagne)*, d'une part, la vision d'un objet (la ferme) qui se substitue ici à l'intellection

1. Lorsque le signifié est implicite (ensembles B), ce signifié est la Mode ; sa rhétorique se confond avec celle du signe (chap. suivant) ; il ne peut s'agir dans ce chapitre que des ensembles A.
2. Cf. *supra*, 13, 9.
3. Cf. *supra*, 16, 4.

d'un concept (la campagne), et d'autre part, la suggestion d'une situation sociale fictive, issue de toute une littérature de jeunes filles (la ferme *visitée* implique que l'on vient d'un château, d'une gentilhommière, d'un lieu oisif d'où l'on va regarder comme un spectacle un peu exotique une essence mixte de campagne et de labeur). Quant à la parataxe, elle étend le pouvoir de la métaphore en développant, à partir de situations et d'objets discontinus, ce qu'on appelle une « atmosphère » ; dans : *ce blazer pour jeune fille anglophile, peut-être éprise de Proust et qui passe ses vacances au bord de la mer*, les vacances, la mer, la jeune fille, le genre anglais et Proust recomposent, par leur simple contiguïté narrative, un lieu littéraire bien connu : c'est la plage normande, Balbec, la troupe des jeunes filles en fleurs. Ainsi naît un ensemble d'objets et de situations reliés entre eux, non plus par une logique des usages ou des signes, mais par des contraintes de tout autre ordre, qui sont celles du récit : la rhétorique fait passer les unités sémantiques du pur discontinu combinatoire au tableau vivant, ou, si l'on préfère, de la structure à l'événement ; c'est en effet le rôle de la rhétorique que d'élaborer un ordre apparemment événementiel à partir d'éléments structuraux (les unités sémantiques du code vestimentaire), et c'est en cela que la rhétorique de Mode est un *art* (toute question de *valeur* étant réservée) ; le récit permet, en effet, à la fois d'accomplir et d'esquiver la structure dont il s'inspire : la ferme confirme la campagne, mais aussi elle en masque la nature abstraite (sémantique), au profit de nouvelles valeurs ; une apparence de *vécu* (c'est-à-dire, tendanciellement, d'ineffable) vient compenser, sans la détruire, la pure combinaison des signes. Il s'agit en somme d'un équilibre ludique entre le code et sa rhétorique ; ambiguïté fondamentale, qui a permis jusqu'à présent au roman d'être à la fois structure et événement, collection d'essences (rôles, modèles, emplois, caractères) et récit lié. Dans le romanesque de Mode, le poids de la structure est très fort, car les métaphores et les parataxes sont, informationnellement parlant, banales, c'est-à-dire tirées d'unités et de combinaisons déjà bien connues ; c'est cependant une structure tout entière placée sous la caution de l'événement ; on pourrait peut-être appeler cette forme dégradée de la structure – ou cette forme timide de l'événement – un *stéréotype* : c'est le stéréotype qui fonde l'équilibre de la rhétorique de Mode, lui permet de présenter des informations parfaitement rassurantes et cependant frappées d'une vague apparence de *jamais-vu* (on pourrait dire que le stéréotype fonctionne comme un souvenir mal reconnu). Telle est la situation structurale du ton romanesque élaboré par la rhétorique du signifié : masquer la structure sous l'événement.

18.2. Principe d'analyse : la notion de « travail ».

Quel est le « sujet » de ce roman, ou, en d'autres termes, quel est le signifié de la rhétorique de Mode, lorsqu'elle parle du « monde » [1] ? Comme on l'a dit et le redira [2], on ne saurait le nommer qu'à travers un nouveau métalangage, qui est celui de l'analyste. Il semble que la notion qui explique le mieux la cohérence de l'univers de Mode, ou, si l'on préfère, qui ne soit contradictoire avec aucun de ses traits, ce soit la notion de travail [3]. Sans doute les représentations les plus fréquentes et les plus denses de la rhétorique de Mode concernent, non le travail, mais son contraire, l'oisiveté ; mais il s'agit précisément d'un couple complémentaire : le monde de la Mode, c'est le travail en creux ; un premier réseau de signifiés rhétoriques comprendra donc toutes les unités (et leurs métaphores ou parataxes partielles) qui ont un rapport avec le faire de l'homme, même si ce faire est frappé d'une certaine irréalité ; ce seront en général toutes les fonctions et toutes les situations qui impliquent soit une activité (même oisive), soit les circonstances dans lesquelles on suppose qu'elle s'exerce ; mais comme le faire de la Mode (et c'est là son irréalité) n'est jamais en définitive que l'attribut décoratif de l'être,

1. On se rappelle qu'il est possible de parler d'un signifié rhétorique singulier (même s'il est composé de plusieurs thèmes) parce que, sur le plan rhétorique, le signifié est « nébuleux ».

2. Cf. *supra*, 16, 5 ; 16, 7, et *infra*, 20, 13.

3. A.-J. Greimas a déjà proposé de classer les signifiés de la langue par rapport à cette notion : aux *techniques* (signifiés) correspondraient sur le plan symbolique du langage les lexiques (« Le problème de la description mécanographique », in *Cah. de lex.*, I, 1959, 63).

comme le travail n'est jamais donné en dehors d'une population d'essences psychologiques et de modèles humains, comme, en Mode, le travail ne produit pas l'homme, mais le suit, le second réseau des signifiés rhétoriques comprendra toutes les unités qui ont un rapport avec un certain être de l'homme. Ainsi le roman de Mode s'ordonne autour de deux équivalences ; selon la première, la Mode donne à lire une activité définie soit en elle-même, soit par ses circonstances de temps et de lieu *(si vous voulez signifier que vous faites ceci, habillez-vous comme cela)* ; selon la seconde, elle donne à lire une identité *(si vous voulez être ceci, il faut vous habiller comme cela)*. La porteuse de Mode se trouve en somme soumise à quatre questions : *qui ? quoi ? où ? quand ?* Son vêtement (utopique) répond toujours au moins à l'une de ces questions [1].

II. Fonctions et Situations

18.3. Situations actives et festives.

Dans le domaine du faire, la femme de Mode se situe toujours par rapport à l'une de ces trois questions : quoi ? (transitivité), quand ? (temporalité), où ? (localité). On voit que le faire doit s'entendre au sens large : l'acte peut très bien se donner seulement sous forme de circonstances qui l'accompagnent (temps et lieu). En fait, la Mode ne connaît pas de transitivité véritable [2] ; ce qu'elle note, c'est plutôt la façon dont le sujet fait sa situation par rapport à un milieu où il est censé agir : la chasse, le bal, le shopping sont des conduites sociales, non des techniques. Le faire de la Mode est en quelque sorte avorté : son sujet est tourmenté par

1.

Qui ?	ÊTRE	Essences et modèles
Quoi ? Quand ? Où ?	FAIRE	Fonctions et situations

On commencera par traiter des fonctions et situations.

2. C'est le reproche adressé par les Soviétiques à la Mode occidentale : elle ne traite pas des vêtements de travail.

une représentation des essences au moment d'agir : se vêtir *pour* agir, c'est, d'une certaine façon, ne pas agir, c'est afficher l'être du faire, sans assumer sa réalité. Aussi les situations transitives sont toujours, en Mode, des *occupations*, c'est-à-dire beaucoup plus une façon d'employer l'être du sujet que de transformer effectivement le réel. Ainsi immobilisé, le champ notionnel du faire est structuré comme une opposition complexe à quatre termes ; il y a deux termes polaires : *les situations actives et les situations festives* ; un terme complexe, participant à la fois de l'actif et du festif, le *sport* ; et un terme neutre (ni actif, ni festif), le *sans-projet*. Les situations proprement actives sont maigres : le travail est indéterminé [1], et la Mode ne nomme que des activités très marginales : affaires, shopping, ménage, bricolage, jardinage ; l'essentiel est indéfini, le défini est accessoire. Les situations festives sont riches ; ce sont les plus socialisées : la distraction y est largement absorbée dans le paraître (danse, théâtre, cérémonie, cocktails, galas, garden-parties, réceptions, sauteries, soirées, visites). Quant au sport, il doit peut-être l'extraordinaire estime où le tient la Mode, à sa nature de compromis ; d'une part, lorsqu'il est figé en signifiant *(une chemise-sport)*, il convient à toutes les situations actives (il s'apparente alors au *pratique*), et d'autre part, lorsqu'il est signifié, il accomplit un faire luxueux, une transitivité inutile, il est à la fois actif et oisif (chasse, marche, golf, camping). L'amorphe est rare (mais cependant significatif) : *pour les jours sans projets :* dans un monde où il faut toujours être ou faire quelque chose, l'absence d'occupation a elle-même rang d'activité ; bien plus, cette activité négative, la rhétorique est seule à pouvoir la signaler.

18.4. Situations temporelles : le printemps, les vacances, le week-end.

En Mode, la fête est tyrannique, elle soumet le temps : le temps de Mode est essentiellement festif. Sans doute, la Mode connaît

1. Ce n'est plus le cas, dès que l'on passe à l'être défini par son travail sous forme de rôle socioprofessionnel (cf. *infra*, 18, 7).

dans l'année un calendrier minutieux des saisons et des pré-saisons, et dans la journée, un horaire très complet de moments notables (9 h, midi, 16 h, 18 h, 20 h, minuit) ; trois moments sont cependant privilégiés : c'est, par rapport aux saisons, le printemps, par rapport à l'année, ce sont les vacances, et par rapport à la semaine, c'est le week-end. Sans doute, chaque saison a sa Mode ; celle du printemps est pourtant la plus festive ; pourquoi ? parce que le printemps est une saison à la fois pure et mythique : pure, parce qu'aucun autre signifié ne s'y mêle (la Mode d'été est une Mode de vacances, celle d'automne est une Mode de rentrée, et celle d'hiver une Mode de travail) ; mythique, en vertu du réveil de la nature ; ce réveil, la Mode le reprend à son compte, donnant ainsi à ses lectrices, sinon à ses acheteuses, l'occasion de participer annuellement à un mythe venu du fond des âges ; la Mode de printemps, c'est un peu, pour la femme moderne, ce qu'étaient les Grandes Dionysies ou les Anthestéries pour les anciens Grecs. Les vacances sont constituées par un complexe de situations : le temps y domine, dans son aspect cyclique (retour annuel) et climatique (le soleil), mais la Mode y investit d'autres circonstances et d'autres valeurs : la nature (mer, campagne, montagne) et certaines formes de faire (voyager, se baigner, camper, visiter des musées, etc.). Quant au week-end, c'est une valeur très riche : géographiquement, il constitue un champ intermédiaire entre la ville et la campagne, c'est-à-dire qu'il est vécu (et savouré) comme une relation : le week-end, c'est une prise de campagne, donc une essence raffinée de campagne, saisie miraculeusement dans ses signes les plus clairs (marches, grands feux de bois, vieilles maisons), non dans son opacité insignifiante (l'ennui, les travaux) ; temporellement, c'est un Dimanche sublimé par sa longueur (deux ou trois jours) ; le week-end emporte, bien entendu, une connotation sociale : il s'oppose au Dimanche, jour trivial, populaire, comme le prouve le discrédit attaché à sa version vestimentaire : l'endimanchement[1].

1. L'endimanchement est pourtant le fait fondamental du vêtement réel : une grande partie de la France s'endimanche encore ; un trousseau populaire (celui d'un mineur, par exemple) ne comprend que deux tenues : de travail (ou plus exactement : pour aller au travail) et du dimanche.

18.5. Situations de lieu : séjours et voyages.

C'est ce même dépaysement qui est au fond de toutes les notations de lieu. Pour la Mode (comme pour Leibniz), être en un lieu, c'est le traverser ; le voyage est en somme le grand lieu de la Mode : les « séjours » ne sont eux-mêmes que les pôles d'une même fonction itinérante *(ville/campagne/mer/montagne)* et les pays sont toujours des lieux d'appel. La géographie de Mode marque deux « ailleurs » ; un « ailleurs » utopique, représenté par tout ce qui est exotique, l'exotisme étant une géographie culturalisée[1] ; et un « ailleurs » réel, que la Mode emprunte au-delà d'elle-même à toute une situation économique et mythique de la France contemporaine : *la Côte*[2]. Ces lieux qu'elle vise ou qu'elle traverse, la Mode les vit cependant toujours comme des lieux absolus, dont elle doit saisir du premier coup l'essence : elle vit immédiatement immergée dans un espace ou un élément qui n'est pourtant jamais que son projet ; c'est ainsi que le climat – signifiant important de la Mode – est toujours un élément paroxystique, comme l'indiquent de nombreux superlatifs du type *plein* ou *tout (tout-soleil, plein-soleil, plein-bois, plein-vent)* : la Mode est une succession rapide de lieux absolus.

18.6. La vision du faire.

On le voit, le discontinu sémantique du code vestimentaire (puisque ce code ne comporte que des unités discrètes) est récupéré sur le plan rhétorique sous forme d'essences séparées ; à travers la connotation de son second système, la Mode découpe le faire humain, non plus en unités structurales offertes à une combinatoire (telles que pourrait l'imaginer l'analyse d'une suite d'actes techniques), mais en gestes portant en eux leur propre transcendance ; on peut dire que la rhétorique a pour fonction,

1. L'exotisme comprend aujourd'hui, non forcément des pays lointains, mais des lieux-vedettes, fréquentés par les Olympiens : Capri, Monaco, Saint-Tropez.
2. L'excentrique c'est ce qui n'est pas le Midi : *pratique sur toutes les plages, même non méridionales.*

ici, de transformer des usages en rites : dans leur aspect connoté, le *week-end*, le *printemps*, la *Côte* sont des « scènes », au sens que ce mot pourrait avoir dans une liturgie, ou mieux encore dans une théorie du fantasme ; car il s'agit en somme de projections absolues, infiniment répétées et infiniment savoureuses ; le faire rhétorique de la Mode échappe au temps : il ne comporte aucune épaisseur, c'est-à-dire aucune usure ni aucun ennui ; l'activité supposée par la Mode ne s'inaugure ni ne s'épuise ; elle constitue sans doute un plaisir rêvé, mais ce plaisir est fantasmatiquement « raccourci » en instant absolu, débarrassé de toute transitivité, puisque le shopping et le week-end, sitôt dits, ne sont plus « à faire » ; on atteint ainsi la double qualité de l'acte de Mode ; il est à la fois voluptueux et intelligible. Appliquée au faire, la rhétorique de Mode apparaît comme une « préparation » (au sens chimique du terme), destinée à débarrasser l'activité humaine de ses scories majeures (aliénation, ennui, incertitude, ou plus fondamentalement : impossibilité), tout en lui gardant l'essence d'un plaisir et la clarté rassurante d'un signe : *faire du shopping* n'est plus ni impossible, ni coûteux, ni fatigant, ni embarrassant, ni décevant : l'épisode se trouve réduit à une sensation pure, précieuse, à la fois ténue et forte, où se mêlent la puissance illimitée d'acheter, la promesse d'être belle, la jouissance de la ville et la joie d'une suractivité parfaitement oisive.

III. Essences et Modèles

18.7. Modèles socioprofessionnels.

Le faire étant réduit à un tableau d'essences, il n'y a pas de rupture entre l'activité (rhétorique) de la femme de Mode et son statut socioprofessionnel ; en Mode, le travail n'est qu'une simple référence, il donne l'identité, puis s'irréalise aussitôt : la *secrétaire*, la *libraire*, l'*attachée de presse*, l'*étudiante* sont des « noms », des sortes d'épithètes de nature, destinés à fonder paradoxalement ce que l'on pourrait appeler l'*être du faire* ; il est donc logique que les métiers (d'ailleurs rares) qui sont donnés par la rhétorique de Mode soient définis, non par leurs conduites techniques mais par la situation qu'ils confèrent : la secrétaire (puisqu'il s'agit souvent d'elle) n'est pas la femme qui dactylographie, classe ou téléphone, mais bien l'être privilégié qui approche le directeur, participe par contiguïté à son essence supérieure *(secrétaire, j'aime être impeccable).* Il est constant que lorsque la Mode concède à la femme un métier, ce métier n'est ni pleinement noble (il n'est pas bien vu que la femme concurrence réellement l'homme), ni pleinement inférieur : c'est toujours un métier « propre » : secrétaire, décoratrice, libraire ; et ce métier reste toujours soumis au type de ce que l'on pourrait appeler les métiers de dévotion (comme autrefois celui d'infirmière et de lectrice pour dame âgée) : l'identité de la femme s'établit ainsi, au service de l'Homme (le patron), de l'Art, de la Pensée, mais cette soumission est sublimée sous l'apparence d'un travail agréable et esthétisée sous celle d'une relation « mondaine » (le paraître y est toujours très fort, puisqu'il s'agit de montrer le vêtement). Cette sorte de distance entre la *situation* du travail et son irréalité technique permet à la femme de Mode d'être à la fois morale (car le travail est une valeur) et oisive (car le travail salirait). C'est ce qui explique que la Mode parle de la même façon du travail et de l'oisiveté ; en Mode, tout travail est vide, tout plaisir est dynamique, volontaire, et l'on pourrait presque dire : laborieux ; en exerçant son droit à la Mode, même à travers les fantasmes du luxe le plus improbable, la femme semble toujours *faire quelque chose.* Il y a d'ailleurs un statut qui présente à l'état pur la dialectique précieuse d'une oisiveté érigée en mission sublime, pourvue d'un travail très dur et d'une vacance infinie : c'est celui de vedette (fréquemment utilisé dans la rhétorique de Mode) : la vedette est un modèle (ce ne peut être un rôle) ; elle ne prend donc place dans l'univers de la Mode qu'à travers un panthéon (Dany Robin, Françoise Sagan, Colette Duval [1]), dont chaque déité apparaît à la fois pleinement oisive et pleinement occupée.

1. La vedette est d'essence royale, puisqu'il suffit d'appartenir à son sang pour être promue modèle *(Mme Sagan mère).*

18.8. Essences caractérielles : la « personnalité ».

Autant les modèles professionnels sont pauvres, autant les essences psychologiques sont riches : *délurée*, *désinvolte*, *espiègle*, *piquante*, *sage*, *équilibrée*, *facile à vivre*, *insolente*, *sophistiquée*, *coquette*, *sérieuse*, *ingénue*, etc. : la femme de Mode est une collection de petites essences séparées assez analogues aux « emplois » du théâtre classique ; l'analogie n'est d'ailleurs pas arbitraire, puisque la Mode donne la femme en représentation, de telle sorte que le simple attribut de la personne, parlé sous forme d'un adjectif, absorbe en fait tout l'être de cette personne ; dans la *coquette* ou l'*ingénue*, il y a confusion du sujet et du prédicat, de celle qui est et de ce qu'on en dit. Cette discontinuité psychologique a plusieurs avantages (puisque toute connotation a d'ordinaire valeur d'alibi) ; d'abord elle est familière, issue d'une sorte de vulgate de la culture classique, que l'on retrouve dans la psychologie des horoscopes, de la chiromancie, de la graphologie élémentaire ; ensuite, elle est claire, le discontinu et l'immobile étant toujours réputés plus intelligibles que le lié et le mouvement ; et de plus, elle permet d'esquisser des typologies d'allure scientifique, donc autoritaires, rassurantes *(« Types A : sportive ; B : avant-garde ; C : classique ; D : travail-avant-tout »)* ; enfin et surtout, elle rend possible une véritable combinatoire d'unités caractérielles et prépare, si l'on peut dire, techniquement, l'illusion d'une richesse quasi infinie de la personne, que l'on nomme précisément en Mode la *personnalité* ; la personnalité de Mode est en effet une notion quantitative ; elle ne se définit pas, comme ailleurs, par la force obsessionnelle d'un trait ; elle est essentiellement une combinaison originale d'éléments communs, dont le détail est toujours donné ; la personnalité est ici *composée*, mais elle n'est pas complexe ; l'individualisation de la personne tient en Mode au nombre des éléments en jeu, et encore mieux, s'il est possible, à leur contrariété apparente *(douces et fières, strictes et tendres, rigoureuses et désinvoltes)* : ces paradoxes psychologiques ont une valeur nostalgique : ils témoignent d'un rêve de totalité selon lequel l'être humain serait tout à la fois, et n'aurait à choisir, c'est-à-dire à repousser, aucun trait particulier (la Mode, on le sait, n'aime pas à choisir, c'est-à-dire faire de la peine) ; le paradoxe consiste alors à maintenir la généralité des caractères (qui est seule compatible avec l'institution de la Mode) dans un état strictement analytique : c'est une généralité d'accumulation, non de synthèse : la *personne* de Mode est ainsi à la fois impossible et cependant parfaitement connue.

18.9. Identité et altérité : le nom et le jeu.

L'accumulation de petites essences psychologiques, souvent même contraires, n'est qu'une façon pour la Mode de donner à la personne humaine une double postulation : de lui conférer l'individuation ou la multiplicité, selon que l'on considère la collection des caractères comme une synthèse ou que l'on suppose au contraire à l'être la liberté de se masquer derrière l'une ou l'autre de ces unités. D'où un double rêve, que la rhétorique de Mode met à portée de la femme : d'identité et de jeu. Le rêve d'identité (être *soi*, et que ce *soi* obtienne la reconnaissance des autres) semble se retrouver dans toutes les œuvres de masse et dans tous les menus comportements de ceux qui y participent, soit qu'on y voie une conduite des classes aliénées, soit qu'on y découvre un acte compensatoire destiné à réagir contre la « dépersonnalisation » de la société de masse ; en tout cas, le rêve d'identité s'exprime essentiellement par l'affirmation du nom, comme si le nom réalisait magiquement la personne ; en Mode, l'affiche du nom ne peut se faire directement, puisque la lectrice est anonyme ; mais de toute évidence, c'est son propre nom qu'elle rêve en déléguant son identité à quelques personnalités, qui viennent compléter le panthéon des vedettes usuelles, non parce qu'elles sont issues d'une olympe d'actrices, mais précisément parce qu'elles ont un nom : *comtesse Albert de Mun*, *baronne Thierry van Zuplen* ; sans doute l'affiche aristocratique n'est pas absente de la connotation, mais elle n'est pas déterminante : le nom ne résume pas la race, mais l'argent : *Miss Nonnie Phips* est une personne notable dans la mesure où son père possède un ranch en

Floride : être, c'est avoir des ancêtres, de la fortune, et si l'un et l'autre font défaut, le nom, comme un signe vide qui garderait cependant sa fonction de signe, continue à préserver l'identité ; ainsi de toutes les porteuses de robe complaisamment *nommées* (*Anny*, *Betty*, *Cathy*, *Daisy*, *Barbara*, *Jackie*, etc. [1]) ; à la limite, il ne saurait plus y avoir de différence de nature entre le nom propre et le nom commun : interpellant *Mademoiselle Plus-de-goût-que-d'argent*, la Mode retrouve le secret même du processus anthroponymique. Le nom est un excellent modèle structural [2], puisqu'on peut le considérer tantôt (mythiquement) comme une substance, tantôt (formellement) comme une différence ; l'obsession du nom renvoie à la fois à un rêve d'identité et à un rêve d'altérité ; on voit donc la femme de Mode rêver à la fois d'être soi et d'être une autre. Ce second rêve est important ; on en voit des témoignages incessants dans tous les jeux d'être que la Mode raconte (être une autre en changeant seulement *ce* détail) ; le mythe du frégolisme, qui semble attaché à toute réflexion mythique sur le vêtement, comme le confirment tant de contes et de proverbes, est très vivant dans la littérature de Mode [3] ; la multiplication des personnes dans un seul être est toujours considérée par la Mode comme un indice de puissance ; *stricte, c'est vous ; douce, c'est encore vous ; avec les couturiers vous découvrez que vous pouvez être l'une et l'autre, mener une double vie :* c'est là le thème ancestral du déguisement, attribut essentiel des dieux, des policiers et des bandits. Cependant, dans la vision de Mode, le motif ludique ne comporte, si l'on peut dire, aucun vertige : il multiplie la personne sans aucun risque pour elle de se perdre, dans la mesure où, pour la Mode, le vêtement n'est pas jeu, mais

1. Ces noms ne sont pas complètement vides, ils affichent une certaine anglomanie ; ce sont d'ailleurs, sans doute, des noms de mannequins, de cover-girls internationales. Mais la cover-girl tend de plus en plus à la vedette : elle devient elle-même un modèle, *sans cependant masquer sa profession*.

2. Cf. Cl. Lévi-Strauss, *La Pensée sauvage*, p. 226 s.

3. On peut distinguer ici trois conceptions : 1. conception populaire et poétique : le vêtement produit (magiquement) la personne ; 2. conception empirique : la personne produit le vêtement, *s'exprime* à travers lui ; 3. conception dialectique : il y a « tourniquet » entre la personne et le vêtement (J.-P. Sartre, *Critique de la raison dialectique*, Gallimard, 1960, 757 p., p. 103).

signe d'un jeu ; on retrouve ici la fonction rassérénante de tout système sémantique ; en *nommant* le jeu vestimentaire *(jouer à la jardinière, un faux petit air scout)*, la Mode l'exorcise ; le jeu du vêtement n'est plus ici le jeu de l'être, la question angoissante de l'univers tragique[1] ; il est simplement clavier de signes, parmi lesquels une personne éternelle choisit l'amusement d'un jour ; c'est le dernier luxe d'une personnalité assez riche pour se multiplier, assez stable pour ne jamais se perdre ; ainsi voit-on la Mode « jouer » avec le thème le plus grave de la conscience humaine *(Qui suis-je ?)* ; mais par le procès sémantique auquel elle le soumet, elle le frappe de cette même futilité qui lui permet d'innocenter toujours l'obsession du vêtement, dont elle vit.

18.10. La féminité.

Aux modèles socioprofessionnels et aux essences psychologiques, il faut ajouter deux signifiés fondamentaux, d'ordre anthropologique : le sexe et le corps. La Mode connaît bien l'opposition du féminin et du masculin ; elle y est obligée par le réel lui-même (c'est-à-dire sur le plan de la dénotation), puisque c'est le réel qui place souvent dans la tenue féminine des traits venus du vêtement masculin (pantalon, cravate, veste) ; en fait, entre les deux vêtements, les signes différentiels sont extrêmement rares, et toujours situés au niveau du détail (côté de fermeture du vêtement) : le vêtement féminin peut absorber presque tout le vêtement masculin, qui se contente de « repousser » certains traits du vêtement féminin (un homme ne peut porter de jupe, tandis qu'une femme peut porter un pantalon) ; c'est que le tabou de l'autre sexe n'a pas la même force dans l'un et l'autre cas : il y a interdit social sur la féminisation de l'homme[2], il n'y

1. *Qui suis-je ? Qui êtes-vous ?* – La question d'identité, la question du Sphinx, est à la fois la question tragique et la question ludique par excellence, celle des tragédies et celle des jeux de sociétés ; il n'est pas exclu que les deux plans se rejoignent parfois : dans les Maximes (issues de jeux de salon), dans le jeu de la Vérité, etc.

2. Encore que certaines formes de dandysme moderne tendent à féminiser la tenue masculine (sweater à même la peau, collier) : les deux sexes tendent à s'uniformiser sous un signe unique, comme on va le voir : celui de la jeunesse.

en a presque pas sur la masculinisation de la femme : la Mode, notamment, reconnaît le *boy-look*. *Féminin* et *masculin* ont chacun leur version rhétorique ; *féminin* peut renvoyer à l'idée d'une femme emphatique, essentielle *(dessous d'une exquise féminité)* ; le *boy-look* lui, lorsqu'il est noté, a moins une valeur sexuelle que temporelle : il est signe complémentaire d'un âge idéal, qui prend de plus en plus d'importance dans la littérature de Mode : le *junior*[1] ; structuralement, le *junior* se présente comme le degré complexe du *féminin/masculin* : il tend à l'androgyne ; mais ce qu'il y a de remarquable dans ce nouveau terme, c'est qu'il efface le sexe au profit de l'âge ; c'est là, semble-t-il, un processus profond de la Mode : c'est l'âge qui est important, non le sexe ; d'une part, la jeunesse du modèle est sans cesse affirmée, défendue, pourrait-on dire, parce qu'elle est naturellement menacée par le temps (alors que le sexe est une donnée), et qu'il faut sans cesse rappeler qu'elle est l'étalon de toutes les mesures d'âge *(encore jeune, toujours jeune)* : c'est sa fragilité qui fait son prestige ; et d'autre part, dans un univers homogène (puisque la Mode ne traite que de la Femme, pour les femmes), il est normal que le phénomène d'opposition se déporte là où il y a variation sensible, conséquente : c'est donc l'âge qui reçoit les valeurs de prestige et de séduction.

18.11. Le corps comme signifié.

Quant au corps humain, Hegel avait déjà suggéré qu'il était dans un rapport de signification avec le vêtement : comme sensible pur, le corps ne peut signifier ; le vêtement assure le passage du sensible au sens[2] ; il est, si l'on veut, le signifié par excellence. Mais quel corps le vêtement de Mode doit-il signifier ? La Mode se trouve ici affrontée, sinon à un conflit, du

1. « *Tenue sportive pour les juniors, dont certains éléments pourraient être empruntés à un grand frère.* »

2. « *C'est le vêtement qui donne à l'attitude tout son relief et il doit, pour cette raison, être considéré plutôt comme un avantage, en ce sens qu'il nous soustrait à la vue directe de ce qui, en tant que sensible, est dépourvu de signification* » (Hegel, *Esthétique*, Paris, Aubier, 1944, tome III, 1re partie, p. 147).

moins à une discontinuité structurale bien connue : celle de la Langue et de la Parole[1], de l'institution et de son actualité. La Mode résout le passage du corps abstrait au corps réel de ses lectrices de trois façons. La première solution consiste à proposer un corps idéal incarné ; c'est celui du mannequin, de la cover-girl ; structuralement, la cover-girl représente un paradoxe rare : d'une part, son corps a valeur d'institution abstraite, et d'autre part, ce corps est individuel, et entre ces deux conditions, qui correspondent exactement à l'opposition de la Langue et de la Parole, il n'y a aucune dérivation (contrairement au système de la langue) ; ce paradoxe structural définit entièrement la cover-girl : sa fonction essentielle n'est pas esthétique, il ne s'agit pas de livrer un « beau corps », soumis à des règles canoniques de réussite plastique, mais un corps « déformé » en vue d'accomplir une certaine généralité formelle, c'est-à-dire une structure ; il s'ensuit que le corps de la cover-girl n'est le corps de personne, c'est une forme pure, qui ne supporte aucun attribut (on ne peut dire qu'il est *ceci* ou *cela*), et par une sorte de tautologie, il renvoie au vêtement lui-même ; le vêtement n'a pas à charge ici de signifier un corps rond, élancé ou menu, mais, à travers ce corps absolu, de se signifier lui-même dans sa généralité ; cette première voie de conciliation entre l'institution et son actualité est prise en charge par la photographie (ou le dessin de Mode) ; si l'on cite cette solution (en dépit de la règle terminologique), c'est qu'il semble bien que le journal de Mode éprouve un scrupule croissant à accepter telle quelle l'abstraction de la cover-girl : on le voit de plus en plus photographier le corps « en situation », c'est-à-dire adjoindre à la représentation pure de la structure une rhétorique de gestes et de mines destinée à donner du corps une version spectaculairement empirique (cover-girl en voyage, au coin du feu, etc.[2]) : l'événement menace de plus en plus la structure. C'est ce qu'on voit bien dans les deux autres traitements du corps de Mode, qui sont, eux, proprement verbaux. Le premier consiste à décréter chaque année que certains

1. Cf. *supra*, 1, 14.
2. Cf. *infra*, appendice II.

corps (et non d'autres) sont à la Mode (*Avez-vous cette année la tête de la Mode ? oui, si votre visage est petit, si vos traits sont fins, si votre tour de tête ne dépasse pas 55 cm*, etc.) ; cette solution représente évidemment un compromis entre la structure pure et l'événement littéral : d'une part, il s'agit bien d'une structure, puisque le modèle est fixé abstraitement, antérieurement et extérieurement à toute donnée réelle ; et d'autre part, cette structure naît toute pénétrée d'événement, dans la mesure où elle est saisonnière et où elle s'incarne tout de suite empiriquement dans certains corps et non dans d'autres, en sorte qu'on ne sait plus si la structure s'inspire du réel ou le sélectionne. La troisième solution consiste à aménager le vêtement de telle sorte qu'il transforme le corps réel et parvienne à lui faire signifier le corps idéal de la Mode : allonger, gonfler, amenuiser, grossir, diminuer, affiner, par ces artifices [1], la Mode affirme qu'elle peut soumettre n'importe quel événement (n'importe quel corps réel) à la structure qu'elle a postulée (la Mode de l'année) ; cette solution exprime un certain sentiment de puissance : la Mode peut convertir n'importe quel sensible dans le signe qu'elle a choisi, son pouvoir de signification est illimité [2]. On voit que ces trois solutions ont une valeur structurale différente ; dans la cover-girl, la structure est donnée sans événement (une « Langue » sans « Parole ») ; dans le « corps à la Mode », il y a coïncidence de la structure et de l'événement, mais cette coïncidence est limitée par le temps (une année) ; dans le « corps transformé », il y a soumission complète de l'événement à la structure au moyen d'un art (la couture). Mais dans les trois cas, il y a contrainte structurale, prise en charge du corps par un système intelligible de signes, dissolution du sensible dans le signifiant [3].

1. Cf. *infra*, sur la transformation, 20, 12.

2. Au point que la Mode peut passer outre la loi d'euphémie et parler de corps mal faits, puisqu'elle a la toute-puissance de les rectifier : *Moi, je n'ai pas la taille mannequin. Moi, je n'ai pas la taille fine. Moi, j'ai les hanches un peu fortes. Moi, j'ai le buste trop opulent*, etc., dit au journal toute une procession de plaignantes, qui viennent à la Mode comme à une déesse curative.

3. La nudité, par exemple, n'est rien d'autre, en Mode, que le signe de l'habillé (*le bras nu entre l'épaule et le gant fait habillé*).

IV. La femme de Mode

18.12. De la lectrice au modèle.

Telle est la Femme ordinairement signifiée par la rhétorique de Mode : féminine impérativement, jeune absolument, douée d'une identité forte et cependant d'une personnalité contradictoire, elle s'appelle Daisy ou Barbara ; elle fréquente la comtesse de Mun et Miss Phips ; secrétaire de direction, son travail ne l'empêche pas d'être présente à toutes les fêtes de l'année et de la journée ; elle part chaque semaine en week-end et voyage tout le temps, à Capri, aux Canaries, à Tahiti, et cependant à chaque voyage elle va dans le Midi ; elle ne séjourne jamais que dans des climats francs, elle aime tout à la fois, de Pascal au cool-jazz. On reconnaît évidemment dans ce monstre le compromis permanent qui marque le rapport de la culture de masse et de ses usagers : la femme de Mode est à la fois ce que la lectrice est et ce qu'elle rêve d'être ; son profil psychologique est à peu près celui de toutes les célébrités « racontées » quotidiennement par la culture de masse, tant il est vrai que la Mode, par son signifié rhétorique [1], participe profondément à cette culture.

18.13. L'euphorie de Mode.

Il est cependant un point où la Femme de Mode diffère d'une façon décisive des modèles de la culture de masse : elle ne connaît pas le mal, à aucun degré que ce soit. Pour n'avoir pas à traiter de ses fautes, et de ses drames, la Mode ne parle jamais d'amour, elle ne connaît ni l'adultère, ni la liaison, ni même le flirt : en Mode, on ne voyage qu'avec son mari. Connaît-elle l'argent ? À peine ; elle sait sans doute distinguer les grands budgets et les budgets moyens ; la Mode enseigne à « adapter » un vêtement, non à le faire durer [2]. De toutes manières, les servitudes financières ne pèsent pas

1. Et naturellement grâce à la diffusion massive de ses journaux.

2. La résistance à l'usure n'est pas une valeur de Mode (puisque la Mode doit précisément hâter le rythme d'achat), sauf, rarement, à titre de signe d'une usure « chic » : *la veste en vieux cuir.*

à la Femme de Mode, parce que précisément la Mode a toute-puissance pour les déjouer : on ne parle du prix élevé d'un vêtement que pour le justifier à titre de « folie » : les difficultés d'argent ne sont jamais évoquées que dans la mesure où la Mode les résout. La Mode plonge ainsi la Femme dont elle parle et à qui elle parle dans un état innocent, où tout est pour le mieux dans le meilleur des mondes : il y a une loi d'euphorie de la Mode (ou d'euphémie, puisqu'il s'agit ici de la Mode écrite). Le « bon ton » de la Mode, qui lui interdit de rien proférer de disgracieux esthétiquement ou moralement, se confond sans doute ici avec le langage maternel : c'est le langage d'une mère qui « préserve » sa fille de tout contact avec le mal ; mais cette euphorie systématique semble aujourd'hui particulière à la Mode (elle appartenait autrefois à toute la littérature pour jeunes filles) : on ne la retrouve dans aucun des autres produits de la culture de masse (cinéma, journaux, romans populaires), dont les récits sont toujours dramatiques, voire catastrophiques. La résistance au pathétique est ici d'autant plus notable que la rhétorique de Mode, on l'a vu, tend de plus en plus au romanesque ; et s'il est possible de concevoir et de recenser des romans « où il ne se passe rien », la littérature n'offre aucun exemple de roman continûment euphorique[1] ; peut-être la Mode réussit-elle cette gageure dans la mesure où son récit est fragmentaire, limité aux citations de décor, de situation et de caractère, et privé de ce que l'on pourrait appeler la maturation organique de l'anecdote ; en somme, la Mode tiendrait son euphorie de ce qu'elle produit un roman rudimentaire, amorphe, sans temporalité : le temps n'est pas présent dans la rhétorique de Mode : pour retrouver le temps et son drame, il faut quitter la rhétorique du signifié et aborder la rhétorique du signe de Mode.

1. La happy-end fait évidemment partie d'une lutte du bien et du mal, c'est-à-dire d'un drame.

19. Rhétorique du signe : la raison de Mode

> *Que toute femme raccourcisse ses jupes jusqu'au ras du genou, adopte les carreaux fondus et marche en escarpins bicolores.*

I. La transformation rhétorique du signe de Mode

19.1. Signes et raisons.

Le signe est l'union du signifiant et du signifié, du vêtement et du monde, du vêtement et de la Mode. Cependant le journal ne donne pas toujours ce signe d'une façon déclarée ; il ne dit pas forcément : *l'accessoire est le signifiant du signifié printemps ; les robes courtes sont, cette année, le signe de la Mode* ; il dit d'une façon toute différente : *l'accessoire fait le printemps ; cette année, les robes se portent courtes* ; par sa rhétorique, il peut transformer le rapport du signifiant et du signifié et substituer à la pure équivalence, l'illusion d'autres rapports (la transitivité, la finalité, l'attribution, la causalité, etc.). Autrement dit, dans le temps même où la Mode édifie un système très strict de signes, elle s'emploie à donner à ces signes l'apparence de pures raisons [1] ; et c'est évidemment parce que la Mode est tyrannique et son signe arbitraire, qu'elle doit le convertir en fait naturel ou en loi rationnelle : la connotation n'est pas gratuite ; elle a, dans l'économie générale du système, la charge de restaurer une certaine *ratio*. Cette conversion n'a cependant pas la même portée selon qu'elle concerne des ensembles A (à signifié mondain et explicite) ou des ensembles B (à signifié de Mode et implicite) ; dans le premier cas, le signe s'abrite der-

1. Sur la portée générale de ce processus, cf. *infra*, 20, II.

rière un usage, une fonction, sa *ratio* est empirique, naturelle ; dans le second cas, le signe prend la forme d'un constat ou d'un décret, sa *ratio* est légale, institutionnelle ; mais comme dans les ensembles A, la Mode est également présente à titre de signifié rhétorique d'un système intermédiaire de connotation[1], il s'ensuit que la *ratio* légale de la Mode s'applique en définitive à tous ses énoncés.

II. *Ensembles A : les fonctions-signes*

19.2. Signes et fonctions dans le vêtement réel.

On pourrait être tenté d'opposer le vêtement purement fonctionnel (un bleu de travail) au vêtement de Mode, purement signalétique, même lorsque ses signes s'abritent derrière des fonctions *(robe noire pour le cocktail)*. Ce serait une opposition inexacte : si fonctionnel qu'il soit, le vêtement réel comporte toujours un élément signalétique, dans la mesure où toute fonction est au moins signe d'elle-même ; le bleu de travail sert à travailler, mais il affiche aussi le travail, le manteau de pluie protège de la pluie, mais il la signifie également. Ce mouvement d'échange entre la fonction et le signe (au niveau du réel) se retrouve probablement dans un grand nombre d'objets culturels : la nourriture, par exemple, relève à la fois d'un besoin physiologique et d'un statut sémantique : les aliments rassasient et signifient, ils sont à la fois satisfaction et communication[2]. En effet, dès qu'une fonction est prise en charge par une norme de fabrication, elle entre avec cette norme dans le rapport d'un événement et d'une structure, et toute structure implique un système différentiel de formes (d'unités) : la fonction devient *lisible*, et non plus seulement transitive ; il n'y a donc pas d'objet normalisé (standardisé) qui soit entièrement épuisé par une *praxis*

1. Cf. *supra*, 3, 7.

2. La fonction-signe appartiendrait donc en propre à ce que l'on peut appeler les systèmes dérivés, dont l'être n'est pas tout entier dans la signification. – Sur la nourriture comme système signifiant, cf. « Pour une psycho-sociologie de l'alimentation contemporaine », article cité.

pure : tout objet est aussi un signe[1]. Pour retrouver des objets purement fonctionnels, il faut imaginer des objets improvisés : c'était le cas de la vague couverture que les soldats romains jetaient sur leurs épaules pour se protéger de la pluie ; mais dès que ce vêtement spontané a été fabriqué, et, si l'on peut dire, institutionnalisé sous le nom de *pénule*, la fonction protectrice s'est trouvée saisie dans un système social de communication : la pénule s'est opposée à d'autres vêtements et elle a renvoyé à l'idée même de son usage, tout comme un signe s'oppose à d'autres signes et transmet un certain sens. C'est pourquoi, dans tous les objets réels, du moment qu'ils sont standardisés (et en est-il d'autres aujourd'hui ?), il faudrait parler, non de fonctions, mais de *fonctions-signes*. On comprend dès lors que l'objet culturel possède, par sa nature sociale, une sorte de vocation sémantique : en lui, le signe est tout prêt à se séparer de la fonction et à opérer seul, librement, la fonction étant réduite au rang de postiche ou d'alibi : le *ten-galon-hat* (anti-pluie et anti-soleil) n'est plus qu'un signe, celui de la « westernité » ; la veste « sport » n'a plus de fonction sportive, mais n'existe qu'à titre de signe, opposée à celui de l'*habillé* ; le bleu de travail *(blue-jean)* est devenu signe de l'oisiveté, etc. Ce processus de signification est d'autant plus fort que la société multiplie ses objets standardisés : en enrichissant son système différentiel de formes, elle favorise d'autant la naissance de lexiques d'objets, de plus en plus complexes : c'est ce qui explique que la société moderne, technicienne, puisse facilement détacher le signe de la fonction et pénétrer les objets utilitaires qu'elle fabrique, de significations variées.

19.3. Fonctions réelles et fonctions irréelles.

Il arrive que le vêtement proposé (parlé) corresponde à une fonction réelle : une *robe à danser* sert effectivement à danser et

1. Il est donc normal que le nouveau milieu, issu de la société technicienne, impose à l'homme moderne qui y vit, des perceptions immédiatement pénétrées de *lecture*, comme G. Friedmann le faisait remarquer dès 1942 (article cité, in *Mélanges Alexandre Koyré*, p. 178).

affiche la danse d'une façon stable, lisible pour tous[1]; il y a adaptation de la forme ou de la matière à l'acte et constance du rapport sémantique. Mais dans la très grande majorité des cas, les fonctions attribuées au vêtement par la Mode sont bien plus complexes : il y a tendance du journal à représenter des fonctions de plus en plus précises et de plus en plus contingentes, et dans ce mouvement, la rhétorique a évidemment un rôle prépondérant[2]. Lorsque l'on établit qu'un vêtement *vaut-pour* quelque grande circonstance d'ordre pour ainsi dire anthropologique, saison ou fête, la fonction de protection ou de parure reste plausible *(un manteau d'hiver, une robe de mariée)*; mais si l'on affirme que cette robe vaut pour une *jeune femme qui habite à 20 km d'une grande ville, prend le train tous les jours et déjeune souvent avec des amis*, c'est la précision même du terme mondain qui irréalise la fonction; on retrouve ici le paradoxe de l'art romanesque : toute Mode « minutée » est irréelle, mais aussi, plus la fonction est contingente, plus elle semble « naturelle » ; la littérature de Mode rejoint alors le postulat du style vériste, selon lequel une accumulation de détails menus et particuliers accrédite la vérité de la chose représentée mieux qu'une simple esquisse, le tableau « fouillé » étant prétendu plus « vrai » que le tableau « brossé » ; et dans l'ordre de la littérature populaire, la description minutieuse des fonctions vestimentaires coïncide avec la tendance actuelle de la grande presse à personnaliser toute information, à faire de tout énoncé une interpellation directe, non point à la masse des lecteurs, mais à chaque lecteur en particulier; la fonction de Mode (*habitant à 20 km*, etc.) devient alors une véritable confidence, comme si l'équivalence de cette robe et d'un habitat aussi précis n'était posée que pour une lectrice entre toutes, comme si les 20 km dépassés, il fallait de droit changer de lectrice et de vêtement. On voit que le réel impliqué par les fonctions de Mode est essentiellement défini par une contingence ; ce n'est pas un réel transitif, c'est, une fois de

1. On notera que dans de tels énoncés, le signifié est pour ainsi dire sclérosé en signifiant, sous forme d'espèce (cf. *chemise-sport*).

2. La rhétorique a tendance à apparaître dès qu'il y a parataxe d'unités sémantiques (cf. *supra*, 16, 4).

plus, un réel vécu d'une façon fantasmatique, c'est le réel irréel du roman, emphatique à proportion de son irréalité.

19.4. La « rationalisation ».

Naturellement, plus la fonction est mythique (par son luxe de contingences), plus elle masque le signe ; plus la Mode est irréelle, plus ses fonctions se donnent pour impératives, plus le signe s'éteint au profit d'un usage apparemment empirique ; c'est paradoxalement dans les formes les mieux épanouies de la rhétorique de Mode, que le vêtement semble soustrait à tout paraître et réduit modestement au rang d'ustensile, comme si ce boléro de vison blanc servait uniquement à protéger du froid dans une église un peu fraîche, un jour de mariage printanier. La rhétorique introduit ainsi dans la Mode toute une série de fausses fonctions dont la fin est évidemment de donner au signe de Mode la caution du réel : caution d'autant plus précieuse qu'en dépit de son prestige, la Mode se sent toujours coupable de futilité. Cet alibi fonctionnel fait sans doute partie d'un procès général (peut-être moderne), selon lequel toute *ratio* empirique, issue d'un faire du monde, suffit à innocenter, non seulement n'importe quel fait de jouissance, mais encore, d'une façon plus subtile, n'importe quel spectacle d'essences : la fonction, affirmée sur le plan rhétorique, est en somme le droit de reprise du monde sur la Mode, l'hommage qu'un système de l'être tend à un système du faire. La transformation d'un ordre de signes dans un ordre de raisons [1] est connue ailleurs sous le nom de rationalisation. On a pu le décrire à propos du vêtement lui-même (vêtement réel, et non plus vêtement écrit) : établissant la psychanalyse du vêtement, Flügel a donné quelques exemples de cette conversion sociale du symbole en raison [2] : la chaussure longue et pointue

1. Cette transformation semble bien être celle que le névrosé impose à sa névrose (système de signes) dans le phénomène de « profit secondaire » (H. Nünberg, *Principes de psychanalyse*, Paris, PUF, 1957, 415 p., p. 322).

2. Le mot « rationalisation » se rencontre chez Flügel (*Psychology of Clothes*, chap. I et XIV). Il semble correspondre à ce que Cl. Lévi-Strauss décrit ainsi : *« La différence entre les phénomènes linguistiques et les autres phénomènes culturels*

n'est pas comprise par la société qui l'adopte comme un symbole phallique, mais son usage est attribué à de simples raisons hygiéniques [1] ; et si cet exemple paraît trop tributaire de la symbolique psychanalytique, en voici un, purement historique : vers 1830, l'empesage de la cravate était justifié par des avantages de confort et d'hygiène [2]. On voit même apparaître dans ces deux exemples une tendance qui n'est peut-être pas accidentelle à faire de la raison du signe le contraire même de sa disposition physique : la gêne s'inverse en confort ; peut-être cette inversion est-elle du même ordre que celle qui frappe le réel et sa représentation, dans la société bourgeoise, si l'on retient l'image de Marx [3] ; c'est un fait que le caractère signalétique du vêtement était mieux déclaré et si l'on peut dire plus innocent dans l'ancienne société que dans la nôtre ; la société monarchique donnait ouvertement son vêtement pour un ensemble de signes, non pour le produit d'un certain nombre de raisons : la longueur d'une traîne signalait exactement une condition sociale, aucune parole n'était là pour convertir ce lexique en raison, suggérer que la dignité ducale produisait la longueur de la traîne, comme l'église froide produit le boléro de vison blanc ; l'ancien costume ne jouait pas à la fonction, il affichait l'artifice de ses correspondances. Et du même coup, la correction de ces correspondances restait ouvertement normative : comme signe, le rapport du monde et du vêtement devait être seulement conforme à la norme sociale. Au contraire, dans notre vêtement écrit (et précisément parce qu'il est écrit), la correction du signe ne se donne jamais

---

est que les premiers n'émergent jamais à la conscience claire, tandis que les seconds, bien qu'ayant la même origine inconsciente, s'élèvent souvent jusqu'au niveau de la pensée consciente, donnant ainsi naissance à des raisonnements secondaires et à des réinterprétations » (*Anthropologie structurale*, p. 26).

1. Flügel, *op. cit.*, p. 27.
2. *Cravatiana, ou Traité général des cravates*, 1823, in-12°.
3. *« Si les hommes et leurs conditions apparaissent dans toute l'idéologie renversée comme dans une chambre noire, ce phénomène découle de leur processus vital historique tout comme le renversement des objets sur la rétine découle de leur processus directement physique »* (K. Marx, *Idéologie allemande*, in *Œuvres philosophiques*, Paris, Costes, 1953, VI, 259 p., p. 157).

pour ouvertement normative, mais simplement fonctionnelle ; elle est la conformité d'un objet *(le décolleté-bateau, les jupes plissées)* à une fonction qui doit être honorée *(participer à un thé dansant, manifester la maturité de l'âge)* ; la règle semble toujours copier, désormais, la loi de nature : l'*homo significans* prend le masque de l'*homo faber*, c'est-à-dire de son contraire même. On pourrait dire que grâce à la rationalisation qui lui fait convertir tous ses signes en raisons, la Mode écrite [1] accomplit ce paradoxe : d'être un faire parlé.

III. Ensembles B : la Loi de Mode

19.5. Noté-Notifié.

Dans les ensembles B, dont le signifié implicite est seulement la Mode, la rhétorique ne peut évidemment transformer le signe en fonction, puisque la fonction doit être nommée ; plus difficile, la rationalisation du signe n'est donc possible ici, si l'on peut dire, qu'au prix d'une opération de force. On a vu qu'en *notant* purement et simplement un trait vestimentaire, du moment qu'il ne s'agit pas de le fabriquer, ce qui échapperait au procès sémantique, la Mode se donnait elle-même pour signifié de ce trait : noter que (cette année) *les jupes se portent courtes* c'est dire que les *jupes courtes* signifient la Mode cette année. Le signifié *Mode* ne comporte qu'une seule variation pertinente, celle du *démodé* ; mais comme la règle d'euphémie interdit à la Mode de nommer ce qui dénie son être même [2], l'opposition véritable est moins entre le *à-la-mode* et le *démodé*, qu'entre le *marqué* (par la parole) et le *non-marqué* (le silence) : il y a confusion entre le noté et le Bien, le non-noté et le Mal, sans qu'on puisse affirmer qu'un terme prédétermine l'autre : on ne pourrait dire que la Mode ne note pas ce qu'elle a d'abord condamné et qu'elle note

1. La rationalisation (c'est-à-dire la mise en fonction) du signe n'est possible qu'à travers un langage (c'est une connotation), et c'est à quoi sert la Mode écrite : on ne retrouve le phénomène dans le langage iconique (photos, dessins) que lorsque le décor communique la fonction du vêtement (appendice II).

2. Il n'est fait allusion au *démodé* que pour le tuer sous le coup de la Mode nouvelle.

ce qui la glorifie ; il est même plus probable qu'elle glorifie (comme son propre être) ce qu'elle note et condamne ce qu'elle ne note pas ; en s'affirmant, en se nommant (à la façon tautologique d'une divinité *qui est celle qui est*), l'être de la Mode se donne immédiatement comme Loi [1] ; il s'ensuit que le *noté* de la Mode est toujours du *notifié* ; en Mode, l'être et le nom, la marque et le Bien, la notation et la légalité coïncident absolument : ce qui est dit est légal. De plus (et c'est là le masque du signe de Mode dans les ensembles B), ce qui est légal est vrai. Cette dernière transformation (dont on va traiter à l'instant) est symétrique par rapport à celle qui convertit le signe en fonction dans les ensembles A : de même qu'il fallait au signe explicite le masque d'une raison, il faut à la Loi de Mode le masque d'une nature : on va donc voir toute la rhétorique de Mode s'employer à innocenter ses décrets, soit en les distançant sous les espèces d'un spectacle, soit en les convertissant en purs constats comme extérieurs à sa propre volonté.

19.6. La Loi comme spectacle.

C'est en effet une façon de distancer la Loi, et pour ainsi dire, de la *jouer*, que de la proclamer avec emphase, à la façon d'un spectacle excessif : édicter *les Dix commandements du Skieur*, c'est innocenter l'arbitraire de Mode sous son affiche plaisante, à la façon d'un homme qui joue exagérément ses défauts pour les faire admettre sans y renoncer ; chaque fois que la Mode admet l'arbitraire de ses décisions c'est sur un ton emphatique, comme si se prévaloir d'un caprice c'était l'atténuer, comme si jouer un ordre, c'était du même coup l'irréaliser [2] : la Mode inocule un peu d'arbitraire dans la rhétorique de ses décisions, pour mieux

1. Il y a derrière cette Loi une instance extérieure à la Mode : c'est le *fashion-group* et ses « raisons » économiques, mais on reste ici au niveau d'une analyse immanente du système.

2. Naturellement, si le sérieux de ces métaphores semble se dénoncer plaisamment grâce à des formes ironiquement emphatiques, c'est avec l'ambiguïté des fausses dérisions : on ne joue jamais qu'à ce qu'on n'ose pas être : condamnée socialement à une certaine futilité, la Mode ne peut que jouer le sérieux.

s'excuser de l'arbitraire qui les fonde. Ses métaphores jouées la rattachent tantôt au pouvoir politique (la Mode est un monarque dont la charge est héréditaire, elle est un Parlement qui rend la féminité obligatoire, comme l'instruction publique ou le service militaire), tantôt à la Loi religieuse : du décret, elle passe alors à la prescription (*que toute femme raccourcisse ses jupes jusqu'au ras du genou*, etc.) ; mêlant l'obligation et la prémonition puisque ici prévoir suffit à imposer, elle use avec prédilection du temps moral par excellence, qui est celui du Décalogue, le futur : *cet été, les chapeaux étonneront, ils seront à la fois piquants et solennels* ; il est difficile d'évaporer davantage la décision de Mode, puisque, sans suggérer en rien qu'elle puisse avoir une cause (par exemple, le *fashion-group*), on la réduit à un pur effet, c'est-à-dire à un événement nécessaire, au sens physique et moral du terme : *cet été, les robes seront en tussor :* le tussor est ce qui doit arriver aux robes, à la fois par causalité naturelle et par prescription légale.

19.7. De la Loi au Fait.

Avec ces futurs d'obligation, si fréquents en Mode, on touche à la rationalisation décisive des ensembles B, qui est la conversion de la Loi en Fait : ce qui est décidé, imposé, va finalement apparaître comme nécessaire, neutre à la manière d'un fait pur et simple : il suffit pour cela de taire la décision de Mode ; de qui les robes, cet été, tiendront-elles l'obligation d'être en tussor ? Par son silence, la Mode transforme le tussor en événement mi-réel, mi-normatif, c'est-à-dire en somme, *fatal*. Car il y a une fatalité de la Mode : le journal n'est rien d'autre que la chronique d'un temps un peu barbare, où les hommes sont esclaves de la fatalité des événements et des passions : le jeu *(à vous de jouer sur les couleurs*[1]*)*, la folie (on ne résiste pas à la Mode, elle illumine et possède), la guerre *(offensive des tons pastel, guerre du genou, honneur au ruban)*, ces passions fortes placent

1. Et encore : « *Le tweed est aux tissus ce que la Royal Dutch est à la Bourse des valeurs : un placement sûr.* »

en quelque sorte la Mode hors de l'homme et la constituent en contingence maligne : la Mode s'installe à la croisée des hasards et des décrets divins : sa décision devient un fait évident. Il ne reste plus alors à la Mode qu'à pratiquer une rhétorique du pur constat *(la Mode est aux robes souples)*, et le journal n'a plus pour fonction que de rapporter *ce qui est (on note la réapparition du chandail en poil de chameau)*, même si, à la façon d'un historien sagace, il sait dégager dans un simple événement les grandes lignes d'une évolution *(la Mode du vison noir s'affirme*[1]*)*. En constituant ainsi la Mode en force inévitable, le journal lui laisse toute l'ambiguïté d'un objet sans cause, mais non sans volonté : tantôt l'on donnera au trait l'évidence d'un phénomène si naturel qu'il serait incongru de le justifier *(noire, en tout cas, votre robe de cinq heures, et bien sûr, vous ajouterez la note blanche de vos gants de chevreau)* ; ou encore, pour mieux détacher la Mode de ses dieux créateurs, on l'imputera, non pas à ceux qui la produisent, mais à celles qui la consomment *(elles aiment les maillots rayés, elles portent des maillots montant devant)* ; ou enfin, l'on fera du trait le propre sujet de son apparition *(les chemises de nuit, cette année, se font en trois longueurs)* : plus de couturiers ni d'acheteurs, la Mode a chassé l'homme, elle devient un univers autarcique, où les ensembles choisissent eux-mêmes leur veste et les chemises de nuit leur longueur. Il est donc normal qu'en fin de compte cet univers sécrète sa propre sagesse, élabore ses règles non plus comme des oukases orgueilleux venus de la jeune couture, mais comme la loi ancestrale d'un règne de la pure nature : la Mode peut se dire en proverbes, et se placer ainsi, non plus sous la loi des hommes, mais sous la loi des choses, telle qu'elle apparaît au plus vieil homme de l'histoire humaine, au paysan, à qui la nature parle par ses répétitions : *à manteaux fringants, robes blanches; à tissus précieux, accessoires légers.* Cette sagesse de la Mode implique une confusion audacieuse entre le passé et

1. On ne tranche pas ici si le journal édicte sa propre Mode, ou s'il se contente de transmettre celle qui vient du *fashion-group* : de toutes manières, dans la rhétorique du journal, toute instance est absente.

l'avenir, ce qu'on a décidé et ce qui va survenir : on enregistre une Mode dans le moment même où on l'annonce, dans le moment même où on la prescrit. Toute la rhétorique de Mode tient dans ce raccourci : constater ce qu'on impose ; produire la Mode ; puis ne voir en elle qu'un effet sans cause nommée ; puis, de cet effet, retenir seulement le phénomène ; laisser enfin ce phénomène se développer comme s'il ne devait qu'à lui-même la vie : tel est le trajet que la Mode parcourt pour transformer en fait, à la fois sa cause, sa loi et ses signes. Entre la loi (réelle) et le fait (mythique), on assiste alors à un curieux chassé-croisé des fins et des moyens : la réalité de la Mode, c'est essentiellement l'arbitraire qui la fonde : on ne peut ici, logiquement, transformer la loi en fait qu'à titre de métaphore ; or, que dit la Mode ? Lorsqu'elle avoue sa loi, c'est comme métaphore, et lorsqu'elle s'abrite derrière le fait, c'est comme s'il était littéral ; elle métaphorise les *dix commandements du skieur* (qui est sa réalité), elle constate que *la Mode est au bleu cette année* (qui est pure métaphore) ; elle donne à son réel l'emphase d'une métaphore volontaire et à ses métaphores la simplicité d'un constat ; elle prend le panache de la connotation là où elle ne fait que se dénoter, et l'humble figure de la dénotation quand elle déploie sa plus pure rhétorique. Ici encore, il y a inversion exacte du réel et de son image.

IV. La rhétorique et le temps

19.8. La raison de Mode et le temps de Mode.

La transformation rhétorique du signe en raison (fonctionnelle, légale ou naturelle) est sans doute commune à tous les objets culturels, dès qu'ils sont saisis dans un procès de communication : c'est la rançon du « monde » sur le signe. Mais en Mode cette transformation se justifie, semble-t-il, d'une façon particulière et encore plus impérieuse. Si la tyrannie de la Mode se confond avec son être, cet être lui-même n'est en définitive qu'une certaine passion du temps. Dès que le signifié *Mode* rencontre un signifiant (tel vêtement), le signe devient la Mode de l'année, mais par là même cette Mode refuse dogmatiquement la Mode qui l'a précédée, c'est-à-dire son propre passé[1] ; toute Mode nouvelle est refus d'hériter, subversion contre l'oppression de la Mode ancienne ; la Mode se vit elle-même comme un Droit, le droit naturel du présent sur le passé ; définie par son infidélité même, la Mode vit cependant dans un monde qu'elle veut et voit idéalement stable, tout pénétré de regards conformistes[2]. La rhétorique, et singulièrement la rationalisation du signe, permet de résoudre cette contradiction : c'est parce que le présent vindicatif qui la définit est à peine tenable, difficilement avouable, que la Mode s'emploie à élaborer une temporalité fictive, d'apparence plus dialectique, et qui comporte un ordre, une tenue, une maturité, empiriques au niveau des fonctions, institutionnels au niveau de la Loi, organiques au niveau du fait ; l'agressivité de la Mode, dont le rythme est celui-là même des vendettas, se trouve ainsi désarmée par une image plus patiente du temps ; dans ce présent absolu, dogmatique, vengeur, où la Mode parle, le système rhétorique dispose des raisons qui semblent la rattacher à un temps plus souple, plus lointain, et qui sont la politesse – ou le regret – du meurtre qu'elle commet sur son propre passé, comme si elle entendait vaguement cette voix possessive de l'année morte qui lui dit : *hier j'étais ce que tu es, demain tu seras ce que je suis*[3].

1. On a vu que par euphémie, la Mode parle très peu du démodé ; si elle le fait, c'est toujours au nom du présent, à titre de contre-valeur ; elle appelle sans scrupule *angles et cassures* ce qui était hier *lignes bien dessinées. Cette année*, dit-elle, *les tailleurs seront jeunes et souples* : étaient-ils donc, l'année dernière, vieux et raides ?

2. On peut maintenant définir mieux la *futilité* de Mode : c'est l'infidélité, sentiment fortement culpabilisant.

3. Lu sur une tombe.

Conclusion

20. *Économie du système*

I. Originalité du système de la Mode

20.1. La langue, gardienne du sens et ouverture au monde.

On a eu plusieurs fois l'occasion de dire combien la diffusion massive des journaux de Mode, dont on peut penser qu'ils sont de véritables journaux populaires, avait modifié le phénomène de la Mode et déplacé son sens sociologique : en passant à la communication écrite, la Mode devient un objet culturel autonome, pourvu d'une structure originale et probablement d'une finalité nouvelle ; aux fonctions sociales, reconnues d'ordinaire à la Mode vestimentaire [1], se substituent ou s'ajoutent d'autres fonctions, analogues à celles de toute la littérature, et que l'on peut résumer d'un mot en disant qu'à travers la langue qui la prend désormais en charge, la Mode devient *récit*. L'action de la langue s'exerce à deux niveaux, celui de la dénotation et celui de la connotation. Sur le plan dénoté, la langue agit à la fois comme productrice et gardienne du sens ; elle accentue la nature sémantique de la Mode, car, par le discontinu de ses nomenclatures, elle multiplie les signes là même où le réel, ne proposant qu'une matière continue [2], aurait du mal à signifier finement ; cette multiplication des sens se voit bien dans l'assertion d'espèce : lorsque la Mode (écrite) fait signifier *la toile*, elle surenchérit considérablement sur les possibilités sémantiques du vêtement

1. Dialectique de la novation et de l'imitation analysée par la Sociologie depuis Spencer.
2. Ceci est notamment valable par rapport à la photographie.

réel ; celui-ci ne peut en fait donner de sens qu'aux *tissus légers* par rapport aux *tissus lourds* ; la langue brise cette structure rudimentaire en mille espèces signifiantes, édifiant ainsi un système dont la justification n'est plus utilitaire (opposer le *léger* au *lourd*, comme le *frais* au *chaud*), mais seulement sémantique : elle constitue ainsi le sens en véritable luxe de l'esprit. Et d'autre part, les signes ainsi multipliés, la langue intervient de nouveau, mais cette fois-ci pour leur donner la *tenue* d'une structure ; par la stabilité même du nom (si relative soit-elle, puisque les noms passent, eux aussi) elle résiste à la mobilité du réel ; on le voit bien dans la logique du système ; les tabous qui empêchent tel genre de rencontrer tel variant sont en fait très relatifs ; aucun n'est éternel ; les interdictions de la Mode sont cependant absolues et, partant, le sens impératif [1], non seulement au niveau de la synchronie, mais plus profondément au niveau de la nomenclature : porter deux blouses à la fois ne serait peut-être pas impossible, si l'on avait le droit de changer le nom de la seconde blouse ; mais ce droit étant refusé par la langue (du moins à l'échelle de sa propre synchronie), la Mode peut se constituer en logique, ou si l'on préfère, en système exact. Ainsi, sur le plan de la dénotation, la langue tient un rôle régulateur, tout entier soumis à des fins sémantiques : on dirait que la Mode parle dans la mesure même où elle veut être système de signes. Cependant, sur le plan de la connotation, son rôle apparaît tout autre : la rhétorique ouvre la Mode au monde ; à travers elle, le monde est présent dans la Mode, non plus seulement comme puissance humaine productrice d'un sens abstrait, mais comme ensemble de « raisons », c'est-à-dire comme idéologie ; par le langage rhétorique, la Mode communique avec le monde, elle participe à une certaine aliénation et à une certaine raison des hommes ; mais aussi, on l'a vu, dans ce mouvement *vers* le monde, qui est celui de son système de connotation, la Mode perd beaucoup de son être sémantique (ses signes deviennent raisons, son signifiant cesse d'être finement discontinu et son signifié devient

1. On se rappelle que le sens est une liberté surveillée, dans laquelle la limite est aussi constitutive que le choix.

indéfini et latent), en sorte que la langue détient deux fonctions presque contradictoires selon qu'elle intervient sur le plan dénoté ou sur le plan connoté du système ; et c'est évidemment dans cette divergence des rôles (qu'elle soit pure contrariété ou amorce d'un mouvement dialectique) que réside l'économie profonde du système, comme on le verra mieux dans un instant.

20.2. L'activité classificatrice.

Bien que la rhétorique, d'une certaine façon, défasse le système des signes élaboré en dehors d'elle (au niveau dénoté) et qu'ainsi l'on puisse dire que le monde commence là où le sens finit, c'est tout de même le réel (mais non, il est vrai, « le monde ») qui fonde la signification dans le moment même où il lui propose ses limites : le réel est signifiant dans la mesure où il est fini, comme le montre l'économie classificatrice du système dénoté. Cette économie repose sur une élimination progressive de la substance (au sens que Hjelmslev donne à ce mot). Au départ, si l'on peut dire, le réel, sous forme de contraintes physiques, esthétiques ou morales, refuse à certains objets certaines significations en les empêchant de varier ou au contraire en leur imposant une variation infinie. C'est ce régime d'exclusions initiales qui provoque un vaste *dispatching* du sens à travers objets et qualités, genres et supports, selon des voies tantôt fermées *(exclu)* tantôt grandes ouvertes *(associations typiques)*. C'est ce même mouvement réticulaire qui fonde le sens au niveau de l'énoncé : un sens unitaire surgit d'une poussière de sens, filtrée au gré des matrices successives, en sorte que chaque énoncé, quel que soit l'enchevêtrement de ses chaînes d'unités, n'a pour finir qu'un seul objet visé par la signification. Cette composition homographique permet de distribuer une certaine hiérarchie entre les objets vestimentaires, mais cette hiérarchie ne tient plus aucun compte de l'importance matérielle des éléments ; la construction du sens apparaît bien comme une contre-nature ; elle promeut des éléments infimes et recule des éléments importants, comme si l'intelligible avait à charge de compenser le *donné* de la matière ; le sens est ainsi distribué selon une sorte de grâce révolutionnaire ; son pouvoir devient si autonome qu'il peut agir à distance et pour finir évapore la substance elle-même : ce n'est pas la cape qui signifie, c'est son affirmation : le sens nie toute valeur intrinsèque aux substances. Cette dénégation est peut-être la fonction la plus profonde du système de la Mode ; contrairement à la langue, ce système doit en effet traiter d'une part, avec des substances (le vêtement) tout encombrées d'usages extra-sémantiques, et d'autre part, il ne lui est nullement nécessaire de disposer d'un relais combinatoire, comme celui de la double articulation [1], puisque ses signifiés sont en somme fort peu nombreux. De cette contrainte et de cette liberté est née une classification particulière, qui repose sur deux principes : d'une part, chaque unité (c'est-à-dire chaque matrice) est comme le raccourci qui conduit la substance inerte vers le point où elle se laisse imprégner par le sens, en sorte que le consommateur du système vit à chaque instant l'action que le sens fait subir à une matière dont l'être originel (au contraire de la langue) n'est pas de signifier ; et d'autre part, l'anarchie qui risquerait de frapper un système à signifiants nombreux et à signifiés rares, est ici combattue par une distribution fortement hiérarchique, dont les articulations ne sont pas linéaires, au contraire de celles de la langue (bien qu'elles soient soutenues par elle), mais, si l'on peut dire, concertantes : la pauvreté du signifié, qu'il soit mondain ou de Mode, est ainsi rachetée par une construction « intelligente » du signifiant qui reçoit l'essentiel du pouvoir sémantique et n'entretient à peu près aucun rapport avec ses signifiés. La Mode apparaît ainsi essentiellement – et c'est la définition finale de son économie – comme un système de signifiants, une activité classificatrice, un ordre bien plus sémiologique que sémantique.

1. On ne peut parler de double articulation dans le système de la Mode tel qu'il vient d'être décrit, car les éléments de la matrice, solidaires entre eux, ne peuvent être assimilés aux signes distinctifs ou phonèmes de la langue ; les matrices peuvent se combiner entre elles mais c'est la seule combinatoire du système.

20.3. Système ouvert et système fermé.

Cependant cet ordre sémiologique, qui tend au vide en s'armant subtilement et fortement pour « évaporer » la substance, rencontre le monde sous les espèces générales d'un certain signifié ; et comme ce signifié est différent dans les ensembles A et dans les ensembles B, l'économie générale du système de la Mode s'infléchit diversement selon chacun de ces ensembles, et l'analyse doit suivre ici deux voies différentes. La différence des deux types d'ensembles ne tient d'ailleurs pas seulement à la différence quantitative de leurs signifiés, ici multiple et là binaire, mais beaucoup plus à sa place dans la superposition des systèmes décrochés qui constitue tout énoncé de Mode. On n'a pas reparlé de cette architecture depuis qu'elle a été analysée [1], mais il est temps de ressaisir le rôle essentiel qu'elle joue dans l'économie du système de la Mode. On se rappelle que dans les ensembles B, la Mode est le signifié implicite et direct des traits vestimentaires : elle constitue alors un signifié de simple dénotation ; au contraire, dans les ensembles A, l'explicitation du signifié mondain recule la place de la Mode, qui se trouve en quelque sorte remontée d'un cran et passe au rang de second signifié ou signifié de connotation. C'est donc en définitive la Mode qui constitue l'enjeu de l'économie divergente des deux systèmes A et B ; dénotante ici (B) et connotante là (A), elle se trouve engagée dans deux éthiques différentes, puisque toute connotation, d'une part, emporte une transformation du signe en raison, mais d'autre part, ouvre le système inférieur à l'idéologie du monde. Dénotante, la Mode participe directement à un système *fermé* sur ses signifiants et qui ne communique avec le monde que par l'intelligible que représente tout système de signes [2] ; connotante, elle participe indirectement à un système *ouvert*, qui communique avec le monde par la nomenclature explicite des signifiés mondains. Les deux économies semblent ainsi échanger leurs défauts et leurs vertus : les ensembles A

1. Cf. *supra*, 3, II.

2. En rappelant cependant que même dans les ensembles B, la Mode peut communiquer avec le monde, lorsqu'elle est soumise à une rhétorique.

s'ouvrent au monde mais par là même participent aux inversions que l'idéologie fait subir au réel ; les ensembles B gardent la pauvreté et si l'on peut dire la probité formelle de toute dénotation, mais au prix d'une abstraction qui apparaît comme fermeture au monde. C'est cette ambiguïté symétrique de ses ensembles qui marque le système de la Mode.

II. *Ensembles A : aliénation et utopie*

20.4. La nomination du signifié.

Les ensembles A sont ouverts au monde pour trois raisons : d'abord parce que leurs signifiés sont nommés, pris en charge par une nomenclature issue de la langue (c'est cette absence même d'isologie qui les définit) ; ensuite parce qu'en eux la Mode passe à l'état de système connoté, c'est-à-dire prend le masque d'une raison ou d'une nature ; enfin parce que Mode et signifiés sont organisés par la rhétorique et forment une représentation du monde qui rejoint elle-même une idéologie générale. Cependant, en s'ouvrant au monde, la Mode est entraînée, si l'on peut dire, à le « supporter », c'est à-dire à participer à une certaine conversion du réel qu'on a coutume de décrire sous le nom d'aliénation idéologique ; les moments d'« ouverture » du système traduisent cette aliénation, ou, si l'on préfère, ils la définissent. La nomination du signifié, qui est exceptionnelle par rapport aux systèmes de signification que nous connaissons, conduit à faire de ces signifiés mondains des sortes d'essences immobiles : une fois nommés, le *Printemps*, le *Week-end*, le *Cocktail* deviennent des divinités qui semblent produire naturellement le vêtement, au lieu de rester avec lui dans un rapport arbitraire de signification ; selon un procès anthropologique connu, le mot transforme l'objet en force, le mot devient lui-même force ; de plus, développer une relation sémantique entre deux objets distincts et étendus, le signifiant d'un côté et le signifié de l'autre, c'est amoindrir considérablement la structure fonctionnelle du système, c'est attacher les sens aux unités par une sorte de correspondance parcellaire et immobile, d'essence, pourrait-on dire, c'est ramener le corps des significations à un lexique *(tussor ≡ été)*. Sans doute, ces significations sont en fait labiles, puisque le lexique de la Mode est refait chaque année ; mais les signes ne sont pas ici transformés de l'intérieur, comme dans la diachronie de la langue ; leur changement est arbitraire et cependant l'explicitation du signifié lui donne le poids même des choses attachées l'une à l'autre par une affinité en quelque sorte publique : le signe n'est plus mobile [1], mais seulement mort et renaissant, éphémère et éternel, capricieux et raisonnable ; en nommant ses signifiés, la Mode procède ainsi à une sorte de sacralisation immédiate du signe : le signifié est séparé de son signifiant et il semble cependant y adhérer par droit naturel et imprescriptible.

20.5. La Mode masquée.

La seconde aliénation qui frappe les ensembles A (au moment même où elle les ouvre une seconde fois au monde) concerne la place de la Mode dans la structure de ces ensembles. Dans un énoncé comme : *l'imprimé triomphe aux Courses*, le signifié mondain *(les Courses)* chasse en quelque sorte le signifié-Mode et le relègue dans la zone improbable (à la lettre) de la connotation ; rien n'indique *en droit* que l'équivalence de l'imprimé et des Courses soit soumise à la valeur de Mode, cependant qu'*en fait* l'équivalence elle-même n'est jamais que le signifiant du signifié-Mode : l'imprimé n'est le signe des Courses que sous la sanction de la Mode (l'année prochaine le signe sera défait) ; on reconnaît dans cette sorte de « mauvaise foi » formelle, la définition même de la connotation : la Mode, esquivée comme signe réel, est cependant présente comme ordre caché, terreur silencieuse, car ne pas respecter (cette année) l'équivalence de l'imprimé et des Courses, ce serait tomber dans la faute du démodé ; on voit ainsi se manifester de nouveau la différence qui oppose le signifié implicite des systèmes dénotés et le signifié latent des systèmes

1. Bergson disait déjà : *« Ce qui caractérise les signes du langage humain, ce n'est pas tant leur généralité que leur mobilité. Le signe instinctif est un signe adhérent, le signe intelligent est un signe mobile »* (*Évolution créatrice*, 3e éd., Paris, Alcan, 1907, p. 172).

connotés[1] ; l'aliénation consiste en effet ici, très exactement, à rendre latent un signifié implicite ; la Mode se cache à la façon d'un dieu : tout-puissant et feignant cependant de laisser à l'imprimé toute liberté de signifier *naturellement* les Courses. La Mode se traite en somme ici comme une valeur honteuse et tyrannique, qui tait son identité, non plus en lui ôtant purement et simplement son expression terminologique (comme dans le cas des ensembles dénotés), mais en lui substituant le nom d'une causalité tout humaine (les unités sémantiques du signifié mondain). La connotation rejoint alors une aliénation plus générale qui consiste à donner à l'arbitraire déterminant le masque d'une nature fatale.

20.6. Réel utopique et utopie réelle.

Le dernier point d'ouverture au monde (dans les ensembles A) est constitué par la rhétorique même qui « coiffe » à la fois le système terminologique et la connotation de Mode. La rhétorique correspond à un processus d'inversion idéologique du réel dans son image contraire : la fonction du système rhétorique est de masquer la nature systématique et sémantique des énoncés qui lui sont soumis en transformant l'équivalence en raison ; quoique étant elle-même un système, l'activité rhétorique est antisystématique, car elle ôte aux énoncés de Mode toute apparence sémiologique ; elle fait de la conjonction du monde et du vêtement l'objet d'un discours *ordinaire*, mobilisant des causes, des effets, des affinités, bref toutes sortes de rapports pseudo-logiques. Cette activité de conversion peut être comparée grossièrement à l'activité de la *psyché* dans le rêve : le rêve mobilise lui aussi des symboles bruts, c'est-à-dire les éléments d'un système sémantique primaire ; mais il lie ces éléments sous la forme d'un récit dans lequel la force syntagmatique éclipse (ou masque) la profondeur systématique. On observera cependant ici un renversement éthique : c'est dans la mesure où la rhétorique de Mode fabule qu'elle retrouve un certain réel du monde *contre* son système terminologique, qui, lui, reste improbable : il se produit ici un

1. Cf. *supra*, 16, 5.

curieux chassé-croisé entre le réel et l'imaginaire, le possible et l'utopique. Les unités sémantiques *(week-end, soir, shopping)* sont encore, au niveau terminologique, des fragments du monde réel, mais ces fragments sont déjà transitoires et illusoires, car le monde ne donne aucune sanction mondaine au rapport de *ce sweater* et du *week-end* : il ne l'accomplit pas au sein d'un système réel ; ainsi, à son niveau littéral, le réel de la Mode est purement assertif (c'est ce qu'on entend par improbable). Face à cette « irréalité » du niveau terminologique, la rhétorique de Mode est paradoxalement plus « réelle », dans la mesure où elle s'absorbe dans une idéologie cohérente, tributaire de tout un réel social ; dire au niveau terminologique que *ce sweater vaut pour le week-end*, ce n'est rien d'autre qu'une assertion, inaliénée dans la mesure où elle est *mate* ; dire au contraire qu'*il faut emporter ce sweater si vous allez en week-end en Touraine dans la gentilhommière du patron de votre mari*, c'est relier le vêtement à une situation totale, à la fois imaginaire et vraie, de cette même vérité profonde qui est celle du roman ou du rêve : c'est dans cette mesure que l'on peut dire que le niveau terminologique (dénoté) est celui d'un réel utopique (car le monde réel ne comporte en fait aucun lexique vestimentaire, bien que les éléments, ici monde et là vêtement, en soient réellement donnés), tandis que le niveau rhétorique est celui d'une utopie réelle (car la totalité de la situation rhétorique est directement issue d'une histoire réelle). On pourrait dire d'une autre façon qu'il n'y a de *contenu* de la Mode qu'au niveau rhétorique : c'est au moment même où le système de la Mode se défait, qu'il s'ouvre au monde, se remplit de réel, s'aliène et devient « humain », jouant ainsi d'une façon symbolique l'ambiguïté fondamentale de toute intelligence du réel : on ne peut *parler* du réel sans s'aliéner à lui : comprendre, c'est être complice.

20.7. La naturalisation des signes.

Le chassé-croisé de l'irréel dénoté et du réel connoté correspond à l'inversion du signe en raison, qui apparaît bien comme le procédé fondamental des ensembles A : c'est parce que ces ensembles fondent une vision « naturaliste » du vêtement et du monde, qu'ils rejoignent à leur manière (à la fois utopique et réelle) la société qui les produit, alors qu'un système de signes purs et déclarés ne représente jamais que l'effort mené par les hommes pour produire « du sens », en dehors de tout contenu. On comprend alors la valeur générale de toute conversion du signe en raison, bien au-delà du système de la Mode lui-même. Les ensembles A témoignent en effet de ce que l'on pourrait appeler le paradoxe sémiologique : d'une part, il semble que toute société déploie une activité inlassable pour pénétrer le réel de signification et constituer des systèmes sémiologiques fortement et subtilement organisés en convertissant les choses en signes, le sensible en signifiant ; et d'autre part, ces systèmes une fois constitués (ou plus exactement, au fur et à mesure qu'ils se constituent), les hommes déploient une activité égale à masquer leur nature systématique, à reconvertir le rapport sémantique en rapport naturel ou rationnel ; il y a là double procès, à la fois contradictoire et complémentaire : de signification et de rationalisation. C'est du moins ce qui se passe, semble-t-il, dans nos sociétés, car il n'est pas sûr que le paradoxe sémiologique ait une portée universelle, d'ordre anthropologique ; certaines sociétés de type archaïque laissent à l'intelligible qu'elles élaborent la forme d'un ensemble de signes déclarés ; l'homme ne se donne pas pour tâche de convertir la nature et la sur-nature en raison, mais simplement de les déchiffrer : le monde ne s'« explique » pas, il se lit, la philosophie y est une mantique [1] ; et ce semble, à l'inverse, un caractère particulier de nos sociétés – et particulièrement de notre société de masse – que de naturaliser ou de rationaliser le signe à travers le procès original qu'on a décrit ici sous le nom de *connotation* ; c'est ce qui explique que les objets culturels élaborés par notre société sont arbitraires (comme systèmes de signes) et cependant fondés (comme procès rationnels) ; on peut donc imaginer de définir les sociétés humaines selon le degré de « franchise » de leurs systèmes sémantiques et selon que l'intelligibilité qu'elles donnent immanquablement aux choses est franchement signifiante ou prétendument rationnelle ; ou encore : selon leur pouvoir de connotation.

1. G. W. F. Hegel : *Leçons sur la philosophie de l'histoire*, trad. Gibelin, Paris, Vrin, 1946, 413 p., p. 213.

III. Ensembles B : la déception du sens

20.8. La métaphore infinie.

Face aux ensembles A, ouverts et aliénés, les ensembles B apparaissent partiellement purs ; ils ne connaissent pas, en effet, la nomination « réifiante » du signifié et la Mode reste en eux une valeur dénotée ; ils ne s'aliènent au monde que par la rhétorique du vêtement (d'ailleurs pauvre, on l'a vu [1]) et par celle de la signification (qui transforme la décision de Mode en Loi ou en Fait) ; encore ces conversions ne sont-elles pas constantes, elles restent contingentes à tel ou tel énoncé. En d'autres termes, les ensembles B ne « mentent » pas : le vêtement y signifie ouvertement la Mode. Cette pureté – ou cette franchise – tient à deux conditions. La première est constituée par la disproportion extrême que la dénotation de Mode introduit entre le nombre de ses signifiants et celui de ses signifiés : dans les ensembles B, le signifié est positivement singulier [2] : c'est toujours et partout la Mode ; les signifiants sont très nombreux, ce sont toutes les variations du vêtement, le foisonnement des traits de Mode ; on reconnaît ici l'économie même d'une métaphore infinie, qui varie librement les signifiants d'un seul et même signifié [3]. Il n'est naturellement pas indifférent que la disproportion s'établisse au profit du signifiant : tout système qui comporte un nombre élevé de signifiés pour un nombre restreint de signifiants est générateur d'angoisse, puisque chaque signe peut être lu de plusieurs façons ; au contraire, tout système inverse (à nombre élevé de signifiants et à nombre réduit de signifiés) est un système euphorisant ; et plus une disproportion de ce genre s'accentue, plus l'euphorie se renforce : c'est le cas des listes métaphoriques à signifié unique, qui fondent une poésie d'apaisement (dans les litanies, par

1. Cf. *supra*, 17, 2.

2. Structuralement, le signifié est double : *à-la-mode/démodé* (sans quoi il ne pourrait y avoir de sens), mais le second terme est annulé, rejeté dans la diachronie.

3. Même tendance (mais ce n'est là qu'une tendance) dans les ensembles A, par pansémie (cf. *supra*, 14, 7 et 8).

exemple) ; la métaphore apparaît donc comme une sorte d'opérateur « tranquillisant », en vertu de sa structure sémiologique même, et c'est parce qu'elle est métaphorique que la Mode, dans les ensembles B, est un objet euphorique, en dépit du caractère comminatoire de la loi arbitraire qui la fonde.

20.9. La déception du sens.

Le procès métaphorique (procès ici radical, puisque le signifié est unique) n'est qu'une première condition de cette « pureté » des ensembles B, dont on parlait à l'instant. La seconde condition concerne la nature même du signifié qui est au fond de tous les énoncés de Mode quand ils ne parlent que du vêtement (c'est le cas des ensembles B) ; ce signifié est en fait tautologique : la Mode ne peut se définir que par elle-même, car la Mode n'est qu'un vêtement et le vêtement de Mode n'est jamais rien d'autre que ce que la Mode en décide ; ainsi s'établit, des signifiants au signifié, un procès purement réflexif, au cours duquel le signifié est en quelque sorte vidé de tout contenu sans cependant rien perdre de sa force de désignation : ce procès constitue le vêtement en signifiant de quelque chose qui n'est pourtant rien d'autre que cette constitution même. Ou, pour décrire ce phénomène d'une façon encore plus précise, le signifiant (c'est-à-dire l'énoncé de Mode) continue sans cesse à diffuser du sens à travers une structure de signification (objets, supports, variants et hiérarchies de matrices), mais ce sens n'est finalement rien de plus que le signifiant lui-même. La Mode propose ainsi ce paradoxe précieux d'un *système sémantique dont la seule fin est de décevoir*[1] *le sens qu'il élabore luxueusement* : le système abandonne alors le sens sans cependant rien céder du spectacle même de la signification[2]. Cette activité réflexive a un modèle mental :

1. *Décevoir*, c'est, étymologiquement, *dé-prendre*.

2. Mallarmé semble l'avoir compris : *La Dernière Mode* ne contient pour ainsi dire aucun signifié plein, seulement des signifiants de Mode ; en restituant la pure immanence du « bibelot », Mallarmé visait à élaborer humainement un système sémantique purement réflexif : le monde signifie, mais il signifie « rien » : vide, mais non absurde.

la logique formelle. Comme la logique, la Mode est définie par la variation infinie d'une même tautologie ; comme la logique, la Mode cherche des équivalences, des validités, non des vérités ; comme la logique enfin, la Mode est dénuée de contenu, mais non pas de sens. Sorte de machine à entretenir le sens sans jamais le fixer, elle est sans cesse un sens déçu, mais elle est toujours un sens : sans contenu, elle devient alors le spectacle que les hommes se donnent à eux-mêmes du pouvoir qu'ils ont de faire signifier l'insignifiant ; elle apparaît ainsi alors comme une forme exemplaire de l'acte général de signification, rejoignant ainsi l'être même de la littérature, qui est de donner à lire la signification des choses, non leur sens [1] : elle devient ainsi le signe du « proprement humain ». Ce statut essentiel n'est nullement désincarné : c'est au moment où il dévoile sa nature la plus formelle, que le système de la Mode écrite rejoint sa condition économique la plus profonde : c'est le procès actif d'une signification cependant vide qui fait du journal de Mode une institution durable ; puisque pour ce journal, parler, c'est noter, et noter, c'est faire signifier, la parole du journal est un acte social suffisant, quels que soient ses contenus : c'est une parole qui peut être infinie parce qu'elle est vide et pourtant signifiante ; car si le journal avait *quelque chose* à dire, il entrerait dans un ordre dont la fin même serait d'épuiser ce quelque chose ; en faisant au contraire de sa parole une signification pure de tout argument, le journal lance l'un de ces procès de pur entretien, qui font des entreprises théoriquement infinies [2].

20.10. Le présent de Mode.

La pureté formelle et la fermeture des ensembles B est soutenue par la temporalité très particulière de la Mode. Certes, dans les

1. On a déjà vu que la *signification* est un procès (au contraire du *sens*).

2. Presse ou Mode, on est ici devant ces objets culturels à forme stable et à contenu instable, qui ont été, semble-t-il, de ce point de vue, peu étudiés ; on pourrait donner pour symbole à ces objets le vaisseau Argo, dont chaque pièce était peu à peu changée et qui restait cependant le vaisseau Argo : l'actualité est une *forme*, c'est donc un matériel privilégié pour l'analyse sémiologique.

ensembles A, l'équivalence du vêtement et du monde est elle aussi soumise à la Mode, c'est-à-dire à un présent vengeur qui sacrifie chaque année les signes de l'année précédente : ce n'est qu'*aujourd'hui* que l'imprimé vaut pour les Courses ; pourtant, en ouvrant ses signes au monde sous forme de fonctions et de raisons, la Mode semble soumettre le temps à un ordre plus naturel : le présent y devient muet et comme honteux, emporté dans la connotation avec la Mode elle-même. Tout alibi naturaliste disparaissant des ensembles B, le présent de la Mode y devient le garant de l'arbitraire déclaré du système : ce système est d'autant plus fermé sur sa synchronie qu'il bascule chaque année tout entier et d'un seul coup dans le néant du passé : la raison ou la nature ne veillant plus sur les signes, tout est permis au système, à commencer par le meurtre déclaré du passé. Les ensembles B, ou, si l'on préfère, la Mode logique, consacrent aussi une confusion exemplaire du présent et de la structure ; d'une part, l'*aujourd'hui* de la Mode est pur, il détruit tout autour de lui, dément le passé avec violence, censure l'avenir, dès que cet avenir excède la saison ; et d'autre part, chacun de ces *aujourd'hui* est une structure triomphante, dont l'ordre est extensif (ou étranger) au temps [1], en sorte que la Mode apprivoise le nouveau avant même de le produire et accomplit ce paradoxe d'un « nouveau » imprévisible et cependant légiféré ; on peut dire en somme que la Mode domestique l'imprévu sans cependant lui ôter son caractère d'imprévu : chaque Mode est à la fois inexplicable et régulière. Ainsi, la mémoire lointaine abolie, le temps réduit au couple de ce qui est chassé et de ce qui est inauguré, la Mode pure, la Mode logique (celle des ensembles B) n'est jamais rien d'autre qu'une substitution amnésique du présent au passé [2]. On pourrait presque parler d'une névrose de Mode, mais cette névrose s'incorpore à une passion progressive, la fabrication du sens : la Mode n'est infidèle que dans la mesure où elle *joue* le sens.

1. On l'a dit, la Mode est systématiquement infidèle. Or la fidélité (comme engluement dans le passé) et l'infidélité (comme destruction de ce même passé) sont également névrotiques, dès qu'elles prennent la forme, l'une d'un devoir légal ou religieux (du type érinnyque), l'autre d'un droit naturel à la « vie ».

2. En fait, la Mode postule une uchronie, un temps qui n'existe pas ; le passé y est honteux et le présent sans cesse « mangé » par la Mode qui s'annonce.

IV. Le double système de la Mode

20.11. Ambiguïté éthique de la Mode.

Un système sémantiquement parfait est un système fermé, vide et réflexif : c'est le cas des ensembles B (du moins lorsqu'ils ne mythifient pas la décision de Mode). Le système se défait lorsqu'il s'ouvre au monde par les voies de la connotation. Le double système de la Mode (A et B) apparaît ainsi comme un miroir où se lit le dilemme éthique de l'homme moderne : tout système de signes est appelé à s'encombrer, se convertir et se corrompre dès que le monde le « remplit » : pour s'ouvrir au monde, il faut s'aliéner ; pour le comprendre, il faut s'en éloigner ; une antinomie profonde sépare le modèle des conduites productrices et celui des conduites réflexives, les systèmes d'actions et les systèmes de sens. Par la divergence de ses ensembles A et B, la Mode vit cette double postulation : tantôt elle remplit son signifié avec des fragments du monde et le transforme en rêve d'usages, de fonctions, de raisons ; tantôt elle le vide et se réduit au rang d'une structure débarrassée de toute substance idéologique. Système « naturaliste » (dans les ensembles A) ou système « logique » (dans les ensembles B), la Mode voyage ainsi d'un rêve à l'autre, selon que le journal multiplie ou au contraire déçoit les signifiés mondains ; il semble que la presse à fort public populaire pratique une Mode naturalisée, riche en fonctions-signes, et que ce soit la presse plus « aristocratique » qui pratique de préférence la Mode pure. Cette oscillation correspond à une situation historique : originairement, la Mode est un modèle aristocratique mais ce modèle est actuellement soumis à des forces puissantes de démocratisation : en Occident, la Mode tend à devenir un phénomène de masse, dans la mesure précisément où elle est consommée à travers une presse à grand tirage (d'où l'importance, et, en quelque sorte, l'autonomie de la Mode écrite) ; la maturité du système (en l'occurrence, sa « gratuité ») est donc adoptée par la société de masse selon un compromis : la Mode doit projeter le modèle aristocratique, source de son prestige : c'est la Mode pure ; mais elle doit en même temps représenter, d'une manière euphorique, le monde de ses consommateurs, en transformant les fonctions intramondaines en signes (travail, sport, vacances, saisons, cérémonies) : c'est la Mode naturalisée, dont les signifiés sont nommés. D'où son statut ambigu : elle signifie le monde et se signifie elle-même, se construit ici comme programme de conduite et là comme spectacle luxueux.

20.12. La transformation.

Il y a cependant un point du système général de la Mode où la structure se pénètre d'un faire *qui lui reste inclus* (c'est là son importance) ; ce point, c'est ce que la Mode appelle la *transformation (le cache-poussière d'été qui deviendra l'imperméable d'automne)* ; c'est là une notion encore modeste, mais on lui attachera une valeur exemplaire, dans la mesure où elle représente une certaine solution du conflit qui oppose sans cesse l'ordre des conduites transitives et celui des signes. La transformation est en effet aux frontières du système, sans cependant le transgresser ; d'une part, elle reste tributaire de la structure, puisque l'énoncé conjoint toujours une constante (ce qui, dans le signifiant, ne change pas et qui reste en général l'objet visé par les significations successives du vêtement transformé) et une variation (la transformation elle-même[1]) ; mais d'autre part, la variation cesse d'être virtuelle (c'est-à-dire synchronique), pour devenir diachronique ; par la transformation, la diachronie est introduite dans le système, non plus au titre d'un présent vengeur qui abolit d'un seul coup tous les signes du passé, mais d'une façon, si l'on peut dire, apaisée (précisément parce qu'elle est reconnue, absorbée par le système lui-même). Ainsi se réunissent dans la transformation un temps réconcilié (le passé n'est plus liquidé, il est utilisé), un faire nouveau (le langage de la Mode devient réellement fabricateur) et l'expression d'un système de signes (l'objet fabriqué reste conforme à une structure régulière). C'est là en somme la solution dialectique proposée par la Mode au conflit du passé et du présent,

1. Exemples : *manteaux à variantes, robes de printemps pouvant devenir robes d'été par l'addition d'un col et d'une ceinture d'organza.*

de l'événement et de la structure, du faire et du signe, et il est normal que cette solution retrouve le réel économique : la transformation est pratiquement possible (elle coûte peu), tout en restant spectaculairement ingénieuse : la Mode l'inclut de plus en plus dans ses énoncés.

V. L'analyste face au système

20.13. L'analyse fugitive.

Reste à dire un mot de la situation de l'analyste devant, ou plutôt, *dans* l'univers systématique dont il vient de traiter ; non seulement parce qu'il y aurait de la mauvaise foi à considérer l'analyste comme étranger à cet univers, mais aussi parce que le projet sémiologique donne à l'analyste les moyens formels de s'incorporer lui-même au système qu'il reconstitue ; bien plus, il l'y oblige, et c'est dans cette obligation qu'il trouve, si l'on peut dire, sa philosophie finale, la garantie de participer au jeu de l'histoire, dont il a immobilisé un certain moment, et de rejoindre ce temps qui doit l'emporter au profit d'autres langages et d'autres sciences. Pour saisir ce mouvement en termes formels (on ne saurait ici avoir d'autre projet), il faut revenir au système rhétorique[1]. On a vu que le signifié de ce système était de contrôle incertain au niveau des usagers du système : latent, global, il ne peut être *nommé* d'une façon uniforme par ceux qui reçoivent le message connoté : il n'a pas d'existence terminologique assurée, sinon au niveau de l'analyste, dont la fonction propre est précisément de superposer une nomenclature à des signifiés latents, qu'il est seul à pouvoir appeler au jour ; s'il nomme tels signifiés rhétoriques *syncrétisme* ou *euphorie*[2] il sait bien que ce ne sont pas des concepts en usage chez les lectrices de Mode, et qu'il est bien obligé, pour les manier, de recourir à un langage intellectuel fermé, bref à une écriture ; or cette écriture va fonctionner par rapport au système-objet de la Mode comme un nouveau métalangage. Si donc l'on veut représenter

1. Cf. *supra*, 16, III.
2. Cf. *supra*, 16, 6.

le système de la Mode, non plus tel qu'il est en soi (comme on a feint, par force, de le considérer jusqu'à présent), mais tel qu'il est nécessairement exposé au cours de l'analyse, c'est-à-dire confié à une parole parasite, il faut compléter de la façon suivante le schéma des systèmes simultanés [1].

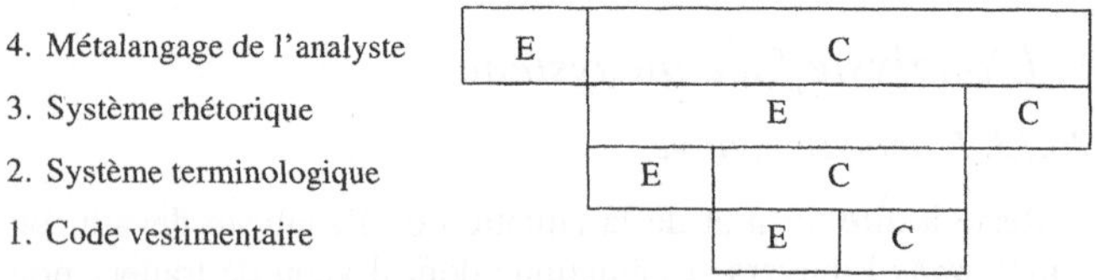

Le métalangage de l'analyste, quoique étant une « opération » et non une « connotation » [2] ne peut être évidemment qu'engagé ; d'abord dans les catégories de sa langue (ici le français), car la langue n'est pas le réel ; ensuite dans sa propre situation historique et dans sa propre existence puisqu'une écriture n'est jamais neutre [3] ; par exemple parler de la Mode en termes de structure [4], c'est signifier un certain choix, tributaire lui-même d'un certain état historique de la recherche et d'une certaine parole du sujet. On comprend par là que le rapport de l'analyse sémiologique et de l'énoncé rhétorique n'est nullement le rapport d'une vérité et d'un mensonge : il ne s'agit jamais de « démystifier » le lecteur de Mode ; ce rapport est complémentaire, intérieur au système infini (quoique provisoirement fini) dont la Mode et son analyse font partie ; lorsque la rhétorique de Mode propose l'idée d'une certaine nature (celle d'un monde où l'*audace* et la *discrétion* seraient de droit des essences psychologiques « vraies »), l'analyste rétablit l'idée d'une certaine *culture* (l'audace et la discrétion correspondent à un découpage intéressé du monde, leur

1. Schéma donné *supra*, 3, 2. On prend pour exemple l'ensemble le plus simple, c'est-à-dire l'ensemble B à trois systèmes (E : plan de l'expression ; C : plan du contenu).

2. Hjelmslev, *Prolegomena*... § 22, p. 114-125.

3. L'imagination taxinomique, qui est celle du sémiologue, est à la fois psychanalysable et soumise à critique historique.

4. L'analyste parle *de* la Mode et non *la* Mode ; il est condamné à sortir de la *praxis* pour entrer dans le *logos*. Parler la Mode, ce serait la faire.

conjonction forme l'alibi d'une intention artificielle d'euphorie) ; cependant le système ne se ferme nullement au seuil de ce déchiffrement, l'opposition de la nature et de la culture fait elle-même partie d'un certain métalangage, c'est-à-dire d'un certain état de l'histoire ; c'est une antinomie transitoire que d'autres hommes n'auraient pu ou ne pourront parler. Le rapport du système-objet et du métalangage de l'analyste n'implique donc aucune substance « vraie », qui serait à porter tout entière au crédit de l'analyste, mais seulement une validité formelle ; c'est un rapport à la fois éphémère et nécessaire, car le savoir humain ne peut participer au devenir du monde qu'à travers une série de métalangages successifs, dont chacun s'aliène dans l'instant qui le détermine. On peut de nouveau exprimer cette dialectique en termes formels : en parlant du signifié rhétorique dans son propre métalangage, l'analyste inaugure (ou reprend) une science infinie : car s'il advient que quelqu'un (un autre ou lui-même, plus tard) entreprend l'analyse de son écriture et tente d'en révéler le contenu latent, il faudra que ce quelqu'un recoure à un nouveau métalangage, qui le signalera à son tour : un jour viendra inévitablement où l'analyse structurale passera au rang de langage-objet et sera saisie dans un système supérieur qui à son tour l'expliquera. Cette construction infinie n'est pas sophistiquée : elle rend compte de l'objectivité transitoire et comme suspendue de la recherche et confirme ce que l'on pourrait appeler le caractère héraclitéen du savoir humain, chaque fois que par son objet il est condamné à confondre la vérité et le langage. Il y a là une nécessité que le structuralisme essaye précisément de comprendre, c'est-à-dire de parler : le sémiologue est celui qui exprime sa mort future dans les termes mêmes où il a nommé et compris le monde.

Appendices

1. Histoire et diachronie de Mode

Les changements de Mode apparaissent réguliers si l'on considère une durée historique relativement longue, et irréguliers si l'on réduit cette durée aux quelques années qui précèdent le moment auquel on se place ; régulière de loin et anarchique de près, la Mode semble ainsi disposer de deux durées : l'une proprement historique, l'autre que l'on pourrait appeler *mémorable*, parce qu'elle met en jeu la mémoire qu'une femme peut avoir des Modes qui ont précédé la Mode de l'année.

La première durée, ou durée historique, a été en partie étudiée par Kroeber[1]. Cet auteur a choisi dans le vêtement féminin de soirée certains traits et il en a mesuré les variations sur une longue durée. Ces traits sont : 1. la longueur de la jupe ; 2. la hauteur de la taille ; 3. la profondeur du décolleté ; 4. la largeur de la jupe ; 5. la largeur de la taille ; 6. la largeur du décolleté. Les traits de Kroeber correspondent facilement à certains des traits du système qui a été décrit ici[2]. La différence, c'est que, travaillant sur des dessins, et non sur un langage, Kroeber a pu procéder à des mesures réelles, en prenant pour repère principal la stature du corps humain (de la bouche à l'orteil). Kroeber a montré deux choses : d'une part, que l'histoire n'intervient pas dans le procès de Mode, sauf à hâter faiblement certains changements, dans les cas de grands bouleversements historiques ; de toutes façons, l'histoire ne produit pas des formes,

1. A. L. Kroeber et J. Richardson, *Three Centuries of Women's Dress Fashion*, Berkeley and Los Angeles, Univ. of California Press, 1940.

2. 1. Robe + longueur ; 2. Taille + position verticale ; 3. Encolure + longueur ; 4. Jupe + largeur ; 5. Taille + ajustement ; 6. Encolure + largeur.

on ne peut jamais expliquer analytiquement un état de Mode, il n'y a pas de rapport analogique entre le Directoire et la taille haute ; et d'autre part, que le rythme du changement de Mode était non seulement régulier (l'amplitude est d'environ un demi-siècle, l'oscillation complète d'un siècle), mais encore qu'il tend à faire alterner les formes selon un ordre rationnel : par exemple, la largeur de la jupe et la largeur de la taille sont toujours dans un rapport inverse : quand l'une est étroite, l'autre est large. En somme, à l'échelle d'une durée un peu longue, la Mode est un phénomène ordonné ; et cet ordre, la Mode le tient d'elle-même : son évolution est d'une part discontinue, elle ne procède que par seuils distincts [1], et d'autre part endogène, puisqu'on ne peut dire qu'il y ait un rapport génétique entre une forme et son contexte historique [2].

Telle est la démonstration de Kroeber. Est-ce à dire que l'histoire n'a aucune prise sur le procès de Mode ? L'histoire ne peut agir analogiquement sur les formes, mais elle peut très bien agir sur le rythme de ces formes, pour le troubler ou le changer. Il s'ensuit que, paradoxalement, la Mode ne peut connaître qu'une très longue histoire ou une histoire nulle ; car, tant que son rythme reste régulier, la Mode reste extérieure à l'histoire ; elle change, mais ses changements sont alternatifs, purement endogènes : il ne s'agit alors que d'une simple diachronie [3] ; pour que l'histoire intervienne dans la Mode, il faut qu'elle modifie son rythme, ce qui ne semble possible qu'à une histoire de très longue durée [4]. Par exemple, si les calculs de Kroeber sont

1. Ce discontinu s'accorde bien avec la nature sémiologique de la Mode (*« Le langage n'a pu naître que tout d'un coup. Les choses n'ont pu se mettre à signifier progressivement »*, Cl. Lévi-Strauss, Introduction à : M. Mauss, *Sociologie et Anthropologie*, Paris, PUF, 1950, p. XLVII).

2. Certains historiens du costume se sont efforcés cependant d'établir un rapport analogique entre la forme d'un vêtement et le style architectural d'une époque (notamment : H.H. Hansen, *Histoire du costume*, Paris, Flammarion, 1956, et J. Laver, *Style in Costume*, London, Oxford Univ. Press, 1949).

3. Le mot *diachronie* peut choquer des historiens ; il faut bien pourtant un terme spécial pour désigner un procès à la fois temporel et anhistorique ; on pourrait même parler, comme les bloomfieldiens, de métachronie, pour marquer un procès discontinu (cf. A. Martinet, *Économie...*, p. 15).

4. Le rythme est soumis à l'histoire, mais cette histoire est une histoire longue ;

exacts, notre société pratique le même rythme de Mode depuis plusieurs siècles : *c'est donc seulement lorsque ce rythme changera que l'explication historique devra intervenir* ; et comme le rythme dépend du système (Kroeber lui-même l'a esquissé), l'analyse historique devra fatalement passer par l'analyse systématique. On peut imaginer, par exemple – mais ce n'est qu'une supposition démonstrative, puisqu'il s'agit de l'avenir du vêtement –, que le rythme de Mode (celui que nous connaissons depuis quelques siècles) soit bloqué, et qu'en dehors de menues variations saisonnières, le vêtement ne change plus pendant longtemps ; l'histoire devra alors rendre compte, non du système lui-même, mais de sa permanence nouvelle ; peut-être découvrira-t-on alors que ce changement de rythme est le signe d'une nouvelle société, définie à la fois par son économie et son idéologie (la société « mondiale », par exemple), imperméable aux grands rythmes historiques du vêtement, précisément dans la mesure où elle aura solidement institutionnalisé la Mode annuelle, aux variations somme toute modestes, puisqu'elles n'altèrent pas le « type fondamental » de notre vêtement occidental. Voici un autre exemple possible : celui des anciennes sociétés africaines en voie de développement : ces sociétés peuvent très bien garder leur ancien costume et le soumettre pourtant à des variations de Mode (changement annuel des tissus, des imprimés, etc.) : il y a alors naissance d'un rythme nouveau.

À cette durée historique, faite d'un rythme stable, il faut opposer, on l'a dit, une durée beaucoup plus courte, celle des dernières variations saisonnières de la Mode, et que l'on pourrait appeler une micro-diachronie. Cette seconde durée (bien entendu intérieure à la première) tient son individualité du caractère annuel de la Mode ; elle est donc marquée par une variabilité en apparence très intense. Sur les implications économiques de cette variabilité, qui d'ailleurs ne sauraient en épuiser l'explica-

---

comme objet culturel, le vêtement appartient à la *longue durée* analysée par F. Braudel (« Histoire et sciences sociales : la longue durée », in *Annales*, 13e année, n° 4, oct.-déc. 1958, p. 725-753).

tion, il n'y a pas de secret : la Mode est entretenue par certains groupes producteurs pour précipiter le renouvellement du vêtement, trop lent s'il dépendait de la seule usure ; ces groupes sont appelés, précisément, aux États-Unis, des *accelerators*[1]. Pour le vêtement porté, la Mode peut en effet se définir par le rapport de deux rythmes : un rythme d'usure (u), constitué par le temps naturel de renouvellement d'une pièce ou d'un trousseau, sur le plan exclusif des besoins matériels[2] ; et un rythme d'achat (a), constitué par le temps qui sépare deux achats de la même pièce ou du même trousseau.

La Mode (réelle), c'est, si l'on veut : $\frac{a}{u}$. Si u = a, si le vêtement s'achète pour autant qu'il s'use, il n'y a pas de Mode ; si u > a, si le vêtement s'use plus qu'il ne s'achète, il y a paupérisation ; si a > u, si l'on achète plus qu'on use, il y a Mode, et plus le rythme d'achat dépasse le rythme d'usure, plus la soumission à la Mode est forte[3].

Quoi qu'il en soit du vêtement réel, le rythme du vêtement écrit, lui, est implacablement annuel[4], et le renouvellement des formes, d'une année à l'autre, semble se faire d'une façon anarchique. À quoi tient cette anarchie ? Probablement à ceci : le système de la Mode excède de beaucoup la mémoire humaine. Même – et surtout – à l'intérieur d'une micro-diachronie, aucune loi de changement n'est sensible. Certes, d'une année sur l'autre, la Mode peut procéder par contraires, en faisant

1. Contrairement au mythe élaboré autour de la Haute Couture, il est très possible que ce soit la Confection moyenne qui ait un rôle déterminant dans l'accélération réelle des achats vestimentaires.

2. Hypothèse évidemment tout abstraite : il n'y a pas de besoin « pur », notamment abstrait d'une intention de communiquer.

3. Quelquefois, la Mode écrite peut faire de l'usure même une valeur (c'est-à-dire un signifié) : *« Le chic d'un vêtement de cuir s'accroît avec le vieillissement comme la valeur des vins » (Vogue).*

4. Pourquoi le rythme de la Mode féminine est-il beaucoup plus rapide que celui de la Mode masculine ? *« Le vêtement de l'homme, uniformisé, permet mal le signalement du standing financier. Ce rôle est dévolu au vêtement de la femme, grâce à la Mode duquel l'homme exprime d'une façon indirecte son statut économique »* (K. Young, *Handbook of Social Psychology*, London, Routledge and Kogan Paul, 4e éd., 1951, p. 420).

alterner les termes simples d'un même variant : *les crêpes de soie souples* viennent remplacer *les rigides taffetas* : on fait « tourner » les termes du variant de souplesse. Mais hors ce cas privilégié, la régularité des « tournages » tend à se brouiller sous l'effet de deux causes principales : l'une tient à la rhétorique, l'autre au système lui-même.

Dans la Mode écrite, la longueur des jupes, par exemple – trait que le sens commun reçoit comme le symbole même du changement de Mode –, est sans cesse obscurcie par la phraséologie ; outre que les leaders de la Haute Couture proposent souvent, pour une même année, des longueurs différentes, la rhétorique mélange sans cesse des appréciations verbales *(long, plus long)* et des mesures centimétriques ; car si la langue facilite le processus de signification sur le plan synchronique, en permettant un bon découpage signifiant du vêtement, sur le plan diachronique, elle ôte de la rigueur aux comparaisons : il est plus facile de comparer des mesures (comme l'a fait Kroeber) que des mots. D'autre part, sur le plan systématique, la Mode peut très bien abandonner une variation paradigmatique simple *(souple/rigide)* et passer brusquement, en changeant d'année, à la notation d'un autre variant ; une synchronie n'est jamais en effet qu'un ensemble de traits choisis [1] : on peut noter la souplesse d'un support et changer son variant : cela suffit à produire une Mode nouvelle. Numériquement, les combinaisons d'un support et des variants auxquels il peut s'offrir dépendent de la richesse de ce support : si l'on admet qu'un support s'offre en moyenne à 17 variants, ce n'est déjà pas moins de quelques centaines de variations systématiques qui sont possibles à chaque Mode, puisqu'on a relevé une soixantaine de genres-supports. Ajoutée aux variations internes

1. Exemple des traits choisis pour le « flou-look » 1958 : *« Chemisier blousant, cardigan et jupe souple, poignets dépassant les manches de veste, col rabattu et très ouvert sur des colliers, taille désinvolte marquée par une ceinture molle, cloche de gros grain posée en arrière. »* Voici les traits mobilisés par cet énoncé : blouse + flexion + clôture ; gilet + espèce ; jupe + souplesse ; col, collier + émergence ; collier + multiplication ; taille + marque ; ceinture + souplesse ; coiffure + espèce + orientation ; matériau + espèce.

d'un même variant, la liberté de combinaison des supports et des variants est si grande qu'elle rend donc difficile toute prévision de la Mode.

En vérité, cela importe peu. Ce qui est intéressant, c'est que, si la prévision de la Mode est illusoire, sa structuration ne l'est pas [1]. Il faut se rappeler ici que plus on généralise un vêtement, plus ses changements apparaissent lisibles : généralisation temporelle qui fait qu'une longue durée (comme celle de Kroeber) semble beaucoup mieux ordonnée que les micro-diachronies dans lesquelles nous vivons ; généralisation formelle aussi, puisque, si l'on pouvait comparer des silhouettes (ce que ne permet pas la Mode écrite), on saisirait sans peine le « tournage » des traits de Mode [2], dont l'actualisation est hasardeuse, mais non la réserve qui, elle, est entièrement structurée. Autrement dit, la Mode se structure au niveau de son histoire : elle se déstructure au seul niveau que nous percevons d'elle : l'actualité.

Ainsi la confusion de la Mode ne tient pas à son statut mais aux limites de notre mémoire ; le nombre des traits de Mode est élevé, il n'est pas infini : on pourrait très bien concevoir une machine à faire la Mode. Naturellement la structure combinatoire de la Mode est transformée mythiquement en phénomène gracieux, en création intuitive, en foisonnement irrépressible, donc vital, de formes nouvelles : la Mode, dit-on, a horreur du système. Une fois de plus, le mythe renverse très précisément le réel : la Mode est un ordre dont on fait un désordre. Comment s'opère cette conversion du réel en mythe ? Par la rhéto-

1. Même problème pour la langue, plus simple en raison du nombre réduit des unités différenciatives, plus complexe aussi en raison de la double articulation. L'espagnol d'Amérique ne comporte que 21 unités différenciatives, mais un dictionnaire de cette même langue contient 100 000 éléments signifiants différents. L'erreur serait de croire que le système exclut l'aléatoire ; bien au contraire, l'aléatoire est un facteur essentiel de tout système de signes (cf. R. Jakobson, *Essais*, p. 90).

2. C'est ce qu'a fait un excellent historien du costume, N. Truman *(Historic Costuming)*. Cette généralisation correspond au *basic pattern* de Kroeber (*l'inspiration fondamentale*, selon l'expression de J. Stoetzel), que suit le vêtement pendant une certaine période.

rique de Mode. L'une des fonctions de cette rhétorique est de brouiller le souvenir des Modes passées, de façon à censurer le nombre et le retour des formes; pour cela, elle donne sans cesse au signe de Mode l'alibi d'une fonction (ce qui semble soustraire la Mode à la systématique d'un langage), elle discrédite les termes de la Mode passée, en euphorisant ceux de la Mode présente, elle joue des synonymes, en feignant de les prendre pour des sens différents [1], elle multiplie les signifiés d'un même signifiant et les signifiants d'un même signifié [2]. En somme le système est noyé sous la littérature, le consommateur de Mode plongé dans un désordre qui est bientôt un oubli, puisqu'il lui fait voir l'actuel sous les espèces d'un nouveau absolu. La Mode fait sans doute partie de tous les faits de *néomanie* qui sont apparus dans notre civilisation probablement avec la naissance du capitalisme [3]: le nouveau est, d'une façon tout à fait institutionnelle, une valeur qui s'achète [4]. Mais le nouveau de Mode semble avoir dans notre société une fonction anthropologique bien définie et qui tient à son ambiguïté : à la fois imprévisible et systématique, régulier et inconnu, aléatoire et structuré, il conjoint fantastiquement l'intelligible sans lequel les hommes ne pourraient vivre et l'imprévisibilité attachée au mythe de la vie [5].

1. *« En 1951, promotion des lainages velus ; en 1952, promotion des lainages poilus. »* Or, selon Littré, *poilu* et *velu* signifient tous deux : *couvert de poils*.

2. *« Le satin triomphe, mais aussi le velours, les brochés, les failles, les rubans. »*

3. À la Renaissance, dès qu'on a un nouveau costume, on se fait faire un nouveau portrait.

4. La Mode est l'un de ces phénomènes de nutrition psychique dont R. Ruyer a fait l'analyse (« La nutrition psychologique et l'économie », in *Cahiers de l'Institut de science économique appliquée*, 55, p. 1-10).

5. Conjoignant le désir de communauté et le désir d'isolement, la Mode est, selon le mot de J. Stoetzel, *L'Aventure sans risque* (*Psycho. Soc.*, p. 247).

2. La photographie de Mode

La photographie du signifiant de Mode (c'est-à-dire du vêtement) pose des problèmes de méthode qui en ont fait écarter d'emblée l'analyse [1]. La Mode cependant (et ceci de plus en plus) ne photographie pas seulement ses signifiants, mais aussi ses signifiés, pour autant, du moins, qu'ils relèvent du « monde » (ensembles A). On dira ici un mot de cette photographie des signifiés mondains de la Mode, de façon à compléter les observations relatives à la rhétorique du signifié [2].

Dans la photographie de Mode, le monde est d'ordinaire photographié sous les espèces d'un décor, d'un fond ou d'une scène, bref d'un théâtre. Le théâtre de la Mode est toujours thématique : une idée (ou plus exactement un mot) est variée à travers une série d'exemples ou d'analogies. Par exemple, sur le thème *Ivanhoé*, le décor développe quelques variations écossaises, romantiques et médiévales : branches d'arbustes dénudés, vieux mur d'un château en ruine, poterne basse dans un fossé : c'est la jupe en tartan. Le manteau de voyage pour les pays brumeux au froid humide ? La gare du Nord, la Flèche d'Or, des docks, des crassiers, un ferry-boat. Le ressort de ces ensembles signifiants est un procédé très rudimentaire : l'association d'idées. *Soleil* appelle *cactées*, *nuits noires* appelle *statues de bronze*, *mohair* appelle *moutons*, *fourrure* appelle *fauves* et *fauves* appelle *cage* : on montrera une femme en fourrure derrière de grands barreaux. Les *réversibles* ? des *cartes à jouer*, etc.

1. Cf. *supra*, chap. 1.
2. Cf. *supra*, chap. 18.

Le théâtre du sens peut ici prendre deux tons différents : il peut viser au « poétique », dans la mesure où le « poétique » est association d'idées ; la Mode essaye alors de manifester des associations de substances, d'établir des équivalences plastiques ou cénesthésiques : elle associera, par exemple, le tricot, l'automne, les troupeaux de moutons, le bois d'une charrette paysanne ; dans ces chaînes poétiques, le signifié est toujours là (l'automne, le week-end campagnard), mais il est diffusé à travers une substance homogène, faite de laine, de bois, de frilosité, concepts et matières mêlés ; on dirait que la Mode vise à retrouver une certaine homochromie des objets et des idées, que la laine se fait bois et le bois confort, comme le kallima de la Sonde pendu à une tige prend la forme et la couleur d'une feuille sèche. À d'autres moments (et peut-être de plus en plus souvent), le ton associatif se fait drôle, l'association d'idées tourne au simple jeu de mots : pour signifier un point de vue *objectif* sur la Mode, on braque un *objectif* de caméra sur une ligne de modèles ; pour la ligne « Trapèze », les modèles sont installés sur des trapèzes, etc. On retrouve dans ces deux styles la grande opposition de la Mode entre le sérieux (hiver, automne) et le gai (printemps, été) [1].

Dans ce décor signifiant, une femme semble vivre : la porteuse de vêtement. De plus en plus, à la présentation inerte du signifiant, le journal substitue un vêtement en acte [2] : le sujet est pourvu d'une certaine attitude transitive ; il affiche du moins les signes spectaculaires d'une certaine transitivité : c'est la « scène ». Ici, la Mode dispose de trois styles. L'un est objectif, littéral ; le voyage, c'est une femme penchée sur une carte routière ; visiter la France, c'est s'accouder à un vieux mur de pierre devant les jardins d'Albi ; la maternité, c'est soulever

1. Ce qu'il faudrait retrouver (mais qui nous l'apprendra ?), c'est le moment où l'hiver est devenu une valeur ambiguë, convertie parfois en mythe euphorique du chez-soi, de l'aise, de la douceur.

2. À vrai dire, et c'est là toute l'étrangeté de la photographie de Mode, c'est la femme qui est en acte, non le vêtement ; par une curieuse distorsion, entièrement irréelle, la femme est saisie au sommet d'un mouvement, mais le vêtement qu'elle porte reste immobile.

une petite fille et l'embrasser. Le second style est romantique, il tourne la scène en tableau peint ; la fête blanche, c'est une femme en blanc devant un lac bordé de pelouses vertes, où nagent deux cygnes *(« Poétique apparition »)* ; la nuit, c'est une femme en robe du soir blanche enlaçant de ses bras une statue de bronze. La vie reçoit ici la caution de l'Art, d'un art noble, suffisamment emphatique pour laisser entendre qu'il joue à la beauté ou au rêve. Le troisième style de la scène vécue, c'est la dérision ; la femme est saisie dans une posture drôle, ou mieux encore : drolatique ; sa pose, sa mimique sont excessives, caricaturales ; elle écarte exagérément les jambes, mime l'étonnement jusqu'à la singerie, joue d'accessoires démodés (une vieille auto), se hisse sur un socle comme une statue, empile six chapeaux sur sa tête, etc. : bref, elle s'irréalise à force de dérision ; c'est le « farfelu [1] ».

À quoi servent ces protocoles (poétique, romantique ou « farfelu ») ? Probablement et par un paradoxe qui n'est qu'apparent, à irréaliser les signifiés de Mode. Le ressort de ces styles est toujours, en effet, une certaine emphase : en mettant, pour ainsi dire, ses signifiés entre guillemets, la Mode prend ses distances à l'égard de son propre lexique [2] ; et par là même, en irréalisant son signifié, la Mode réalise d'autant son signifiant, c'est-à-dire le vêtement ; par cette économie compensatoire, elle reporte l'accommodation du lecteur de Mode d'un fond excessivement mais inutilement signifiant sur la réalité du modèle, sans pourtant le figer, lui, dans l'emphase qu'elle fixe, comme un abcès, sur les marges de la scène. Voici deux jeunes femmes en confidence ; ce signifié (la jeune fille sentimentale, romantique), la Mode le *signe*, en dotant l'une d'elles d'une grande marguerite ; mais du même

1. On n'a pu, dans le cadre de ce travail, dater l'apparition du « farfelu » de Mode (qui doit peut-être beaucoup à un certain cinéma). Mais il est certain qu'il a quelque chose de révolutionnaire, dans la mesure où il ébranle les tabous traditionnels de la Mode : l'Art et la Femme (la Femme n'est pas un objet comique).

2. Cette emphase volontaire est servie par certaines techniques : le flou excessif d'un décor (par rapport à la netteté du vêtement), majoré comme un rêve photogénique ; le caractère improbable d'un mouvement (un saut saisi à son sommet) ; la frontalité du modèle, qui, au mépris des conventions de la pose photographique, vous regarde dans les yeux.

coup, le signifié, le monde, *tout ce qui n'est pas le vêtement*, est exorcisé, débarrassé de tout naturalisme : il ne reste plus de plausible que le vêtement. Cet exorcisme est particulièrement actif dans le cas du style « farfelu » : ici la Mode finit par accomplir, même lorsqu'elle comporte des signifiés mondains, cette *déception* du sens, dont on a vu qu'elle définissait la Mode des ensembles B [1] : l'emphase est une distance, presque autant que la dénégation ; elle opère cette sorte de choc conscientiel qui donne tout d'un coup au lecteur de signes le sentiment du mystère qu'il déchiffre ; elle dissout le mythe des signifiés innocents, au moment même où elle le produit ; elle tente de substituer son artifice, c'est-à-dire sa culture, à la fausse nature des choses ; elle ne supprime pas le sens ; elle le montre du doigt.

1. Cf *supra*, 20, 9.

Index

1. Index des termes de Mode

Les termes de Mode relevés dans le corpus étudié sont notés ici en fonction de leur place dans la liste des genres ou dans celle des variants. Le chiffre arabe renvoie au genre auquel appartient l'espèce citée et le chiffre romain au variant. La liste des genres et celle des variants sont rappelées au début de cet index. Les espèces de couleurs et de matériaux, trop nombreuses, ne sont pas citées ; elles n'offrent d'ailleurs aucune difficulté de classement. Les sous-espèces et variétés ne sont pas non plus citées : on trouvera sans peine les unes et les autres dans la liste générale des genres (8, 9). Le variant des variants (10, IV) est noté *Degré*.

LISTE DES GENRES

1. Accessoire.
2. Attache.
3. Bas.
4. Basque.
5. Blouse.
6. Bord.
7. Bracelet.
8. Bretelle.
9. Calotte.
10. Cape.
11. Capuchon.
12. Ceinture.
13. Châle.
14. Chaussures.
15. Clip.
16. Coiffure.
17. Col.
18. Collier.
19. Côté.
20. Couleur.
21. Couture.
22. Cravate.
23. Détail.
24. Devant.
25. Dos.
26. Doublure.
27. Écharpe.
28. Emmanchure.
29. Encolure.
30. Ensemble.
31. Épaules.
32. Fleur.
33. Gants.
34. Gilet.
35. Hanches.
36. Jupe.
37. Jupon.
38. Ligne.
39. Manches.
40. Manteau.
41. Matériau.
42. Motif.
43. Ornement.
44. Pan.
45. Pantalon.
46. Patte.
47. Pli.
48. Poche.
49. Pochette.
50. Poignets.
51. Rabat.
52. Robe.
53. Sac.
54. Style.
55. Sweater.
56. Tablier.
57. Taille.
58. Talons.
59. Veste.
60. Voilette.

LISTE DES VARIANTS

(Identité) :	I.	Assertion d'espèce.
	II.	Assertion d'existence.
	III.	Artifice.
	IV.	Marque.
(Configuration) :	V.	Forme.
	VI.	Ajustement.
	VII.	Mouvement.
(Matière) :	VIII.	Poids.
	IX.	Souplesse.
	X.	Relief.
	XI.	Transparence.
(Mesure) :	XII.	Longueur.
	XIII.	Largeur.
	XIV.	Volume.
	XV.	Grandeur.
(Continuité) :	XVI.	Division.
	XVII.	Mobilité.
	XVIII.	Clôture.
	XIX.	Fixation.
	XX.	Flexion.
(Position) :	XXI.	Position horizontale.
	XXII.	Position verticale.
	XXIII.	Position transversale.
	XXIV.	Orientation.
(Distribution) :	XXV.	Addition.
	XXVI.	Multiplication.
	XXVII.	Équilibre.
(Connexion) :	XXVIII.	Émergence.
	XXIX.	Association.
	XXX.	Régulation.

2. Index des matières

Le premier chiffre renvoie au chapitre, le second au paragraphe s'il est arabe, au groupe de paragraphes s'il est romain.

Table

Table

I. Le code vestimentaire

1. Structure du Signifiant

2. Structure du Signifié

3. Structure du Signe

II. Le système rhétorique

Conclusion

Appendices

Index

Du même auteur

AUX MÊMES ÉDITIONS

Le Degré zéro de l'écriture
suivi de Nouveaux Essais critiques
1953
et « Points Essais » n° 35, 1972

Michelet par lui-même
« Écrivains de toujours », 1954
réédition en 1995

Mythologies
1957
et « Points Essais » n° 10, 1970
et édition illustrée, 2010
(établie par Jacqueline Guittard)

Sur Racine
1963
et « Points Essais » n° 97, 1979

Essais critiques
1964
et « Points Essais » n° 127, 1981

Critique et vérité
1966
et « Points Essais » n° 396, 1999

S/Z
1970
et « Points Essais » n° 70, 1976

Sade, Fourier, Loyola
1971
et « Points Essais » n° 116, 1980

Le Plaisir du texte
1973
et « Points Essais » n° 135, 1982

Roland Barthes par Roland Barthes
« Écrivains de toujours », 1975, 1995
et « Points Essais » n° 631, 2010

Fragments d'un discours amoureux
1977

Poétique du récit
(en collab.)
« Points Essais » n° 78, 1977

Leçon
1978
et « Points Essais » n° 205, 1989

Sollers écrivain
1979

La Chambre claire
Gallimard / Seuil, 1980

Le Grain de la voix
Entretiens (1962-1980)
1981
et « Points Essais » n° 395, 1999

Littérature et réalité
(en collab.)
« Points Essais » n° 142, 1982

L'Obvie et l'Obtus
Essais critiques III
1982
et « Points Essais » n° 239, 1992

Le Bruissement de la langue
Essais critiques IV
1984
et « Points Essais » n° 258, 1993

L'Aventure sémiologique
1985
et « Points Essais » n° 219, 1991

Incidents
1987

ŒUVRES COMPLÈTES
t. 1, 1942-1965
1993
t. 2, 1966-1973
1994
t. 3, 1974-1980
1995
nouvelle édition revue, corrigée
et présentée par Éric Marty, 2002

Le Plaisir du texte
précédé de Variations sur l'écriture
(préface de Carlo Ossola)
2000

Comment vivre ensemble
Simulations romanesques de quelques espaces quotidiens
Cours et séminaires au Collège de France 1976-1977
(texte établi, annoté et présenté par Claude Coste,
sous la direction d'Éric Marty)
« Traces écrites », 2002

Le Neutre
Cours et séminaires au Collège de France 1977-1978
(texte établi, annoté et présenté par Thomas Clerc, sous la direction d'Éric Marty)
« Traces écrites », 2002

Écrits sur le théâtre
(textes présentés et réunis par Jean-Loup Rivière)
« Points Essais » n° 492, 2002

La Préparation du roman I et II
Cours et séminaires au Collège de France
(1978-1979 et 1979-1980)
« Traces écrites », 2003

L'Empire des signes *(1970)*
« Points Essais » n° 536, 2005

Le Discours amoureux
Séminaire à l'École pratique des hautes études
(1974-1976)
« Traces écrites », 2007

Journal de deuil
(texte établi et annoté par Nathalie Léger)
« Fiction & Cie » / Imec, 2009
et « Points Essais » n° 678, 2011

Le Lexique de l'auteur
Séminaire à l'École pratique
des hautes études (1973-1974)
Suivi de Fragments inédits
de Roland Barthes par Roland Barthes
(avant-propos d'Éric Marty, présentation et édition d'Anne Herschberg Pierrot)
« Traces écrites », 2010

Barthes
(textes choisis et présentés par Claude Coste)
« Points Essais » n° 649, 2010

Sarrasine de Balzac
Séminaire à l'École pratique
des hautes études (1967-1968, 1968-1969)
(avant-propos d'Éric Marty,
présentation et édition de Claude Coste
et Andy Stafford)
« Traces écrites », 2012

CHEZ D'AUTRES ÉDITEURS

Erté
Franco-Maria Ricci, 1973

Arcimboldo
Franco-Maria Ricci, 1978

All except you
(illustré par Saul Steinberg)
Galerie Maeght, Repères, 1983

Sur la littérature
(en collab. avec Maurice Nadeau)
PUG, 1980

La Tour Eiffel
(en collab. avec André Martin)
CNP / Seuil, 1989, 1999, 2011

Carnets du voyage en Chine
Christian Bourgois/Imec, 2009

IMPRESSION : NORMANDIE ROTO IMPRESSION S.A.S. À LONRAI
DÉPÔT LÉGAL : JANVIER 2015. N° 122605-4 (1801451)
Imprimé en France

Éditions Points

Le catalogue complet de nos collections est sur Le Cercle Points, ainsi que des interviews de vos auteurs préférés, des jeux-concours, des conseils de lecture, des extraits en avant-première...

www.lecerclepoints.com

Collection Points Essais

DERNIERS TITRES PARUS

540. Devoirs et Délices, *par Tzvetan Todorov*
541. Lectures 3, *par Paul Ricœur*
542. La Damnation d'Edgar P. Jacobs
par Benoît Mouchart et François Rivière
543. Nom de Dieu, *par Daniel Sibony*
544. Les Poètes de la modernité
par Jean-Pierre Bertrand et Pascal Durand
545. Souffle-Esprit, *par François Cheng*
546. La Terreur et l'Empire, *par Pierre Hassner*
547. Amours plurielles, *par Ruedi Imbach et Inigo Atucha*
548. Fous comme des sages
par Roger-Pol Droit et Jean-Philippe de Tonnac
549. Souffrance en France, *par Christophe Dejours*
550. Petit Traité des grandes vertus, *par André Comte-Sponville*
551. Du mal/Du négatif, *par François Jullien*
552. La Force de conviction, *par Jean-Claude Guillebaud*
553. La Pensée de Karl Marx, *par Jean-Yves Calvez*
554. Géopolitique d'Israël, *par Frédérique Encel, François Thual*
555. La Méthode
6. Éthique, *par Edgar Morin*
556. Hypnose mode d'emploi, *par Gérard Miller*
557. L'Humanité perdue, *par Alain Finkielkraut*
558. Une saison chez Lacan, *par Pierre Rey*
559. Les Seigneurs du crime, *par Jean Ziegler*
560. Les Nouveaux Maîtres du monde, *par Jean Ziegler*
561. L'Univers, les Dieux, les Hommes, *par Jean-Pierre Vernant*
562. Métaphysique des sexes, *par Sylviane Agacinski*
563. L'Utérus artificiel, *par Henri Atlan*
564. Un enfant chez le psychanalyste, *par Patrick Avrane*

565. La Montée de l'insignifiance, Les Carrefours du labyrinthe IV *par Cornelius Castoriadis*
566. L'Atlantide, *par Pierre Vidal-Naquet*
567. Une vie en plus, *par Joël de Rosnay, Jean-Louis Servan-Schreiber, François de Closets, Dominique Simonnet*
568. Le Goût de l'avenir, *par Jean-Claude Guillebaud*
569. La Misère du monde, *par Pierre Bourdieu*
570. Éthique à l'usage de mon fils, *par Fernando Savater*
571. Lorsque l'enfant paraît t. 1, *par Françoise Dolto*
572. Lorsque l'enfant paraît t. 2, *par Françoise Dolto*
573. Lorsque l'enfant paraît t. 3, *par Françoise Dolto*
574. Le Pays de la littérature, *par Pierre Lepape*
575. Nous ne sommes pas seuls au monde, *par Tobie Nathan*
576. Ricœur, *textes choisis et présentés par Michael Fœssel et Fabien Lamouche*
577. Cantatrix Sopranica L. et autres écrits scientifiques *par Georges Perec*
578. Philosopher à Bagdad au xe siècle, *par Al-Fârâbî*
579. Mémoires. 1. La brisure et l'attente (1930-1955) *par Pierre Vidal-Naquet*
580. Mémoires. 2. Le trouble et la lumière (1955-1998) *par Pierre Vidal-Naquet*
581. Discours du récit, *par Gérard Genette*
582. Le Peuple « psy », *par Daniel Sibony*
583. Ricœur 1, *par L'Herne*
584. Ricœur 2, *par L'Herne*
585. La Condition urbaine, *par Olivier Mongin*
586. Le Savoir-déporté, *par Anne-Lise Stern*
587. Quand les parents se séparent, *par Françoise Dolto*
588. La Tyrannie du plaisir, *par Jean-Claude Guillebaud*
589. La Refondation du monde, *par Jean-Claude Guillebaud*
590. La Bible, *textes choisis et présentés par Philippe Sellier*
591. Quand la ville se défait, *par Jacques Donzelot*
592. La Dissociété, *par Jacques Généreux*
593. Philosophie du jugement politique, *par Vincent Descombes*
594. Vers une écologie de l'esprit 2, *par Gregory Bateson*
595. L'Anti-livre noir de la psychanalyse, *par Jacques-Alain Miller*
596. Chemins de sable, *par Chantal Thomas*
597. Anciens, Modernes, Sauvages, *par François Hartog*
598. La Contre-Démocratie, *par Pierre Rosanvallon*
599. Stupidity, *par Avital Ronell*
600. Fait et à faire. Les carrefours du labyrinthe V *par Cornelius Castoriadis*
601. Au dos de nos images, *par Luc Dardenne*

602. Une place pour le père, *par Aldo Naouri*
603. Pour une naissance sans violence, *par Frédérick Leboyer*
604. L'Adieu au siècle, *par Michel del Castillo*
605. La Nouvelle Question scolaire, *par Éric Maurin*
606. L'Étrangeté française, *par Philippe d'Iribarne*
607. La République mondiale des lettres, *par Pascale Casanova*
608. Le Rose et le Noir, *par Frédéric Martel*
609. Amour et justice, *par Paul Ricœur*
610. Jésus contre Jésus, *par Gérard Mordillat et Jérôme Prieur*
611. Comment les riches détruisent la planète, *par Hervé Kempf*
612. Pascal, *textes choisis et présentés par Philippe Sellier*
613. Le Christ philosophe, *par Frédéric Lenoir*
614. Penser sa vie, *par Fernando Savater*
615. Politique des sexes, *par Sylviane Agacinski*
616. La Naissance d'une famille, *par T. Berry Brazelton*
617. Aborder la linguistique, *par Dominique Maingueneau*
618. Les Termes clés de l'analyse du discours
par Dominique Maingueneau
619. La grande image n'a pas de forme, *par François Jullien*
620. « Race » sans histoire, *par Maurice Olender*
621. Figures du pensable, Les Carrefours du labyrinthe VI
par Cornelius Castoriadis
622. Philosophie de la volonté 1, *par Paul Ricœur*
623. Philosophie de la volonté 2, *par Paul Ricœur*
624. La Gourmandise, *par Patrick Avrane*
625. Comment je suis redevenu chrétien
par Jean-Claude Guillebaud
626. Homo juridicus, *par Alain Supiot*
627. Comparer l'incomparable, *par Marcel Detienne*
628. Rumeurs, *par Jean-Noël Kapferer*
629. Totem et Tabou, *par Sigmund Freud*
630. Malaise dans la civilisation, *par Sigmund Freud*
631. Roland Barthes, *par Roland Barthes*
632. Mes démons, *par Edgar Morin*
633. Réussir sa mort, *par Fabrice Hadjadj*
634. Sociologie du changement
par Philippe Bernoux
635. Mon père. Inventaire, *par Jean-Claude Grumberg*
636. Le Traité du sablier, *par Ernst Jüng*
637. Contre la barbarie, *par Klaus Mann*
638. Kant, *textes choisis et présentés*
par Michaël Fœssel et Fabien Lamouche
639. Spinoza, *textes choisis et présentés par Frédéric Manzini*
640. Le Détour et l'Accès, *par François Jullien*
641. La Légitimité démocratique, *par Pierre Rosanvallon*

642. Tibet, *par Frédéric Lenoir*
643. Terre-Patrie, *par Edgar Morin*
644. Contre-prêches, *par Abdelwahab Meddeb*
645. L'Éros et la Loi, *par Stéphane Mosès*
646. Le Commencement d'un monde
par Jean-Claude Guillebaud
647. Les Stratégies absurdes, *par Maya Beauvallet*
648. Jésus sans Jésus, *par Gérard Mordillat et Jérôme Prieur*
649. Barthes, *textes choisis et présentés par Claude Coste*
650. Une société à la dérive, *par Cornelius Castoriadis*
651. Philosophes dans la tourmente, *par Élisabeth Roudinesco*
652. Où est passé l'avenir ?, *par Marc Augé*
653. L'Autre Société, *par Jacques Généreux*
654. Petit Traité d'histoire des religions, *par Frédéric Lenoir*
655. La Profondeur des sexes, *par Fabrice Hadjadj*
656. Les Sources de la honte, *par Vincent de Gaulejac*
657. L'Avenir d'une illusion, *par Sigmund Freud*
658. Un souvenir d'enfance de Léonard de Vinci
par Sigmund Freud
659. Comprendre la géopolitique, *par Frédéric Encel*
660. Philosophie arabe
textes choisis et présentés par Pauline Koetschet
661. Nouvelles Mythologies, *sous la direction de Jérôme Garcin*
662. L'Écran global, *par Gilles Lipovetsky et Jean Serroy*
663. De l'universel, *par François Jullien*
664. L'Âme insurgée, *par Armel Guerne*
665. La Raison dans l'histoire, *par Friedrich Hegel*
666. Hegel, *textes choisis et présentés par Olivier Tinland*
667. La Grande Conversion numérique, *par Milad Doueihi*
668. La Grande Régression, *par Jacques Généreux*
669. Faut-il pendre les architectes ?, *par Philippe Trétiack*
670. Pour sauver la planète, sortez du capitalisme
par Hervé Kempf
671. Mon chemin, *par Edgar Morin*
672. Bardadrac, *par Gérard Genette*
673. Sur le rêve, *par Sigmund Freud*
674. Claude Lévi-Strauss et l'anthropologie structurale
par Marcel Hénaff
675. L'Expérience totalitaire. La signature humaine 1
par Tzvetan Todorov
676. Manuel de survie des dîners en ville
par Sven Ortoli et Michel Eltchaninoff
677. Casanova, l'homme qui aimait vraiment les femmes
par Lydia Flem
678. Journal de deuil, *par Roland Barthes*

679. La Sainte Ignorance, *par Olivier Roy*
680. La Construction de soi
par Alexandre Jollien
681. Tableaux de famille, *par Bernard Lahire*
682. Tibet, une autre modernité
par Jean-Pierre Barou et Sylvie Crossman
683. D'après Foucault
par Philippe Artières et Mathieu Potte-Bonneville
684. Vivre seuls ensemble. La signature humaine 2
par Tzvetan Todorov
685. L'Homme Moïse et la Religion monothéiste
par Sigmund Freud
686. Trois Essais sur la théorie de la sexualité
par Sigmund Freud
687. Pourquoi le christianisme fait scandale
par Jean-Pierre Denis
688. Dictionnaire des mots français d'origine arabe
par Salah Guemriche
689. Oublier le temps, *par Peter Brook*
690. Art et figures de la réussite, *par Baltasar Gracián*
691. Des genres et des œuvres, *par Gérard Genette*
692. Figures de l'immanence, *par François Jullien*
693. Risquer la liberté, *par Fabrice Midal*
694. Le Pouvoir des commencements
par Myrian Revault d'Allonnes
695. Le Monde moderne et la Condition juive, *par Edgar Morin*
696. Purifier et détruire, *par Jacques Semelin*
697. De l'éducation, *par Jean Jaurès*
698. Musicophilia, *par Oliver Sacks*
699. Cinq Conférences sur la psychanalyse, *par Sigmund Freud*
700. L'oligarchie ça suffit, vive la démocratie
par Hervé Kempf
701. Le Silence des bêtes, *par Elisabeth de Fontenay*
702. Injustices, *par François Dubet*
703. Le Déni des cultures, *par Hugues Lagrange*
704. Le Rabbin et le Cardinal
par Gilles Bernheim et Philippe Barbarin
705. Le Métier d'homme, *par Alexandre Jollien*
706. Le Conflit des interprétations, *par Paul Ricœur*
707. La Société des égaux, *par Pierre Rosanvallon*
708. Après la crise, *par Alain Touraine*
709. Zeugma, *par Marc-Alain Ouaknin*
710. L'Orientalisme, *par Edward W. Said*
711. Un sage est sans idée, *par François Jullien*
712. Fragments de vie, *par Germaine Tillion*

713. Le Délire et les Rêves dans la Gradiva de W. Jensen *par Sigmund Freud*
714. La Montée des incertitudes, *par Robert Castel*
715. L'Art d'être heureux, *par Arthur Schopenhauer*
716. Une histoire de l'anthropologie, *par Robert Deliège*
717. L'Interprétation du rêve, *par Sigmund Freud*
718. D'un retournement l'autre, *par Frédéric Lordon*
719. Lost in management, *par François Dupuy*
720. 33 Newport Street, *par Richard Hoggart*
721. La Traversée des catastrophes, *par Pierre Zaoui*
722. Petit dictionnaire de droit constitutionnel *par Guy Carcassonne*
723. La Tranquillité de l'âme, *par Sénèque*
724. Comprendre le débat européen, *par Michel Dévoluy*
725. Un monde de fous, *par Patrick Coupechoux*
726. Comment réussir à échouer, *par Paul Watzlawick*
727. L'Œil de l'esprit, *par Oliver Sacks*
728. Des yeux pour guérir, *par Francine Shapiro et Margot Silk Forrest*
729. Simone Weil, le courage de l'impossible, *par Christiane Rancé*
730. Le Philosophe nu, *par Alexandre Jollien*
731. Le Paradis à la porte, *par Fabrice Hadjadj*
732. Emmanuel Mounier, *par Jean-Marie Domenach*
733. L'Expérience concentrationnaire, *par Michael Pollak*
734. Agir dans un monde incertain, *par Michel Callon, Pierre Lascoumes, Yannick Barthe*
735. Le Travail créateur, *par Pierre-Michel Menger*
736. Comment survivre à sa propre famille, *par Mony Elkaïm*
737. Repenser la pauvreté, *par Abhijit V. Banerjee et Esther Duflo*
738. Faites vous-même votre malheur, *par Paul Watzlawick*
739. Au-delà du principe de plaisir, *par Sigmund Freud*
740. Psychologie de masse et analyse du Moi, *par Sigmund Freud*
741. Lacan, envers et contre tout, *par Élisabeth Roudinesco*
742. Les Structures sociales de l'économie, *par Pierre Bourdieu*
743. La Double Absence, *par Abdelmalek Sayad*
744. Pourquoi l'amour fait mal, *par Eva Illouz*
745. Fin de l'Occident, naissance du monde, *par Hervé Kempf*
746. Vers un nouvel ordre du monde *par Gérard Chaliand, Michel Jan*
747. Les Mots de l'histoire, *par Jacques Rancière*
748. À la recherche de l'école de Palo Alto *par Jean-Jacques Wittezaele, Teresa García-Rivera*
749. L'Art de l'insulte, *par Arthur Schopenhauer*
750. Mythe et religion en Grèce ancienne *par Jean-Pierre Vernant*